ALMANAQUE JEDI

ALMAN

JE

CONSELHO JEDI
RIO DE JANEIRO

HENRIQUE GRANADO

LeYa

Este livro foi revisado segundo o Novo Acordo Ortográfico da Língua Portuguesa.

CURADORIA
Affonso Solano

REDAÇÃO
Maria Beatriz Branquinho da Costa

REVISÃO
Brenó Barreto e Raphael Castilho

CAPA, PROJETO GRÁFICO E ILUSTRAÇÕES DE MIOLO
Leandro Dittz

ILUSTRAÇÕES DE CAPA E CONTRACAPA
Caio Monteiro

COPRODUÇÃO
Imagem Cultural

CIP-BRASIL. CATALOGAÇÃO-NA-FONTE
SINDICATO NACIONAL DOS EDITORES DE LIVROS, RJ

M886a
Moura, Brian
Almanaque jedi / Brian Moura, Henrique Granado. - 1. ed. - São Paulo :
Leya, 2015.
112 p. : il.
ISBN 978-85-7734-602-8

1. Star wars (Filme) - Curiosidades. I. Granado, Henrique. II. Título.

15-27535 CDD: 791.4375
CDU: 791

LEYA EDITORA LTDA.
Av. Angélica, 2318 – 13º andar
01228-200 – São Paulo – SP
www.leya.com.br

SUMÁRIO

NUMA G
MUITO D

GALÁXIA
DISTANTE

INTRODUÇÃO

O que era ser fã de Star Wars no Brasil nos anos 1980?

Era – com algum dinheiro – obter o VHS dos filmes e colecionar revistas estrangeiras (compradas em raras lojas especializadas e livrarias). Ou então esperar o filme ser exibido na TV para gravá-lo (também em VHS, com direito a intervalos). Era, ainda, esperar que os brinquedos fossem lançados por aqui, caso não se tivesse a sorte de viajar ou ter algum conhecido que fosse para fora. E, quase sempre, era não ter com quem dividir essa paixão.

Sim, porque a internet, com suas salas de chat e fóruns, só apareceu de fato, podendo ser usada no computador de casa, lá pelo final da década de 1990. O ICQ, um dos programas de bate-papo pioneiros, é de 1996. O Orkut, com suas comunidades, só surgiu em 2004. Então, como encontrar gente que nem a gente? O jeito era ficar ligado em revistas e jornais, ou publicar um anúncio nos classificados.

Em 1997, veio a exibição dos filmes em versão remasterizada nos cinemas, e a vontade de um fã, Philippe Maia, de se comunicar com mais gente apaixonada pela saga o levou a escrever (uma carta mesmo, de verdade) para uma coluna dizendo que queria fundar um grupo de fãs do Star Wars no Rio de Janeiro. Em 24 de agosto de 1997, o encontro com Brian, que veio daí, culminou na idealização do que viria a se tornar o Conselho Jedi – um grupo nascido da vontade de falar sobre Star Wars com quem, como nós, curtia também conversar sobre isso. O fã quer saber os detalhes, discutir hipóteses, trocar dicas de leituras. A reunião seguinte contou com amigos de amigos, um deles, o Bruno Faulhaber, que permaneceu na superação das etapas seguintes e fez parte do trio que fundou oficialmente o grupo. No mesmo dia, o Philippe montou a primeira página do Conselho. Entrávamos, então, na era digital.

Tínhamos, com a internet, o e-mail e as salas de bate-papo, algumas já nomeadas "Star Wars". Pelos canais digitais, os fãs começaram a finalmente se encontrar. Foi quando o Henrique conheceu o Brian, em 1998, e os dois começaram essa parceria que perdura até hoje na coordenação do Conselho Jedi. Foram criadas listas de discussão e, por meio de fóruns nas poucas mas já existentes páginas sobre o assunto, pessoas de outros estados se conheceram e foram fundados outros Conselhos Jedi. A evolução natural de tudo isso foi a Jedicon, um encontro em que as distâncias entre cidades e estados foram vencidas pela vontade de confraternizar. A primeira convenção nacional, realizada em São Paulo em 1999, reuniu setecentas pessoas.

No dia da Jedicon 2013, no Planetário da Gávea, no Rio de Janeiro, a surpresa: o público esperado era de 2 mil pessoas. Vieram 7 mil. Eram fãs que queriam, mais uma vez, se sentir parte do universo Star Wars, ou até mesmo dividi-lo com seus filhos. O sucesso do evento nos mostrou que, lá atrás, nos anos 1980, não estávamos sozinhos, de forma alguma.

Este livro marca os 18 anos do Conselho Jedi do Rio, e seu lançamento não poderia acontecer em outra ocasião senão na Jedicon 2015: entre os fãs de Star Wars e aqueles que se tornaram nossos grandes amigos.

Conselho Jedi Rio de Janeiro

Mariana Lavorato (esq.), Robert Carvalho, Raphael Netto, Marcelo Melo, Thorben Prujansky, Henrique Granado e Larissa Rezende, membros do Conselho Jedi Rio de Janeiro.

OS FÃ-CLUBES DE STAR WARS

Como fã da saga Star Wars, você pode se distrair com as aventuras nas telas e nos livros, ou com os brinquedos. Ou personificar suas figuras preferidas na saga fazendo *cosplay*. Pode também transformar sua casa reunindo milhares de objetos colecionáveis (veja bem, isso nem sempre será agradável para quem mora com você). Tem quem monte um negócio próprio baseado na saga e tire dele sua fonte de renda. E tem quem procure por outras pessoas com a mesma paixão.

Participar de um grupo de fãs de Star Wars pode ser desde uma diversão até um estilo de vida. Isso porque, ao se associar, você pode simplesmente acompanhar os *feeds* de notícias sobre a saga nas redes sociais. Mas, se preferir, pode frequentar eventos temáticos, colaborar em ações de caridade ou até mesmo vir a fazer parte da galera responsável por administrar o grupo.

Alguns fã-clubes de Star Wars se destacaram ao longo dos anos, seja pelo tamanho de sua comunidade, seja pela irreverência.

Impulsionados pelo relançamento dos filmes clássicos nos cinemas brasileiros em 1997, os primeiros grupos de fãs de Star Wars (na época ainda chamávamos "Guerra nas Estrelas") criados no Brasil surgiram no sudeste e se espalharam por diversos estados com uma receita simples, porém eficaz: promover o encontro e o convívio dos fãs através de todo tipo de encontros, eventos, festas, convenções, exibições, etc., a fim de reunir os apaixonados pela saga para dividirem sua paixão com outros fãs e cultuar o amor pela saga com conhecimento, criatividade, entretenimento cultural e amizade com outros seguidores.

Após a fundação do Conselho Jedi Rio de Janeiro em 1997, os grupos foram crescendo e organizando-se, trazendo para a família os Conselhos Jedi São Paulo (1999), Minas Gerais (1999), Paraná (2000), Distrito Federal (2001), Pernambuco (2002), Rio Grande do Sul (2002), Bahia (2002), Maranhão (2005), Amapá (2012), Goiás (2012) e Amazonas (2015) e Santa Catarina (2015).

O 501st Legion (501st.com)

É o maior fã-clube de Star Wars do mundo, em termos de número de associados. Presente em mais de 43 países, é formado por fãs que fazem *cosplay* de personagens do Império Galáctico e dos Sith. Seguindo um rígido controle de apresentação e qualidade das vestimentas e uma conduta de organização em moldes militares, participa de eventos e ações em busca de recursos para caridade. Fundado nos Estados Unidos em 1997 por Albin Johnson e Tom Crews, é conhecido como "O Punho de Vader". Aqui no Brasil, é representado por duas chamadas Guarnições, ou Garrissons: o 501st Divisão Brasil (facebook.com/501stBrazilianGarrison), para São Paulo, Santa Catarina, Paraná e Rio Grande do Sul; e o Novo Império 501st (novoimperio501st.com.br), para os demais estados, cada um com desdobramentos internos chamados Esquadrões, ou Squads, representando cidades ou regiões.

Rebel Legion (rebellegion.com)

É um clube internacional de fãs que fazem *cosplay* de personagens da República, da Rebelião e da Resistência, também seguindo padrões de fidelização das vestimentas diante do que é reproduzido nos filmes. Seu objetivo é a divulgação do universo Star Wars e a contribuição com a sociedade, tomando parte em ações sociais. Fundado nos Estados Unidos em 2000 por Tony Troxell e Richard Fairbrother, no Brasil é representado pela Polis Massa Base (rebellegionbrasil.com).

Mandalorian Mercs Costume Club (mandalorianmercs.org)

É um grupo internacionalmente conhecido e exclusivo para guerreiros Mandalorianos, cujo personagem mais conhecido é Boba Fett. Fundado em 2007 nos Estados Unidos por Tom Hutchens, atua com o objetivo de voluntariado e tem flexibilidade nos padrões e requisitos mínimos para a criação e construção dos costumes. O Brasil possui uma representação chamada Vode'An Clan Brasil (facebook.com/vodeanbrasil), que abrange a região Sudeste.

Império Comando (imperiocomando.blogspot.com.br)

É um grupo de *cosplayers* criado em Contagem, Minas Gerais, por Marciano Gonçalves, Sérgio Sevilhano e Neilor Massula. Aceita trajes de todos e quaisquer personagens da saga, destacando-se que a maior parte de seus componentes usam armaduras de Stormtroopers. Participa de eventos e ações sociais diversos para caridade e auxílio a entidades beneficentes.

O Blades Saber Team (bladesteam.com.br)

Foi fundado em 2008, em São Paulo, com o propósito de criar e reproduzir os movimentos coreográficos de duelos dos filmes de Star Wars, com treinos e ensaios que buscam a demonstração como forma de expressão corporal e arte, não de defesa pessoal. Assim como os demais grupos, opera sem fins lucrativos e com o propósito de ações voluntárias para doações de cestas básicas a instituições beneficentes.

R2-D2 Builders (astromech.net)

Foi fundado em 1999, com o objetivo de auxiliar os fãs que queriam montar réplicas do R2-D2. Em eventos, é comum ver um desses robozinhos adoráveis andando de um lado para o outro e, por perto, seu construtor e controlador (normalmente bastante orgulhoso do impacto que sua criação causa nas pessoas). No grupo, o fã interessado encontrará diversos outros construtores dispostos a partilhar seu conhecimento e ajudá-lo a construir seu próprio R2-D2.

The Dark Alliance (the-dark-alliance.com)

Foi fundado nos Estados Unidos, em 2013. Caçula dos grupos, é formado por fãs que se vestem exclusivamente como Lordes Sith.

Star Wars Clube Portugal (http://swccpt.blogspot.com.br/)

Foi fundado em fevereiro de 2007. É o primeiro grupo de fãs da saga criado em Portugal. Uma associação sem fins lucrativos, eles fornece informações para os fãs de Star Wars pelo site e pelas redes sociais, inclusive em entrevistas exclusivas com elenco e equipes de diversos filmes. Também promove outras atividades, como a construção de réplicas, modelos e *cosplays.* Numa viagem pessoal ao país, Felipe Trotta representou o CJRJ (Conselho Jedi Rio de Janeiro) em um encontro em Lisboa com o presidente Paulo Oliveira, e recebeu um diploma de grupos amigos do SWCP. No sétimo aniversário de fundação do SWCP, gravamos um vídeo com felicitações cariocas aos colegas europeus.

OUÇA A MÚSICA E SINTA A FORÇA

Se alguém pedir a você agora para assobiar a "Marcha imperial", não duvidamos que conseguirá (a não ser que não saiba assobiar). E a música do *E.T.*? E aquela musiquinha que vai aumentando o suspense em *Tubarão*? As trilhas do Indiana Jones e do Superman, então, é como tirar doce de criança.

Por trás de todas essas músicas mais do que entranhadas na nossa memória afetiva, está o mesmo homem: John Williams. Ele venceu "apenas" 22 Grammys, 5 Oscars, 7 Baftas, 4 Globos de Ouro e 3 Emmys.

Em 1977, quando *Star Wars* foi lançado, ele levou um Oscar, um Bafta e um Globo de Ouro por melhor trilha sonora original. Em 1980 e em 1983, foi indicado ao Oscar e ao Globo de Ouro pelas sequências, mas o povo deve ter achado deselegante premiar sempre a mesma pessoa. E todo ano aparece por lá, com mais indicações do que parece possível para um cara só.

A FUNDAÇÃO DE UM CONSELHO JEDI NO BRASIL

Como o primeiro Conselho Jedi criado no Brasil, fomos desbravadores. Se não sabíamos como fazer alguma coisa, dávamos um jeito de alcançar o melhor resultado possível. É claro que isso nos trouxe lições valiosas. E, mais do que isso, pudemos acompanhar a fundação dos demais Conselhos e transferir para eles as experiências e os ideais de um grupo. Também aprendemos com os acertos e erros, nossos e dos demais, ao longo desse processo.

Pedro Carolino e Henrique Granado duelam em frente ao Cine Leblon (1999).

Nossa missão – e dos outros Conselhos Jedi – é reunir pessoas que gostam da saga Star Wars. Para isso, promovemos um ambiente de amizade e confraternização e realizamos eventos que proporcionam essa interação. Não importa o quanto alguém é fã: se conhece tudo ou um pouco da saga, se curte mais o Lado Negro ou a Ordem Jedi, se faz *cosplay* ou se sente mais à vontade com uma camiseta de Star Wars. Todos são bem-vindos!

Quando criado na capital de um estado, o grupo de fãs de Star Wars se torna um Conselho Jedi. Atualmente, há Conselhos Jedi no Rio de Janeiro, em São Paulo, em Minas Gerais, no Rio Grande do Sul, no Paraná, em Goiás, na Bahia, no Maranhão, em Pernambuco, no Amapá, no Amazonas e em Santa Catarina. Se o grupo de fãs residir em uma cidade que não seja a capital, adotará o título de Base Avançada. É o caso da Base Avançada de Niterói, por exemplo. Porém, não existe subordinação da Base Avançada ao

Conselho Jedi de qualquer estado. Eles se comunicam para trocar informações e experiências, e trabalhar em conjunto para promover caravanas e encontros. E caso haja um grupo que represente um aglomerado de cidades de um estado, pode haver uma exceção para formação de Conselho Jedi.

É importante deixar claro que não é permitida ou reconhecida a fundação de um Conselho Jedi único e nacional, para subordinar ou não Conselhos atuais ou futuros, e tampouco de um Conselho Jedi ou Base Avançada na mesma cidade de qualquer estado onde já haja registro e reconhecimento de fundação prévia.

Aprendemos na marra que o Conselho Jedi ou a Base Avançada deve ter um representante, preferencialmente denominado "Presidente", escolhido pelos demais por sua capacidade de organização, comunicação e liderança. Ainda que o Conselho Jedi decida constituir um Conselho Diretor, deve eleger um representante que responda pelo grupo perante os demais Conselhos Jedi, outros grupos de fãs existentes, meios de comunicação e o público. Isso facilita muito o fluxo de informações.

Para ser identificado, é importante que um Conselho Jedi tenha uma marca ou um logotipo que represente seu estado. Nossa sugestão é que você crie algo que tenha identificação com o estado, a cidade e a cultura local. A inspiração pode ser a paisagem, um momento histórico, a bandeira, o povo ou outras influências regionais.

A oficialização de um Conselho Jedi

é recebida, examinada e aprovada pelos líderes dos Conselhos Jedi mais antigos e em atividade – atualmente CJRJ, CJSP, CJMG, CJRS, CJPR e CJBA – conforme os seguintes requisitos:

- **Apresentação do logotipo.**

- **Apresentação do presidente ou Conselho Diretor.**

- **Breve comunicado, com a descrição dos motivos pelos quais o grupo pretende se reunir e como atuar.**

- **Realização de um encontro com fãs (no mínimo de três pessoas), comprovado por fotos ou vídeo.**

- **Breve ata com a relação dos fãs que participaram e como o encontro transcorreu.**

CURIOSIDADES

Se você for à Tunísia, pode encontrar algumas das construções de Tatooine que ainda estão por lá.

A oficialização de uma Base Avançada passa pelos mesmos procedimentos e requisitos, podendo ser avaliada pelo Conselho Jedi do mesmo estado. Caso não haja um Conselho no estado onde a Base Avançada pretende se instalar, sua requisição será submetida aos conselhos mais antigos e estabelecidos.

VOCÊ OUVIU?

A dupla Gnarls Barkley não tem medo de inovar nos figurinos. No MTV Movie Awards de 2006, durante a performance do single "Crazy", Cee Lo apareceu como Darth Vader e Danger Mouse como Obi-Wan Kenobi. Guitarras, violinos, baterias e o resto da produção apareceram deStormtroopers, pilotos da Aliança Rebelde, Jango Fett e Chewbacca.

Sobre a formação e a consolidação de um Conselho Jedi, vale ressaltar que a regularidade dos encontros é importante. Mesmo que não seja com sempre com as mesmas pessoas, é bom agendar pelo menos uma vez por mês. E como serão esses encontros? Eles podem acontecer, por exemplo, em uma lanchonete ou mesa de bar, para os fãs falarem dos filmes e do que vem por aí. Ou o grupo pode descolar um espaço com tela e assistir ao material da saga. No nosso caso, promovemos, uma vez por mês, um encontro aos sábados à tarde, no Planetário da Gávea, no Rio de Janeiro. Chamamos de Cineclube Sci-fi, porque escolhemos um clássico de ficção científica para assistir e procuramos trazer palestrantes para discutir assuntos relacionados ao filme ou a Star Wars.

Portanto, se você gosta da saga, procure o Conselho Jedi do seu estado e vire membro: é garantia de novas e boas amizades. E se você gosta muito da saga Star Wars e seu estado ainda não tem um Conselho Jedi... bem, esse pode ser um chamado da Força para que você assuma essa missão!

VOCABULÁRIO DOS FÃS

FANDOM: é o reino do fã, por assim dizer. É a comunidade formada por todos os fãs de determinado tema ou assunto. O fandom de Star Wars é, provavelmente, o maior do mundo.

FANFICTION: também conhecido como "fanfic", refere-se a livros ou contos escritos por fãs. Reza a lenda que alguns autores conceituados do Universo Expandido já tinham escrito fanfics antes de serem contratados para escrever seus livros sobre a saga.

FANPAGE: uma página da internet produzida por fã, dedicada a divulgar informações sobre filme, livro, banda, artista etc. No nosso caso, uma página dedicada a Star Wars.

FANART: arte produzida por fã - desenhos, esculturas, modelos em 3D etc.

FANFILM: filme produzido por fã. Aliás, mais para frente no livro temos muitas sugestões de *fanfilms* de Star Wars nacionais e internacionais.

FANVID: clipe musical produzido por fã.

FANGAME: jogo produzido por fã. Pode ser de tabuleiro ou digital. Há vários na internet, só esperando seu clique. Quer exemplos? Star Wars Mod: Galactic Warfare; Star Wars: Conquest - Mount & Blade Mod; Dark Times II: Rising Son; Star Wars: Battlefront 2 Mod; The Brotherhood of Solomon: Solomon's Revenge; Knights of the Old Republic Mod e por aí vai.

FANMUSIC: música composta por fãs.

FANSUBBING: é quando um fã traduz e insere legenda em algo para que os outros possam entender o conteúdo também. É muito comum, por exemplo, em caso de entrevistas em idioma estrangeiro.

CÂNONE, UNIVERSO EXPANDIDO E LEGENDS

ESTAMOS EM 1977. O filme *Star Wars* chega aos cinemas. Seu sucesso estrondoso surpreende desde os críticos até a própria equipe responsável por sua produção. O frenesi em torno da saga só faz aumentar com o lançamento das sequências *Star Wars, episódio V: O Império contra-ataca* e *Star Wars, episódio VI: O retorno de Jedi*. E fim. Durante muitos anos (que pareceram milênios), George Lucas não acrescentou à saga novas histórias, deixando legiões de fãs ansiosos por experimentar, mais uma vez, a sensação de estar numa galáxia muito, muito distante. E por muito tempo, todos pensaram que ele jamais continuaria a jornada da Aliança Rebelde contra o Império Galáctico, então a solução era consumir, com prazer, livros e quadrinhos escritos por outros autores, com novas histórias baseadas no universo da saga. Estas histórias ficaram conhecidas como "Universo Expandido". No entanto, como toda a informação oficial sobre a vida dos personagens se baseava apenas nos 3 filmes e não havia muita referência sobre o passado ou o futuro dos mesmos, muitas dessas histórias se contradiziam e era difícil saber "o que realmente aconteceu" ou o que era uma grande viagem de algum autor.

Em 1991, houve um marco no Universo Expandido: o lançamento do primeiro volume da "Trilogia Thrawn", Herdeiro do Império, de Timothy Zahn, que narra acontecimentos passados cinco anos depois da destruição da segunda Estrela da Morte. O livro era tão consistente com o universo dos filmes que a Lucas Licensing, então, adotou uma nova estratégia: as histórias, dali para a frente, deveriam dar continuidade ao universo de Star Wars em harmonia com o que havia sido apresentado nos filmes. Mas alguns anos depois, o número 23 da revista Star Wars Insider trouxe uma entrevista com Sue Rostoni e Allan Kausch, da Lucas Licensing, que definiram o que devia ser considerado material canônico: os roteiros dos filmes, os próprios filmes, os livros e dramatizações para rádio, trabalhos que vieram diretamente do próprio George Lucas.

Então, em que material podemos acreditar? Pois bem, as discussões e, em resumo, o entendimento que reinava até 2012 era o seguinte: o cânone incluía os seis filmes e a série animada *Clone Wars*. Faziam parte do Universo Expandido os materiais que, embora não tivessem sido produzidos diretamente por George Lucas, narravam algum momento do contexto histórico de Star Wars em perfeita harmonia com o exposto nos filmes. Tínhamos nesse grupo jogos de videogames, livros e quadrinhos.

Por que até 2012? Porque em 2012 a Walt Disney Company comprou a Lucasfilm. Após o negócio bilionário, a Disney e a Lucasfilm criaram o Lucasfilm Story Group ("Grupo de história da Lucasfilm"), com a função de analisar todo o material Star Wars e determinar o que, dali para a frente, seria cânone. Todo o material que ainda fosse considerado Universo Expandido levaria o selo Legends. E a Disney já avisou: qualquer material de sua autoria, ou seja, canônico, não seguirá a versão do Universo Expandido para os acontecimentos posteriores à destruição da segunda Estrela da Morte.

Vale lembrar: todo conteúdo licenciado pela Disney/Lucasfilm é oficial, seja ele cânone ou "Legends". Livros, jogos, quadrinhos, etc. que fazem parte do Universo Expandido (Legends) podem ou não ter elementos aproveitados por livre escolha da Disney a partir do momento em que se tornem interessantes, como foi o caso do planeta Coruscant, nome absorvido para os prequels. Mas isso não deve servir como parâmetro de escolha para ler ou descartar determinadas histórias. Existem ótimas aventuras do Universo Expandido (e vamos listar algumas mais à frente) que merecem ser descobertas pelos fãs, mesmo que não sejam consideradas canônicas. Da mesma forma, nem todo material canônico vai precisa ser considerado verdadeiro para você (ou você quer mesmo acreditar que o Greedo atirou primeiro? É canônico!). O próprio Timothy Zahn nos explicou que a escolha do termo "Legends" (Lendas, em português) foi muito feliz. Afinal, o que são lendas? São histórias passadas de boca a boca, sem um registro histórico canônico, que podem ser inteiramente verdadeiras, inteiramente falsas ou mesmo uma versão da história que vai aumentando ou se alterando a cada vez que é contada, até que não se saiba mais o que é que realmente aconteceu. Nesse ponto, concordamos com ele: o que vale mesmo é conhecer mais o universo de Star Wars e se divertir, sem se preocupar com a "veracidade" desse material. Afinal, cânone ou lenda, é tudo ficção, certo?

CURIOSIDADES

Em *A ameaça fantasma*, as duas acompanhantes da rainha Amidala, Saché e Sabé, foram vividas por Keira Knightley e Sofia Coppola.

A JORNADA UMA NOVA

NÃO É À TOA QUE ***UMA NOVA ESPERANÇA*** é usado como exemplo toda vez que alguém quer explicar o que é a jornada do herói. No filme, encontramos todas as etapas descritas pelo antropólogo Joseph Campbell no livro *O herói de mil faces*, em que descreveu uma narrativa cíclica comum a histórias como as de Jesus, Moisés e Buda. Vamos conferir?

O mundo habitual (o herói em seu ambiente): Luke em Tatooine, com os tios Lars e Beru, na vidinha de ajudar na fazenda de umidificação.

Chamado para a aventura (um problema perturba a vidinha do protagonista): Luke compra os droides procurados pelo Império e, como se não bastasse, descobre a mensagem armazenada em

DO HERÓI EM ESPERANÇA

R2-D2 e encontra Obi-Wan, que diz que o pai dele era um Jedi e tal. Daí é ladeira abaixo.

Herói relutante (quando o cara ainda não sabe se embarcar na aventura é o certo, ou se tem capacidade para tal): Luke diz que não vai se juntar a Obi-Wan, afinal, tem suas coisas para fazer na fazenda e tem que contar os grãozinhos de areia do deserto. Porém, quando volta para casa, descobre que sua família foi morta pelos Stormtroopers. Aí fica perdido, com raiva, confuso e nervoso.

Mentor sábio (o protagonista encontra um mentor que o instrui para que desenvolva suas habilidades): Luke vai até Obi-Wan, que começa a treinar o rapaz no uso do sabre e da Força.

A aventura (quando o protagonista se lança ao desconhecido): Luke e Obi-Wan começam a aventura.

Testes, aliados e inimigos (o herói faz amigos e enfrenta seus oponentes, assim como a própria fraqueza, além de lidar com as consequências de suas ações): Luke acompanha Obi-Wan e, depois de uma briga na cantina, embarca na Millennium Falcon com Han Solo e Chewie e deixa Tatooine.

Caverna secreta (o herói entra no mundo do antagonista): Luke, Han, Obi-Wan, Chewie e os droides entram na Estrela da Morte para resgatar Leia.

Provação suprema (o herói se dá mal pela primeira vez): Luke é puxado para baixo da água pela criatura do compactador de lixo. Além disso, vê Obi-Wan ser "morto" por Darth Vader.

Posse da espada: Luke salva a princesa Leia e consegue roubar os projetos da Estrela da Morte.

Estrada de volta (quando o herói está no radar do inimigo): Luke escapa da Estrela da Morte e Darth Vader começa uma verdadeira caçada ao cara.

Ressurreição: Luke lidera a esquadra que destrói a Estrela da Morte.

Regresso com o elixir (quando o herói retorna vitorioso após a batalha): a Aliança Rebelde destrói a Estrela da Morte e as coisas voltam ao normal (mais ou menos).

STAR WARS NAS SÉRIES DE TV

The Big Bang Theory

Traz um monte de referências a Star Wars. Afinal, a série é protagonizada por nerds de carteirinha! Leonard, que sempre quis abrir um café temático de Star Wars chamado Brewbacca, tem o xampu de Darth Vader e o condicionador de Luke Skywalker, e se considera o Jar Jar Binks da família. Quando acha que seu apartamento foi invadido, usa o sabre de luz como lanterna e, quem sabe, arma, ao investigar. Raj já apareceu com um colecionável da Millennium Falcon, de 1979, com efeitos sonoros de velocidade da luz, no mesmo episódio em que Leonard pensou em se desfazer de todos os seus artefatos de Star Wars. Sheldon já quis matar seus amigos com o sufocamento de Vader, além de ter pensado em devolver um pôster em que Vader olhava para ele de um jeito estranho.

Como fãs reais, Leonard e Sheldon têm uma discussão sobre assistir ou não à série animada *Clone Wars* antes do filme. Aliás, em discussões, falam de Star Wars e usam seus diálogos como se fossem mantras para o dia a dia. Por várias vezes, há menções ao uso da Força para atingir objetivos da rotina. E chamar alguém de Jar Jar Binks não é boa coisa! Raj diz que C-3PO é um Sheldon brilhante, Leonard defende que assistir aos filmes não dá a ninguém o direito de dizer "nós derrotamos o Império", e até a imaginação de Howard usa sarcasmo mencionando a princesa Leia. Sheldon se diz um cara mais simpático ao Império do que à Aliança Rebelde e cita Darth Vader como uma figura histórica de traição, enquanto Raj tem uma camisa que toca a "Marcha imperial". Como namorada de nerd, nerd é ou se torna, Bernadette passa 48 horas jogando Star Wars: The Old Republic com os meninos. E o orgulho de Leonard, que cita e imita Yoda diversas vezes ao longo da série, quando Penny usa uma frasedo personagem e, ainda por cima, diz de qual filme é?

Cheers

O seriado *Cheers*, que era contemporâneo ao lançamento de Star Wars IV, V e VI, além de trazer várias menções à trilogia e seus personagens em diálogos, teve episódios cujos títulos eram claras referências à saga: *Bar Wars, Bar Wars II: The Woodman Strikes Back* e *Bar Wars III: Return of Tecumseh.*

VOCÊ OUVIU?

Já ouviu a "Marcha imperial" executada pelo Metallica? E pelo Rage Against the Machine? E pelo Green Day?

Doctor Who

A série *Doctor Who*, muito admirada até hoje por todos os nerds, já era exibida há quase quinze anos quando *Star Wars IV* estreou nos cinemas. Doctor parecia ser um fã da saga, o suficiente para fazer piadas e comparações. Algumas de suas companheiras partilhavam deste conhecimento, como Ace, que apelidou o marido de uma conhecida de Darth Vader, o encanador sem cérebro. O duelo entre Luke e Darth Vader é reproduzido por Doctor e o líder dos Sycorax – e o Doutor inclusive tem a mão decepada. E quando ele tem que listar filmes em que os personagens precisam dar um jeito de fugir de lugares confinados, Star Wars, é claro, está entre eles. O 11º Doctor, certa vez, se intitulou "o Gandalf do espaço, ou o carinha verde de Star Wars", antes de simular um sabre de luz. O décimo Doctor Who, em um diálogo com Martha Jones, diz: "Eu tenho um pressentimento ruim sobre isso", e explica que é uma famosa frase do filme.

Everybody Hates Chris

No seriado *Everybody Hates Chris*, Tonya, irmã de Chris, diz que só há um vilão melhor do que Darth Vader: Mister, de *A cor púrpura*, e em uma discussão em família, lembra aos demais que James Earl Jones foi o dublador do Jedi que foi para o Lado Negro da Força. A admiração da menina pelo personagem era tanta que, em um Halloween, ela se fantasiou de Darth Vader.

CURIOSIDADES

Quase que Luke Skywalker se chamou Luke Starkiller!

Friends

Friends, um dos seriados de maior audiência da TV americana, também mostrou como o universo de Star Wars faz parte da formação cultural das gerações posteriores ao filme. A grande fantasia de Ross, por exemplo, era ver Rachel fantasiada de "Slave Leia" (o traje que a princesa teve que usar durante o período em que foi prisioneira de Jabba the Hutt). Além disso, quando Ross precisa reescrever às pressas um discurso, Joey sugere uma fala de seu teste para *Star Wars*.

How I Met Your Mother

Talvez uma das séries com o maior número de menções a Star Wars seja *How I Met Your Mother*. Isso porque os personagens tiveram a infância marcada pela trilogia original. Barney, inclusive, tem um Stormtrooper em tamanho real decorando sua sala, com destaque. O mesmo Barney fica extremamente desgostoso de sua noiva, Nora, quando ela diz não gostar da saga. Ele chega a afirmar que Nora mentiu sobre sua idade por conta disso. Já adiante, com Robin, uma das brigas do casal gira em torno de os Stormtroopers serem ou não maneiros. Marshall e Ted, melhores amigos desde os tempos de faculdade, mantêm uma tradição de assistir juntos à trilogia original a cada três anos. Ted, que está sempre em busca de sua cara-metade, comenta com o melhor amigo que conheceu uma fã de Star Wars que, ainda por cima, gosta de Ewoks. O diálogo dos dois acaba se estendendo até a batalha de Endor. Ted escolhe Lando Calrissian como apelido em um episódio e, em outro, se ressente com Mary, em um encontro, porque ela compara o cabelo de Sandy, um apresentador que todos amam, ao capacete de Darth Vader. Já com a noiva Stella, Ted assistiu à trilogia novamente, porque queria que ela admirasse os filmes favoritos dele – só que ela caiu na besteira de confessar a Marshall que não gostou da saga. Depois, quando conhece uma mulher que compara o clima ao de Hoth, imediatamente deixa claro para Barney que está interessado nela. Uma das falas mais épicas da série foi a de Barney ao se comparar a Yoda: "I'm your bro'. I'm Bro-da." Barney, em outro episódio, recebe a notícia de que tem origem canadense exatamente como Luke ao descobrir que Darth Vader é seu pai.

você ouviu?

"A new hope", do Blink-182, traz referências a personagens e cenários dos filmes: Tatooine, o bar de Mos Eisley, Han Solo, Lando – além de uma paixão pela princesa Leia.

South Park

Trey Parker e Matt Stone, criadores de *South Park*, são fãs de cultura nerd. Isso inclui, é claro, Star Wars. Nas animações, vemos estudantes com máscaras de Chewbacca, personagens fictícios inspirados nos da saga, AT-ATs e Snowspeeders, Jabba the Hutt congelando Kenny em carbonita, frases dos filmes sendo usadas pelos protagonistas dos desenhos, menções e comparações com diversas cenas em diálogos, uma versão Chef de Darth Vader, Luke Skywalker interpretando a si mesmo, Stormtroopers assassinos e por aí vai. Há episódios em que George Lucas interpreta a si mesmo, seja no Rancho Skywalker, com seu amigo Steven Spielberg ou querendo processar *South Park*. E não podemos esquecer do desenho em que Mickey Mouse compra de George Lucas os direitos de Star Wars e Eric Cartman tenta de todas as formas interpretar o filho de Luke Skywalker. É uma farra para os fãs!

? CURIOSIDADES

O comunicador usado por Qui-Gon Jinn nada mais era do que um barbeador feminino adaptado.

Seinfeld

Série queridinha de todos, *Seinfeld* também fez suas referências à saga Star Wars. *Seinfield* já fez uso da frase "Há muito tempo, em uma galáxia distante..." em um diálogo com Elaine. Outra frase da saga que aparece bastante na série é "Eu tenho um pressentimento ruim quanto a isso". E quando Elaine aposta com o cara com quem está saindo que Dustin Hoffman fazia parte do elenco de *Uma nova esperança*, Seinfeld duvida que um judeu baixinho seja páreo para Darth Vader. Até Kramer, o avoado, usa a destruição das duas Estrelas da Morte para explicar uma teoria.

That 70's Show

Os protagonistas de *That '70s Show* estão quase no final da adolescência quando *Uma nova esperança* chega aos cinemas. Portanto, é natural que a série retrate o impacto da saga no cotidiano dos jovens. Eric fica muito impressionado com o filme. Vários episódios mostram o protagonista sonhando com a trama, ou conversando com os pais sobre os personagens. Inclusive, quando o pai dele tenta ensinar ao filho o nome de algumas ferramentas, Eric aproveita para ensinar ao pai os nomes de personagens importantes da saga. Tamanha é a fixação de Eric com a saga, que o pai, em um episódio em que Eric constrói uma réplica da Millennium Falcon, diz que é "bom que não seja alguma coisa relacionada a Star Wars". Sua namorada, Donna, com o objetivo de agradá-lo, se fantasia de princesa Leia. Até no show do Pink Floyd, ele pensa em Star Wars. Quando Donna e Eric resolvem se casar, ela diz ao padre que ele só pensa em Star Wars. Para a sorte de Eric, o padre também acha que Star Wars é o melhor filme de todos os tempos (e o ator que interpreta o padre é Billy Dee Williams, que deu vida a Lando Calrissian). Os sonhos com a saga não param após o casamento, e Eric constantemente fala sobre ela enquanto dorme. Há vários episódios em que Eric fantasia sobre Leia, porém, com a imagem de Donna.

VOCÊ OUVIU?

No clipe de "Cello Wars", The Piano Guys, dupla de violoncelistas, usam sabres de luz de maneira inusitada e se apresentam com roupas de Jedi. Participação especial de Darth Vader.

VOCÊ OUVIU?

Em "Chewbacca", a banda Supernova homenageia o Wookie com uma música em que seu nome e apelido são repetidos e intercalados com seus grunhidos.

Os Simpsons

Não há nenhuma temporada de *Os Simpsons* em que não seja feita menção ou referência ao universo Star Wars. Há muitas, muitas, muitas. Colecionáveis nos quartos de personagens, trilha sonora, aparições de personagens da saga – poderíamos fazer um outro almanaque só com esse assunto. Vale destacar o episódio todo dedicado aos que morreram nos filmes, como Darth Vader, Darth Maul, Greedo, Tio Owen, Stormtrooper número 5, Jango Fett, General Grievous, Stormtrooper número 22, Dak, Obi-Wan Kenobi, quem quer que Jimmy Smits tenha interpretado, Jabba the Hutt e Sy Snoodles. Em outro episódio, Mark Hamill fala na Bi-Mon-Sci-Fi-Con e depois é obrigado a representar Luke Skywalker cantando "Lucas, seja um Jedi", uma paródia de "Luck Be a Lady", que ficou famosa na voz de Frank Sinatra.

SE VOCÊ GOSTOU DE STAR WARS...

... porque curte ficção no espaço, deveria ver também *Star Trek* (as séries e os filmes), *2001 – Uma odisseia no espaço*, *Interestelar*, *Oblivion*, *Guardiões da galáxia* e *Wall-E*.

... porque curtiu os Ewoks, deveria ver também os filmes *Caravana da coragem* e *Ewoks: a batalha de Endor*.

... porque curte alienígenas fazendo contato, deveria ver também *E.T.*, *Contatos imediatos do terceiro grau*, *Independence Day*, *MIB – Homens de preto*, *Contato*, *Cocoon*, *O milagre veio do espaço*, *Sinais* e *Lilo & Stitch*.

... porque curte aventura, deveria ver também os filmes *Indiana Jones*, *De volta para o futuro* (a trilogia), *Os goonies*, *Super 8*, *Jurassic Park*, *Harry Potter*, *O Hobbit*, *O senhor dos anéis* e *Up – altas aventuras*.

...porque curte a jornada do herói, deveria ver também os filmes *Karatê kid*, *Gladiador*, *Coração valente*, a trilogia *Matrix*, *Os sete samurais*, *A fortaleza escondida*, *Trono manchado de sangue* e *Procurando Nemo*.

... porque curte robôs e androides, deveria ver também os filmes da saga *Exterminador do futuro*, *Eu, robô*, *Gigantes de aço* e *Robôs*.

...porque curte tramas políticas, deveria ver também *Guerra dos tronos*, *House of Cards*, *Mera coincidência*, *Milk*, *Adeus, Lênin* e *Todos os homens do presidente*.

A PROFECIA

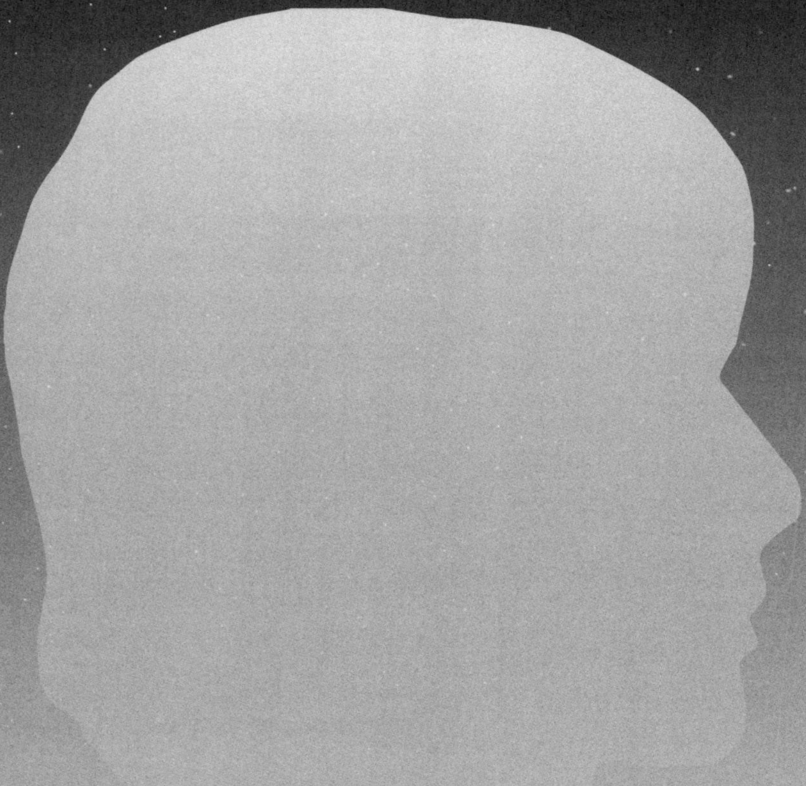

Em *Star Wars, episódio I: A ameaça fantasma,* durante uma reunião do Conselho Jedi, Mestre Windu pergunta a Yoda se ele acredita ser Anakin o escolhido descrito na profecia como aquele que restaurará o equilíbrio à Força.

Embora o texto original da profecia do escolhido nunca tenha sido encontrado, a milenar lenda Jedi prevê a vinda de um ser que trará equilíbrio à Força. Este equilíbrio pode ser interpretado como aquele em que duas partes existem em iguais condições, como o bom e o mau, ou o equilíbrio em que a Força está em seu estado ideal, existente na natureza, o lado iluminado. Como o Lado Negro corrompe o equilíbrio natural proporcionado pelo lado iluminado, os Jedi tomaram como sua missão combatê-lo e restaurar a condição intrínseca.

Esta interpretação ambígua da noção de equilíbrio gera uma das discussões mais frequentes entre os fãs de Star Wars: o escolhido é Luke ou Anakin?

Partindo do princípio de que o equilíbrio é a existência do bem e do mal com forças equiparadas, pode-se dizer que, quando os Sith e os Jedi

DO ESCOLHIDO

existiam em igual número e domínio da Força, havia equilíbrio. Depois, houve a supremacia Jedi, portanto, um desequilíbrio. Após a Ordem 66, os Jedi foram praticamente extintos e os Sith subiram ao poder. Quando Darth Vader/ Anakin mata o Lorde Sidious/Imperador, ele restaura esse equilíbrio – já que matar o Imperador significa matar um dos dois Sith que restam. Em seguida, quando ele próprio morre, e Luke permanece como o único Cavaleiro Jedi sobrevivente, o equilíbrio mais uma vez é colocado em risco.

No entanto, com um Jedi novamente exercendo a supremacia, o equilíbrio da Força é restabelecido - ainda que mais em consequência das ações de Anakin do que pelas mãos de Luke.

Maaaaaas... e se Luke for o escolhido? Afinal, seu único treinamento foi aquele com Yoda em Dagobah, e, ainda assim, usou a Força com destreza inata, mesmo sem nenhum treinamento, desde *Uma nova esperança*. E foi Jedi o bastante para derrotar Darth Vader. Seus atos levaram à destruição do Lado Negro.

Como a questão do ovo e da galinha, essa discussão vai longe.

OS JEDI

Quais são as obrigações de um Cavaleiro Jedi?

Entre Cavaleiros e Mestres Jedi, há três especializações baseadas nas habilidades apresentadas ao longo de seu aprendizado da Força. O **Jedi Guardião** – cujo sabre de luz produz uma lâmina azul – deve garantir a segurança da população inocente. Procura aprimorar suas habilidades de combate e manejo de sabre. Estes Jedi são defensores da República e do templo Jedi. O **Jedi Consular** – cujo sabre de luz produz uma lâmina verde – serve ao Senado Galáctico e à República, dentro e fora de seus limites, como embaixador ou diplomata, atuando em resoluções de conflitos e de questões políticas. Esses Jedi concentram seus esforços no domínio da Força pela mente. Entre os Consulares, estão também os Jedi com maior domínio da Força em vidência, cura e os de mente excepcional, que se dedicam aos estudos. O **Jedi Sentinela** – que carrega um sabre de luz amarelo – se encarrega de missões em que é necessário o equilíbrio da mente e o combate com uso da Força. É o Jedi que traz à luz trapaças e injustiças de qualquer natureza. O sabre roxo, como o de Mestre Windu, também pode ser usado por essa categoria de Jedi.

Como os Jedi constroem sabres de luz?

Para construir um sabre de luz, o Padawan é orientado pelo Mestre Jedi a escolher componentes do cabo seguindo sua intuição. Depois, o Padawan deve ir até as cavernas de cristal de Ilum, onde, por meio de reflexão profunda, chegará até o cristal mais apropriado para a Força que emana dele. Como as peças devem ser unidas de maneira minuciosa com o uso da Força, esta etapa final da montagem exige muita concentração e foco.

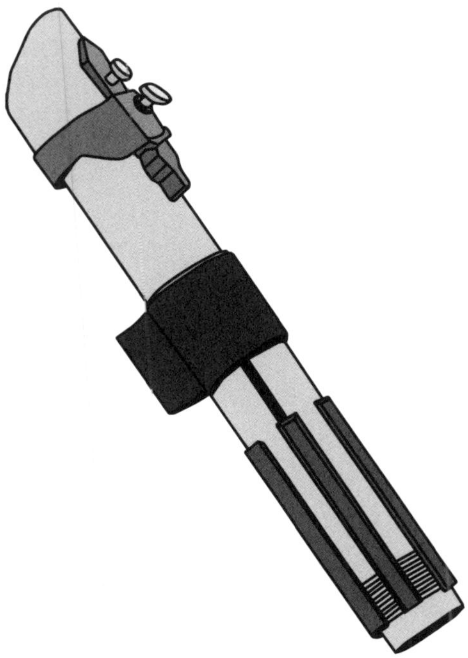

Qual é a diferença entre um Cavaleiro Jedi e um Mestre Jedi?

O Mestre Jedi é o Cavaleiro que treina um Padawan para que se torne Cavaleiro. Pode também ser um Jedi que demonstre profundo conhecimento sobre a Força e a Ordem Jedi, tendo, por isso, sido aceito no Conselho.

Como o Padawan vira um Cavaleiro Jedi?

O Padawan passa por testes de habilidade, coragem, espírito, resistência e discernimento. Ele deve comprovar que é capaz de manipular seu sabre, controlar a Força, agir de forma razoável e astuta diante de perigo, dominar a dor e não se entregar a ilusões e truques da mente.

VAAPAD

Mace Windu desenvolveu sua própria forma de manejar um sabre de luz – e de lutar. A técnica se chama Vaapad, e recebeu este nome em alusão a uma criatura do planeta Sarapin que possuía vários tentáculos, mexia-se muito rapidamente e era capaz de atacar seu oponente a partir de várias direções simultaneamente.

CURIOSIDADES

Darth Vader foi o primeiro personagem do universo Star Wars criado por George Lucas.

CURIOSIDADES

Alguns materiais são resistentes aos sabres de luz. O mais conhecido entre eles é o mineral cortosis.

Alguns dos atores que interpretaram Jedi nos filmes de Star Wars

Luke Skywalker - Mark Hamill viveu o personagem por toda a trilogia clássica.

Anakin Skywalker – O personagem é interpretado por três atores ao longo da saga. No filme *A ameaça fantasma*, Anakin é interpretado por Jake Lloyd e durante os filmes *Ataque dos clones* e *A vingança dos Sith* por Hayden Christensen. Quando, ao fim de O retorno de Jedi, podemos ver novamente seu rosto, é vivido pelo ator Sebastian Lewis Shaw. Na remasterização, Shaw foi substituído por Christensen.

Obi-Wan Kenobi – Foi interpretado por Sir Alec Guinness durante a trilogia clássica e por Ewan McGregor nos Episódios I, II e III.

Yoda – Ele é animado por um boneco controlado por uma equipe de efeitos práticos na trilogia clássica e computação gráfica nos prequels. Em todos os filmes, ele é dublado por Frank Oz.

Qui-Gon Jinn – Liam Neeson o interpreta durante o Episódio I.

Mace Windu – O Jedi é interpretado pelo ator Samuel L. Jackson nos filmes A *ameaça fantasma*, *Ataque dos clones* e *A vingança dos Sith*. O curioso é que a escalação para o papel supostamente veio por insistência do próprio ator, fã convicto da saga.

EASTER EGGS

Não só outros filmes fazem referências a Star Wars: os filmes da saga também trazem referências a filmes cujos diretores são amigos de George Lucas ou influenciaram, de alguma forma, sua carreira. Ele mesmo, aliás, foi figurante em seu próprio filme, *A vingança dos Sith,* como o senador de Pantoran, Baron Papanoida. Suas duas filhas, Katie e Amanda, apareceram nos três filmes da prequel. Em *A ameaça fantasma*, Katie foi Amee, amiguinha de Anakin em Tatooine, e Amanda interpretou Diva Funquita e dublou Tey How. No Episódio II, Katie era Lunae Minx e Amanda, Adnama. Ambas estavam na boate em que Obi-Wan e Anakin foram atrás de Zam Wesell. No terceiro filme, Katie foi Chi Eekway Papanoida, a filha do personagem interpretado por George Lucas. Amanda, por sua vez, encarnou a senadora Terr Taneel. Jett Lucas, o filho de Lucas, não ficou de fora: interpretou o Padawan Zett Jukassa nos episódios II e III. Aliás, Zett é aquele Padawan corajoso que enfrenta vários clones do esquadrão 501st antes de cair em batalha, quando Bail Organa tenta entrar no templo Jedi e é barrado, logo após a Ordem 66.

No *Episódio I: A ameaça fantasma*, a cápsula da nave Discovery, de *2001 – Uma odisseia no espaço*, aparece no ferro-velho de naves espaciais onde Anakin trabalha como escravo, no planeta Tatooine. Na mesma cena, enquanto Qui-Gon Jinn e Watto conversam, é possível notar ao fundo o robô do filme *O exterminador do futuro*. Ainda neste filme, notamos membros do sistema de E.T. presentes no Senado Galáctico – e como apoiadores de Palpatine!

EM STAR WARS

Quando, em *Ataque dos clones*, Anakin e Obi-Wan seguem a caçadora de recompensas Zam Wesell até o Outlander Club, encontram diversas formas de recreação, entre elas, telões que mostram uma espécie de futebol americano jogado por droides e corrida de pods. Pela aparência da paisagem cheia de neve, parece se passar em Ando Prime, como em Star Wars, Episódio I: Racer.

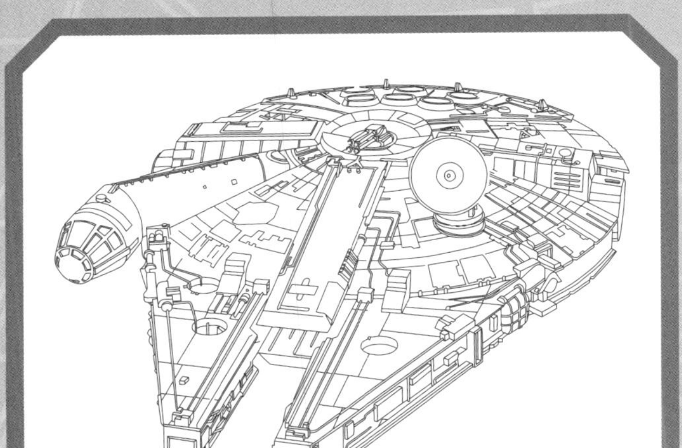

Millennium Falcon, a cargueira coreliana modelo YT-1300 modificada, já tinha cerca de sessenta anos quando Han Solo falou sobre sua habilidade de executar o percurso de Kessel em menos de doze parsecs a Luke e Obi-Wan em *Uma nova esperança*. A nave estava presente em um momento icônico da guerra dos clones: a batalha de Coruscant. Ainda nesta série, durante o reinado de terror do líder da Techo Union, Wat Tambor, sobre Ryloth em *Star Wars, episódio II: Ataque dos clones*, ele saqueou todas as riquezas do planeta antes que a República o invadisse e expulsasse a Techo Union dali. Um dos tesouros? A Arca da Aliança! E nossa querida Millennium Falcon, que iniciou este tópico, ainda é vista em *A vingança dos Sith*, estacionada no edifício do Senado.

OS SITH

Quem são os Sith?

Aproximadamente 7 mil anos antes das aventuras de Luke Skywalker, houve uma grande guerra entre os Jedi e os Jedi Sombrios, conhecida como a Guerra dos Cem Anos de Escuridão. Após serem derrotados, os Jedi Sombrios, foram banidos para o espaço inexplorado, fora dos limites da República, pela Ordem Jedi. Sorzus Syn guiou o galeão dos banidos até Korriban, onde, segundo estudara, habitava uma espécie de guerreiros primitivos que possuiam algum domínio do Lado Negro da Força: os Sith. Não demorou para que os Jedi Sombrios, mais poderosos e tecnologicamente avançados, conquistassem o planeta. Em Ziost, planeta próximo a Korriban e capital dos Sith, os Jedi Sombrios ergueram seu império, após acabar com o governo vigente até então. Ajunta Pall se tornou o Lorde Negro e foi criado o Conselho Sith de Ziost. Por enxergarem em Ajunta Pall o Deus Canhoto, os Kissai, sacerdotes Sith, se dobraram a seu domínio.

Os Jedi Sombrios, além de ocuparem o planeta dos Sith e assumirem seu governo, promoveram uma mistura entre as raças. Por isso, acabaram conhecidos como Sith.

Você ouviu?

Jack Black definitivamente gosta de rock e de Star Wars. No filme *As viagens de Gulliver*, uma das primeiras cenas traz um diálogo entre dois bonequinhos colecionáveis nas mãos do dono. O barco de Gulliver leva um desenho de R2-D2 e, além disso, o personagem faz alusões à saga em seus diálogos. Uma das faixas do álbum "Rize of the Fenix", de Tenacious D, tem o título de "Deth Starr".

A Regra de Dois

A Regra de Dois foi um princípio da Ordem dos Lordes Sith, instituído por Darth Bane em resposta às Novas Guerras, brigas internas autodestrutivas dentro da Ordem Sith. A Regra de Dois define que deve haver apenas dois Sith, um Mestre e um Aprendiz. Quando o Aprendiz se torna forte o bastante para subjugar o Mestre, em uma batalha até a morte, pode se tornar, então, o novo Mestre.

TECNOLOGIA

Os fotossabres (os primeiros sabres de luz) não continham células internas de energia, e os guerreiros precisavam andar com fontes externas para abastecer suas armas. Os primeiros a desenvolver um sabre com energia interna foram os Sith.

Alguns dos atores que interpretaram Sith nos filmes de Star Wars

Imperador Palpatine/Darth Sidious – Originalmente, no filme *O Império contra-ataca*, foi interpretado por Elaine Baker, a mulher e assistente do maquiador Rick Baker, e dublado por Clive Revill. Para o filme seguinte, George Lucas chamou Ian McDiarmid para o papel e o manteve em todas as participações do personagem na saga. Em 2004, o ator substituiu a atuação de Baker na versão digitalizada do Episódio V.

Darth Vader – Durante a maior parte da trilogia clássica ele foi interpretado por David Prowse e dublado por James Earl Jones. Na cena de sua morte, quando tira sua máscara, é interpretado por Sebastian Shaw. Nas cenas de luta de sabre de luz, foi interpretado pelo esgrimista e coreógrafo Bob Anderson nos episódios V e VI.

No Episódio III, na parte final do filme, o ator Hayden Christensen vestiu a armadura de Darh Vader. À roupa foi acrescentado um peso extra, a fim de que o ator sentisse dificuldade para se mover, assim como seu personagem naquele momento.

Conde Dookan/Darth Tyranus – Foi interpretado e dublado em todas as suas aparições por Sir Christopher Lee.

Darth Maul – É interpretado pelo ator e dublê Ray Park em *A ameaça fantasma.*

CANTINA
MOS E

O nome da cantina é The Chalmun´s Cantina (A cantina de Chalmun), já que seu proprietário é um Wookie chamado Chalmun. Ela está na cidade-pirata de Mos Eisley, em Tatooine.

Não é permitida a presença de droides na cantina – há um alarme na porta que avisa à gerência caso um deles entre no local. A explicação de Chalmun para a proibição é simples: droides não bebem, mas ocupam espaço. Essa regra é observada, na prática, por Wuher, o bartender, que deixa bem claro que não gosta de ninguém. Como um típico valentão, amedronta os droides porque são os únicos incapazes de revidar. Porém, basta ver um blaster que se esconde.

Teoricamente é proibido entrar no local portando blasters, mas essa regra ninguém respeita – Han Solo e Greedo, por exemplo, estavam armados.

ISLEY

Naquele dia, alguns personagens interessantes estavam no local no mesmo momento em que Luke e Obi-Wan. A chegada do Jedi e do jovem Skywalker interferiu, de certa forma, nos planos de alguns deles. Foi o caso de Cornelius Evazan, mais conhecido como "Doutor Evazan", um foragido condenado à morte em 12 sistemas pelas experiências que conduziu em seus pacientes. Acabou abatido por Obi-Wan depois de abordar Luke. Dannik Jerriko, assassino e caçador de recompensas que desfrutava seu hookah durante a cena na cantina, pertencia a uma espécie que se alimenta dos cérebros de outras formas de vida. Naquele dia em especial, pretendia fazer de Han Solo sua próxima refeição. Havia ainda Karolyn D'ulin e Shada D'ukal, duas mercenárias que estavam fugindo do Império após terem roubado o protótipo do laser da Estrela da Morte. Sem dúvida, a cantina ser invadida por soldados imperiais não estava em seus planos.

Quando Luke e Obi-Wan estiveram por lá, uma famosa banda se apresentava: Figrin D'an and the Modal Nodes. O líder da banda, "Fiery" Figrin D'na, cujo apelido é Barbarine, toca dois instrumentos: um chifre Kloo e uma percussão Gasan. O show era resultado de uma negociação com Jabba, para que se apresentassem na cantina e em seu palácio.

O contrabandista coreliano BoShek apresentou Obi-Wan a Chewbacca, que mal sabia que BoShek acabara de estabelecer um novo recorde para a Rota Kessel (recorde que até o momento era atribuído a Han Solo e ao Wookie). Também estava na cantina Garouf Lafoe, mercador livre que saiu para contar a um soldado imperial o que acabara de testemunhar: um Jedi arrumando tumulto e ameaçando os frequentadores com o sabre de luz.

LOUCURAS DE FÃS...

TEM FÃ DE STAR WARS que assiste a todos os filmes, lê todos os livros, zera todos os jogos. Tem fã que viaja para ver qualquer estreia, passa dias discutindo detalhes da saga, compra todos os bonecos. Tem fã que faz tudo isso e ainda se veste de Jedi, constrói seu próprio sabre de luz e faz a família inteira decorar o nome de cada um dos personagens. Mas tem fã que é tão fã, que só dá para chamar o que ele faz de loucura. Será que você teria coragem de ir tão longe quanto essa galera?

CURIOSIDADES

Francis Ford Coppola, amigo de George Lucas, contratou Harrison Ford, no início da carreira do ator, para pequenos papéis nos filmes *A conversação* (1974) e *Apocalypse now* (1979). Neste filme, inclusive, o nome de seu personagem, um soldado, é G. Lucas.

... com cosplay de Darth Vader

• Em 2008, o Jedi Jonba Hehol (cuja identidade no planeta Terra é Barney Jones), um dos fundadores da igreja Jedi no Reino Unido, foi atacado por Darth Vader enquanto concedia uma entrevista para um documentário.

• Jon Rice é um americano, digamos, excêntrico: fã de Star Wars e de corridas, desde 2010, ele escolhe o dia mais quente do ano para correr, o mais rápido que puder, em pleno sol escaldante do deserto, fantasiado de Darth Vader. Ele chama a maluquice de Darth Valley Challenge, um trocadilho com o nome do lugar, que se chama Death Valley.

• Em 2010, Darth Vader assaltou um banco em Long Island, nos Estados Unidos. E em Omaha, roubou uma loja de quadrinhos – com uma faca, fez um vendedor refém e exigiu uma caixa de cards de Yu-Gi-Oh. Que feio, Vader!

• Na Ucrânia, Darth Vader se candidatou ao Parlamento, em 2010. Não satisfeito, em 2014, anunciou sua candidatura à presidência. Como a Comissão Eleitoral Central rejeitou sua candidatura, Darth Vader chamou Darth Maul e soldados da guarda do Imperador para um protesto em frente ao edifício da comissão, em Kiev.

• Em 2014, Darth Vader-fã-de-beisebol lançou a primeira bola no jogo entre os Seattle Mariners e os Texas Rangers, no Texas.

• Em 2015, uma fã inglesa morreu e, a pedido dela, o caixão foi conduzido por um homem vestido de Darth Vader.

• Menção do bem: vários foram os *cosplays* de Darth Vader que visitaram crianças (pequenas e, hum, adultas) em hospitais, ou participaram de ações para angariar fundos para algum tipo de caridade. Por trás da máscara também bate um coração.

... antes de estreias

• Em 2005, quando o episódio III foi lançado nos cinemas, Jeff Tweiten, em seu blog waiting for starwars, narrou como foi acampar na calçada do cinema três dias antes da estreia.

• Usar todo o Fundo de Garantia para bancar uma viagem para assistir à estreia do episódio I em Nova York parece loucura? Um dos autores deste livro fez isso. Não diremos qual.

... artistas

• O fotógrafo Sacha Goldberg montou uma exposição só com fotos de ícones da cultura nerd retratados com figurinos do século XVI. Darth Vader, Yoda, Chewbacca, Leia, Bobba Fett, Darth Maul, Stormtrooper, Jawa, Boushh e até mesmo C-3PO e R2-D2 estão lá, com roupas pomposas e cheias de enchimentos.

• A banda Figrin D'an and the Modal Nodes, que aparece na cantina de Mos Eisley, serviu de inspiração para a tela de Massimo Carnevale e faz parte de uma série inspirada em filmes icônicos.

• Gosta de Steam Punk? Dê uma olhada na série criada pelo designer Bjorn Hurri, toda baseada em personagens de Star Wars.

• Que tal praticar ioga? O designer Rob Osborne criou uma série de *posters* de personagens de Star Wars ensinando ioga.

• Camisinhas com personagens de Star Wars nas embalagens? É o que propõe o designer Benedetto Papi.

• A artista Rä di Martino, em sua série No More Stars, fotografou as locações do planeta Tatooine, abandonadas após as filmagens da primeira trilogia de Star Wars em Tozeur, uma região remota da Tunísia.

• Que tal fazer mosaicos dos personagens de Star Wars usando grampos de grampeador? Parece loucura? O nova-iorquino James Haggerty usou 10.496 grampos em um mosaico de Darth Vader, 33.580 no do robô C-3PO e 21.458 no desenho de Greedo. Yoda ficaria realmente orgulhoso da paciência de James!

• O fotógrafo Darryl Jones criou uma série de fotos que mostram o que os Stormtroopers fazem durante a folga. Alguns vão ao estádio, outros passeiam por aí de Vespa com caçadores de recompensa... Além de as imagens no Instagram serem ótimas, vêm acompanhadas por legendas que personificam os soldados.

• Se quiser ver uma réplica impressionante de AT-AT, procure por vídeos de Adriano Kenobi. Se quiser ver uma réplica impressionante de AT-TE, idem. Se quiser ver uma réplica de AT-ST... espere mais um pouco.

CURIOSIDADES

Kevin Feige, presidente da Marvel Studios e um autodeclarado "obcecado por Star Wars", revelou uma homenagem da Marvel à saga Star Wars: todo filme da segunda fase do universo cinematográfico da Marvel, de *Homem de Ferro 3* a *Homem-Formiga*, teve um braço decepado.

... simplesmente loucos

• Em 2009, Kevin Cotter foi deixado pela esposa, com quem fora casado por doze anos. Como a ex abandonou também o vestido de noiva, Kevin reagiu como um adulto maduro e criou o blog My Wife´s Wedding Dress, no qual faz de tudo com o vestido, inclusive um espantalho de Darth Vader.

• Menção honrosa: um certo apresentador da TV brasileira pregou uma peça em pedestres: um Ewok vem correndo esbaforido por um beco, entrega um sabre de luz ao pedestre e sai correndo. A pessoa normalmente fica tão chocada com a criaturinha que não esboça uma reação. De repente, um monte de Stormtroopers (interpretados pelos amigos do Conselho Jedi MG) aparecem, acompanhados por Darth Vader. Fácil de encontrar na internet.

• No Star Wars Day de 2013, o astronauta canadense Chris Hadfield postou uma foto em seu Twitter oficial em que ele faz um globo terrestre "levitar". Na legenda, a frase de Yoda: "Faça, ou não faça. Não existe tentar." Não seria louco, se nosso amigo não tivesse feito a foto em pleno espaço, a bordo da Estação Espacial Internacional.

• No Censo de 2001 do Reino Unido, cerca de 390 mil pessoas se declararam fiéis ao Jedaísmo...

• A Casa Branca recebeu, em 2013, uma petição assinada por 30 mil americanos que reivindicavam a construção da Estrela da Morte no espaço. No melhor estilo "se vamos falar com loucos, sejamos loucos", Paul Shawcross, Chefe do Departamento de Ciência e Espaço da Casa Branca, respondeu que esse não seria um bom investimento do dinheiro dos contribuintes: US$ 850 quatrilhões numa máquina de guerra cujo objetivo é destruir planetas, política com a qual a administração não concorda. Além do mais, é um projeto falho, já que um homem é o suficiente para destruí-la.

você ouviu?

Star Wars ganhou uma homenagem bem no auge da disco music: Meco usou sons de droids e sabres de luz, além de muitas inspirações da trilha sonora da própria trilogia original.

... com cosplay de Stormtrooper

• O Stormtrooper Kevin Doyle caminhou cerca de mil quilômetros, de Petaluma à Comic Con, em San Diego, California, para honrar a memória de sua falecida esposa, Eileen, fã de Star Wars. Por onde passava, comovia as pessoas com sua história e pedia que doassem recursos para uma instituição que apoia crianças submetidas a quimioterapia.

• Em 2011, o Stormtrooper australiano Jacob French correu de Perth até Sidney para ajudar a angariar fundos para a Starligh Foundation. Integrante da 501st Legion of Storm Troopers, French também é conhecido por TK-6283.

• Uma tropa de Stormtroopers de vários fã-clubes do Brasi compareceu ao Rock in Rio 2015.

CURIOSIDADES

George Lucas contratou Harrison Ford para participar dos testes de elenco de *Star Wars*. Sua função era ler algumas falas com os atores. Só que ele foi tão bem que acabou sendo convidado para participar do filme.

... com uma impressora 3D e o coração maior do que a Estrela da Morte

• O americano Liam Porter, de 7 anos, nasceu sem parte de seu braço direito. A prótese era pesada para crianças e não permitia muitos movimentos. Ele praticamente não a usava. Então, John Peterson imprimiu uma prótese leve e articulada para o menino. Já seria bem maneiro se não ficasse melhor ainda: o braço é igual ao de um Clone Trooper!

... fofos

• O menino Colin, de 7 anos, queria ser um Cavaleiro Jedi. Porém, não concordava com o voto de celibato da Ordem Jedi. O pequeno Padawan, então, resolveu mudar as regras: escreveu uma carta a George Lucas dizendo que não gostava nada, nada dessa história e que queria se casar "sem virar um Sith". A Lucasfilm, encantada com o gesto da criança, enviou um monte de brindes da saga para ele, acompanhados por uma carta que concedia a Colin a permissão de se casar um dia, mesmo sendo um Cavaleiro Jedi.

você viu?

Garfield, Arlene e Odie já estrelaram uma tirinha inspirada em Star Wars: começa com uma imagem deles em um deserto com dois sóis ao fundo, como em Tatooine. Eles representam, respectivamente, Luke Skywalker, princesa Leia e Obi-Wan Kenobi. Os diálogos trazem alusões à Força e ao nome dos personagens de Star Wars.

4TH DIA DE STAR WARS

Leia em inglês a seguinte data: May 4th (May, the fourth). A sonoridade é familiar?

O dia 4 de maio deveria ser feriado mundial, mas não é. Comemorado pela primeira vez (pelo menos de forma organizada) em 2011, no Canadá, o Dia de Star Wars surgiu justamente pela semelhança entre a sonoridade de "May the fourth" e "May the Force (be with you)".

Um dos registros mais antigos que se tem da data é de 1979: Margaret Thatcher havia acabado de se tornar primeira-ministra do Reino Unido, no dia 4 de maio, e seu partido publicou um anúncio de meia página no principal jornal de Londres com a seguinte mensagem: "May the Fourth Be With You, Maggie. Congratulations." Era uma clara alusão ao primeiro filme da trilogia original.

Com a internet, os fãs puderam se comunicar e se conectar, criando ações no mundo todo. E o dia 4 de maio acabou se tornando a data certa para quem quer se unir a outros fãs para comemorar o amor à saga. Nesta data, as redes sociais são inundadas de notícias sobre festas, *flashmobs* e outras celebrações.

Maio, aliás, é um mês importante para os fãs da saga: além de todos os filmes terem sido lançados neste mês, George Lucas faz aniversário em 14 de maio.

EFEITOS ESPECIAIS

Em 1975, o então jovem cineasta George Lucas queria que seu filme, uma aventura espacial, tivesse muitas imagens de naves, movimentos rápidos, ágeis e intensos, cortes velozes e dinâmicos. Como não havia até aquele momento na indústria cinematográfica nada parecido, Lucas e sua equipe, sem saber, iniciaram um trabalho árduo e intenso que mudaria a história dos efeitos especiais no cinema.

Para eles, não havia nada impossível ou difícil demais de ser feito. Com os profissionais certos, uma dose enorme de comprometimento e criatividade, foi fundada a Industrial Light and Magic (ILM).

Naquela época, quase não havia divisões de efeitos especiais nos grandes estúdios. A 20th Century Fox tinha acabado de fechar seu departamento, e Lucas adquiriu os equipamentos a preços abaixo do mercado. Em seguida, instalou a ILM em um armazém. Aliado ao produtor Gary Kurtz, e apoiado pela 20th Century Fox, convidou um grande especialista em efeitos fotográficos, John Dykstra, para participar da empreitada. Dykstra trouxe com ele uma equipe composta por estudantes, engenheiros, mecânicos e artistas, alguns deles, experientes em modelagem e fotografia.

O roteiro de Star Wars era extremamente complexo em termos de efeitos especiais. Cada página deixava clara a necessidade de uma enorme força de trabalho e muita inspiração para transformar as palavras em imagens.

? CURIOSIDADES

Já contou quantos dedos Yoda tem? Nos episódios V, VI e III, são quatro dedos; no episódio I, apenas três em cada mão.

Para começar, foi necessário aprimorar os efeitos especiais já existentes, entre os quais estavam a animação e as próteses de borracha que davam vida às criaturas. Daí para frente, o que se viu foi um show de criatividade e inovação, que envolvia desde enormes e numerosas maquetes detalhadas até aperfeiçoamentos inusitados na pós--produção, envolvendo tratamentos do rolo de filme, inclusive. Trabalho exaustivo não faltou – algumas cenas que durariam apenas alguns segundos precisavam de até doze horas de filmagem. Porém, em todos os registros em vídeo e fotográficos, o que se vê é uma equipe extremamente entrosada que trabalhava com uma paixão intensa. Muitos dispositivos e máquinas foram desenvolvidos ali mesmo. O lema era este: se a tecnologia de que você precisa não existe, aproveite para inventá-la. Dê um jeito.

O resultado ficou claro nas telas: Star Wars surpreendeu a todos. Era inegável que o que se via ali rompia barreiras. Houve filas de seis horas para ver o filme. O primeiro episódio da saga abriu precedente para que outros filmes no mesmo estilo fossem produzidos – agora os cineastas tinham visto que era possível usar efeitos especiais para contar uma história espetacular.

Com o sucesso de Star Wars, George Lucas mudou o centro de produção para um lugar mais distante de Hollywood, em San Rafael, na Califórnia. Lá foi construído o Kerner Optical, onde a empresa permaneceu até 2005. E foi lá que começaram a trabalhar na sequência de Star Wars, *O Império contra-ataca*. Entretanto, para manter um pessoal criativo e altamente qualificado e as tecnologias de que necessitava para realizar de forma plena suas atividades, a empresa tinha que se tornar viável para outros produtores de cinema. E foi assim que a ILM recebeu diversos diretores de Hollywood, ávidos por uma companhia que compreendesse sua visão e fizesse a mágica acontecer. Foi neste momento, por exemplo, que Steven Spielberg levou *Indiana*

CURIOSIDADES

Nem todos os atores gostam de ser reconhecidos por apenas um papel. Um bom exemplo disso é o ator que interpretou Obi-Wan na trilogia clássica, Sir Alec Guinness, apesar de ter gostado de gravar o filme e achar que o roteiro tinha uma boa moral. Guinness passou o resto da vida sendo reconhecido pelo papel de Ben Kenobi, algo que o irritava bastante.

Jones e os caçadores da arca perdida para a ILM. O fim do filme, em que acontece a abertura da arca sagrada, exigia muitos efeitos visuais – fantasmas, cabeças derretendo ou explodindo.

Enquanto isso, George Lucas sentia a coceirinha da inquietude: queria fazer todo o trabalho que antes fora braçal e manual em computadores e impressoras óticas. Queria editar os filmes em computadores. Queria trabalhar as trilhas sonoras nos computadores. Essa vontade o levou a criar uma divisão gráfica na Lucasfilm – a Graphics Group. Alguns dos principais saltos primários da computação gráfica aconteceram por lá. Pouco tempo depois, esses avanços foram aplicados nos projetos da ILM. O filme *Star Trek: a ira de Khan*, de 1983, chegou às telas já munido dos primeiros efeitos visuais produzidos a partir de computação gráfica. O passo seguinte foi animar graficamente o homem de vidro em *O enigma da pirâmide*: a filmagem foi projetada para o computador, e então animada. O primeiro efeito de transformação (seres mudando sua forma em uma única tomada) feito digitalmente apareceria em *Willow na terra da magia*. Na ILM foram desenvolvidos o primeiro sistema computadorizado de edição de imagens, o primeiro de som e mixer de áudio, entre outros. Graças ao Pixar Image Computer e ao software de processamento RenderMan, foi criada uma animação: *Andre & Wally B*.

Neste ponto, foi gerada uma cisão na ILM: os animadores da Graphics Group queriam prosseguir com os projetos de animação, mas George não autorizou, devido ao alto custo. A solução encontrada foi a criação de uma empresa com esses animadores. Eles terceirizavam seus serviços para a ILM. Foi neste período que aconteceu a produção de *O segredo do abismo*, que traz impressionantes nove segundos de animação gráfica em uma cena.

(Após este filme, a Graphics Group foi comprada por Steve Jobs e se estabeleceu como uma empresa independente. Seu nome? Pixar.)

Com essa evolução, vários roteiros que estavam engavetados pela falta de tecnologia para produzi-los começaram a reaparecer. Um deles foi *O exterminador do futuro II*: James Cameron criara um personagem para o filme que deveria obrigatoriamente ser feito a partir de computação gráfica. Quando o filme foi exibido, ficou claro que a computação gráfica era um fenômeno enorme que tinha vindo para ficar e revolucionar a indústria cinematográfica. E, mais uma vez, havia partido da ILM.

Foi então que Steven Spielberg voltou à empresa com um projeto digno das grandes mudanças anunciadas: *Jurassic Park*. Com muito *stop motion* e modelagem envolvidos no processo (T-Rex em tamanho natural, inclusive), dinossauros ganharam vida e maravilharam milhões de expectadores no mundo todo. Os atores também tinham que acompanhar a evolução técnica: agora fingiam se assustar ou se maravilhar com algo que não estava, de fato, lá. A ILM ditava tendências novamente.

A transferência da cultura analógica para a digital, então, estava estabelecida. Veio *Forrest Gump*, cheio de efeitos extremamente complexos, cujo resultado final mais satisfatório possível era passarem totalmente despercebidos pelo grande público. Afinal, Gump estava lá no discurso pelo fim da Guerra do Vietnã, e também na entrevista da qual participou John Lennon. Nada tinha que parecer diferente do absolutamente normal. As bolinhas incrivelmente rápidas que Gump rebatia ao treinar tênis de

você viu?

Em *E.T.*, há bonecos de Lando e Greedo no quarto de Elliot. E na cena do dia das bruxas, uma criancinha está fantasiada de Yoda – que, por sinal, é reconhecido pelo E.T.! Como a referência foi devolvida por George Lucas ao colocar alguns aliens dessa mesma raça no Senado Galáctico em Episódio I, existe até uma teoria de que E.T. tem poderes telecinéticos e telepáticos porque seria um Jedi que caiu na Terra.

você ouviu?

"Você diz Tubarão, eu digo: ei, cara, Tubarão nunca fez minha cabeça e não gosto de Star Wars." Essa é a tradução de um trecho de "Bicycle Race", do Queen, uma das maiores bandas de rock de todos os tempos.

mesa não parecem inseridas digitalmente, parecem?

No rastro, vieram *Jumanji* e seus elefantes e rinocerontes fabulosos, *Twister* e o caos causado por seus furacões. Com o avanço da tecnologia digital, os obstáculos foram ficando cada vez mais insignificantes, e as histórias, mais grandiosas.

Tal qual um trator, a ILM continuou seu trabalho ao longo dos anos. Como todo negócio bem-sucedido, cresceu, se expandiu e partiu para novos projetos, sem perder, porém, o desejo de inovar que a definiu desde aquele primeiro momento. Nestes quarenta anos de existência, a ILM foi indicada a 29 Oscars, dos quais venceu quinze. O mesmo sucesso se repetiu no BAFTA: 17 indicações, com quinze premiações. Em vários anos, a ILM concorreu com dois ou mais filmes na mesma categoria – disputando contra si mesma.

VOCÊ VIU?

Em *Indiana Jones e os caçadores da arca perdida*, a dupla de androides R2-D2 e C-3PO aparece em dois momentos no filme. Primeiro, numa espécie de hieróglifo gravado em um pilar que aparece quando Indiana Jones encontra a Arca da Aliança. Depois, há uma imagem ainda maior talhada na parede, quando Indiana e Sallah erguem a arca. Ainda por cima, a boate favorita de Indiana Jones em Shangai, como vemos em *Indiana Jones e o templo da perdição*, é o Clube Obi-Wan.

CURIOSIDADES

Entre as gravações dos filmes *Uma nova esperança* e *O Império contra-ataca*, o ator Mark Hamill sofreu um grave acidente de carro que marcou seu rosto. Mesmo tendo passado por cirurgias, as marcas eram aparentes. A forma com que George Lucas fez essas marcas serem justificadas em uma cena do, no segundo filme, em que Luke é atacado por um Wampa e recebe um golpe no rosto.

PARÓDIAS DE STAR WARS

QUAL NERD NÃO SE DIVERTE AO VER UM filme cheio de pequenas referências a outros filmes, que só quem é fã descobre? Para quem conhece Star Wars de verdade, o que não faltam são filmes, séries e desenhos que se inspiraram na saga para criar falas, cenas e até episódios inteiros. Do drama à comédia, do Brasil à Turquia, nas últimas quatro décadas as telas têm estado povoadas por personagens com personalidades, roupas, motivações e objetivos que remetem ao universo de Star Wars.

você ouviu?

Há três músicas de Gorillaz que mencionam Star Wars: em "The Sounder", a banda deixa claro que não são do Império, mas ainda contra-atacam. Para andar no céu como Anakin, vale ouvir "Clint Eastwood". No clipe "Dare", um Tie Fighter e um X-Wing aparecem quase no fim.

Spaceballs

Spaceballs (*S.O.S. - Tem um louco solto no espaço*) é meio assim: é claramente uma paródia de Star Wars, com cenários, figurinos e personagens remetendo diretamente à saga. Mas quem curte ficção científica se diverte com as inserções de *Planeta dos Macacos* e *Alien* também.

Sinopse: O presidente do planeta Spaceball, Skroob (anagrama de Brooks, sobrenome do ator/diretor), envia o Lorde Dark Helmet para roubar os recursos naturais do planeta Druidia, e apenas Lone Starr poderá detê-lo.

Direção: Mel Brooks
Roteiro: Mel Brooks e Thomas Meehan
Estrelas: Mel Brooks, John Candy e Rick Moranis
Duração: 96 min
Ano de lançamento: 1987

Family Guy

"Can Laugh At The Ball - A Family Of Heavy Trilogy"

Há três episódios de *Family Guy* totalmente inspirados na trilogia original: "Blue Harvest", o primeiro da sexta temporada, paródia de *Uma nova esperança*; "Something, Something, Something, Dark Side", o vigésimo da oitava temporada, paródia de *O Império contra-ataca* e "It's a Trap", o 19º da nona temporada, paródia de *O retorno de Jedi*. Recomendamos!

Saiu no Brasil em um box chamado "Pode rir, bola de pelos".

Sinopse: Com os Griffins presos em casa durante um apagão, Peter começa a contar uma história, o que leva a uma paródia de Star Wars em que os personagens da série se tornam os protagonistas da saga.

Direção: Dominic Polcino
Roteiro: Seth MacFarlane, David Zuckerman e Kirker Butler
Estrelas: Seth MacFarlane, Mila Kunis e Seth Green
Duração: 157 min
Ano de lançamento: 2010 (box)

? CURIOSIDADES

George Lucas se inspirou no amigo e diretor Francis Ford Coppola para conceber Han Solo.

Robot Chicken: Star Wars

Robot Chicken é, definitivamente, um *must see* para os fãs de Star Wars. Com a ironia e o descaramento característicos dessa animação em *stop motion*, esquetes trazem situações inusitadas envolvendo personagens dos filmes. O primeiro episódio inteiramente voltado à série foi "Robot Chicken: Star Wars", lançado em 2007. Em 2008, veio "Robot Chicken: Star Wars Episode II", e, em 2009, "Robot Chicken: Star Wars Episode 2.5". Para fechar os episódios especiais, em 2010 veio "Robot Chicken: Star Wars Episode III". Imperdível.

Direção: Seth Green e Chris McKay
Duração: 108 min
Ano de lançamento: 2012 (box)

Coelhada nas estrelas

Por diversas vezes, a Turma da Mônica se inspirou em personagens e histórias de Star Wars para viver as próprias aventuras. Foi o caso de "Coelhada nas estrelas", história originalmente publicada no *Gibizão* número 8, em 1997. Foi republicada em 2007, em *Clássicos do Cinema Turma da Mônica*. Recebeu duas continuações: "Coelhada nas estrelas – O feio contra-ataca" e "Coelhada nas estrelas – O retorno de Jedito". Houve também a revista *Tauó – Berro nas estrelas*, lançada em 2008, que traz seis episódios. Os filmes ganharam nomes divertidos nas historinhas: "A amassada fantasma", "O ataque dos cones", "A vingança da zica", "Uma nova lambança", "O império contra a vaca" e "O retorno de jegue".

Autor: Maurício de Souza
Ano de lançamento: 1997

você viu?

Star Wars em *Barrados no baile*? Sim! David Silver chegou a compor um rap com vários Jedi e o Mestre Yoda. Também teve um episódio em que um recém-nascido foi comparado a Yoda.

você ouviu?

No álbum "The Liquid Tension Experiment", do Dream Theater, a música "Chewbacca" é uma longa (bem longa) homenagem instrumental ao Wookie.

Star Warners

Até Pinky e Cérebro parodiaram Star Wars no episódio "Star Warners". Na abertura, a gente já solta uma risadinha, quando lê, nas famosas letrinhas que tanto adoramos, a música de Pink e Cérebro. Cérebro é R2-D2, "um avançado androide envolvido em um complexo esquema de dominação da galáxia", e, apesar de encarnar C-3PO, um robô de protocolo, Pink continua sendo... estúpido.

Direção: Nelson Recinost
Roteiro: Liz Holzman, Charles M. How e Tom Ruegger
Duração: 22 min
Ano de lançamento: 1998

Os Trapalhões
na guerra dos planetas

Os Trapalhões fizeram a alegria da garotada quando lançaram, em 1978, *Os Trapalhões na guerra dos planetas*. Com o sucesso do primeiro Star Wars, em 1977, o grupo de comediantes tão querido pelas crianças do Brasil recontou a história do jeito deles: o príncipe Flick pede a ajuda do bando para libertar seu planeta das garras do terrível Zuco. É claro que há princesas e criaturas peludas também neste filme, que ficou conhecido como "o Star Wars brasileiro". O mais curioso foi o sucesso estrondoso de bilheteria do filme, na época. Enquanto *Star Wars* angariou menos de 4 milhões de espectadores no Brasil, *Os Trapalhões na guerra dos planetas* passou da marca dos 5 milhões de espectadores. Cacildis!

Direção: Adriano Stuart
Roteiro: Adriano Stuart
Estrelas: Renato Aragão, Dedé Santana, Mussum e Zacarias
Duração: 98 min
Ano de lançamento: 1978

Dünyayı Kurtaran Adam (O Star Wars turco)

Os produtores turcos, para economizar dinheiro na compra de filmes internacionais, resolveram recriar os sucessos de bilheteria, o que "sai mais barato e ainda aquece a indústria cinematográfica nacional". É claro que Star Wars entrou nesse bolo. Lançado em 1982, *O homem que salvou o mundo* se inicia com o homem conquistando o espaço e chegando à Lua. Após uma passagem de tempo (só de alguns milhares de anos), chegamos à Era Galáctica. A essa altura, todos resolvem voltar aos hábitos primitivos e abandonar a tecnologia. O que acontece depois é louco demais para contar, tem que ver. Envolve poeira de cérebro, e daí por diante.

Sinopse: Dois cadetes do espaço caem em um planeta deserto, onde um feiticeiro malvado busca o poder supremo para conquistar o mundo.
Direção: Çetin Inanç
Roteiro: Çetin Inanç
Duração: 91 min
Ano de lançamento: 1982

CURIOSIDADES

David Lynch e David Cronenberg foram convidados para dirigir *O retorno de Jedi*, mas recusaram.

Phineas e Ferb – Star Wars

Phineas e Ferb, aquela dupla que só quer curtir as férias, também tem um episódio todo passado no universo Star Wars. Perry, o ornitorrinco, dessa vez é um agente da Aliança Rebelde, que rouba os projetos de construção da Estrela da Morte e foge na nave com a princesa Leia. Porém, a nave é interceptada por Darth Vader, que força a princesa a carregar informações em R2-D2.

Candance é uma das agentes do Império, claro. (Afinal, ela nunca pode estar no lado escolhido pelos irmãos!) Quando ela percebe que os robôs estão entrando em uma nave de fuga, vai atrás deles.

Phineas Flynn e Ferb Fletcher, enquanto isso, estão em Tatooine, na fazenda dos pais, sem nem desconfiar daquilo que o universo (literalmente) mandará do espaço para eles.

Direção: Robert Hughes
Duração: 51 min
Ano de lançamento: 2014

você ouviu?

São várias as menções a Star Wars nas músicas de Eminem: Darth Vader é um enfeite de geladeira em "Rain Man". Em "Stay Wide Awake", o ouvinte é convidado para ir com ele para o Lado Negro da Força, além de mencionar Jawas e Jabba the Hutt. Ele até dá um conselho em "Old Time's Sake": não resista à Força. E ainda promete a Obi-Wan que não ia impedir que a Força se desenvolvesse em "You´re never over". "Rhyme or Reason" convoca praticamente todo mundo de Star Wars: Yoda, os Jedi, Skywalker, Chewbacca.

DIA DO ORGULHO NERD

No próximo dia 25 de maio, certifique-se de ter uma toalha no ombro: este é o "protocolo" para quem quer celebrar o Dia do Orgulho Nerd. A data não é aleatória: em 25 de maio de 1977 estreava nos cinemas *Star Wars, episódio IV: Uma nova esperança*. Além disso, é o Dia da Toalha, em que fãs da saga *O guia do mochileiro das galáxias* homenageiam seu autor, Douglas Adams. É ainda o Glorioso 25 de Maio, celebração dedicada a Terry Pratchett, autor da série *Discworld*. As três homenagens juntas criam o Dia do Orgulho Nerd, já que, bem, quem gosta de Star Wars, do *Guia* e de *Discworld* não é bem o malandrão da praça, não é?
(Se você não souber o significado da toalha, sua próxima leitura depois deste almanaque tem que ser *O guia do mochileiro das galáxias*.)

1977

Star Wars estreia nos cinemas.

Um mono mix é produzido para os cinemas, sem suporte para Dolby Stereo, contendo algumas mudanças nos diálogos. A mais notável é a voz de Beru Lars, dublada por outra atriz (ou possivelmente takes diferentes da mesma atriz).

1980

Star Wars, episódio V: O Império contra-ataca estreia nos cinemas.

Uma versão 70mm de *Star Wars, episódio V: O Império contra-ataca* inclui mudanças em relação à versão 35mm, como a adição de transições de uma cena à outra. Na cena em que Luke cai da Cidade das Nuvens dentro da Millennium Falcon, a antena do radar sumiu.

1981

Star Wars, episódio IV: Uma nova esperança é relançado nos cinemas. A mudança mais importante que se nota é a inserção de "Episódio IV: Uma nova esperança" no título. Antes disso, o filme era conhecido apenas como "Star Wars".

você viu?

Em *Dilbert*, na tirinha intitulada *Wally Dabbles in Crime*, Wally, em meio a uma discussão com Dilbert, diz que seus modelos de conduta são "governantes, banqueiros, atletas e lordes Sith". E na tirinha de 26 de abril de 2010, Dilbert diz que, já que ele não é capaz de cumprir os prazos arbitrários de seu chefe, deve se matar com um sabre de luz, segundo o manual dos engenheiros.

DA FILMOGRAFIA

1983

Star Wars, episódio VI: O retorno de Jedi estreia nos cinemas.

você viu?

Em *A chave mágica*, Darth Vader enfrenta um Tiranossauro Rex.

1984

Primeiro lançamento de *O Império contra-ataca* em Laserdisc. O estúdio encurta o filme de seus 125 minutos originais para menos de 120 minutos, para baratear o custo de produção. Nenhuma outra mudança é feita.

1985

Star Wars, episódio IV: Uma nova esperança é lançado em VHS/ Laserdisc, e traz a fala de C-3PO sobre o campo de força. Exceto por essa fala, o filme continua o mesmo. Entretanto, o filme é cortado dos 121 minutos originais para 118 para baratear o custo de produção.

você viu?

Em uma das tirinhas de Calvin e Haroldo, Calvin diz à mãe que sua fantasia para a peça da escola é uma mistura de Jabba the Hutt e de Rudolf, a rena.

1993

Primeiro lançamento da trilogia Star Wars em Laserdisc, como versão de colecionador. Essa edição contém novos efeitos sonoros.

LINHA DO TEMPO

1994

Quarto lançamento da trilogia em VHS. Nesta versão, os vídeos são remasterizados digitalmente e o som é convertido para THX.

1997

Comemorando os 20 anos de lançamento da saga, os 3 filmes retornam ao cinema numa versão totalmente remasterizada e com a inclusão de novas cenas. Além da remasterização digital e da conversão de som em THX, em *Uma nova esperança*, efeitos são inseridos para fazer com que Greedo atire primeiro em Han Solo e uma versão gráfica de Jabba the Hutt confronta Han na pista de pouso da Millennium Falcon. Em *O Império contra-ataca*, novas cenas são filmadas para expandir a visão que temos da criatura Wampa que ataca Luke. Em *O retorno de Jedi*, um novo número musical substitui o antigo no palácio de Jabba. Inclusive, há uma nova cena com a dançarina Oola.

1999

Star Wars, episódio I: A ameaça fantasma estreia nos cinemas.

2001

Primeiro lançamento em DVD de *Star Wars, episódio I: A ameaça fantasma* estende a sequência da corrida de pod.

VOCÊ VIU?

Em um episódio da *Vila Sésamo*, R2-D2 se apaixona por um hidrante.

você viu?

Não faltam referências a Star Wars no seriado *30 Rock*. Quando Liz é convocada para compor um júri, se veste de princesa Leia para escapar. A mesma Liz, em outro episódio, se veste novamente de princesa Leia, mas dessa vez é para se casar! Ela ainda compara a sala de conferências da ONU com o Senado Galáctico, e Stewart responde que ambos estão preocupados com a crescente influência dos lordes Sith. E falando neles, Frank – que em um episódio tem um amigo chamado Lando Calrissian – atribui o incêncio em seu apartamento a sua capa de Lorde Sith ter ficado muito perto de uma vela. O que dizer, também, do congelamento criogênico que fez com que Don Geiss ficasse que nem Han Solo no carbonita? Tracy Jordan também já teve seu momento: correu de cueca por entre os carros, com um sabre de luz vermelho, gritando: "Eu sou um Jedi!"

2002

Star Wars, episódio II: Ataque dos clones estreia nos cinemas.

Star Wars, episódio II: Ataque dos clones é lançado em DVD e traz faíscas e fumaça saindo do jetpack de Jango Fett antes de ser decapitado por Mace Windu.

você viu?

Em *Armageddon*, Chick responde ao *briefing* da missão dizendo que é coisa de Star Wars. E quando A.J. e Oscar estão consertando dispositivos da nave, A.J. diz que ele é Han Solo, e Oscar, Chewbacca. E quando A.J. menciona a saga ainda mais uma vez, e Andropov responde que nunca viu nenhum dos filmes.

você viu?

Em *O balconista*, Dante e Randal discutiram sobre a morte de empreiteiros inocentes quando a segunda Estrela da Morte, ainda em construção, foi destruída.

2004

A trilogia original é lançada em DVD e traz edições especiais dos filmes com mudanças adicionais, como uma nova cena com o Imperador, substituindo o ator Elaine Baker por Ian McDiamid em *O Império contra-ataca*. Sebastian Shaw também é substituído por Hayden Christensen como um fantasma da Força em *O retorno de Jedi*.

2005

Star Wars, episódio III: A vingança dos Sith estreia nos cinemas.

Star Wars, episódio III: A vingança dos Sith é lançado em DVD e a única mudança mais notável é a transição de Obi-Wan e Padme embarcando na nave para Anakin escalando o monte de lava.

você viu?

Em *Toy Story 2*, quando Zurg revela ser o pai de Buzz Lightear, há uma referência direta à cena antológica de *O Império contra-ataca*, em que Darth Vader conta a Luke que é seu pai.

2006

Segundo lançamento em DVD da trilogia Star Wars clássica, trazendo tanto as edições especiais quanto as originais (retiradas das matrizes de 1993 em Laserdisc). Nenhuma mudança foi feita.

VOCÊ VIU?

Em *Up – altas aventuras*, a comunicação entre os cães para checar as posições é uma alusão à cena em que os Rebeldes se preparam para atacar a Estrela da Morte, em *Uma nova esperança*. Inclusive, em vez de "Líder Vermelho", temos um "Líder Cinza"! E, enquanto vemos as fotografias que são exibidas durante os créditos, uma delas mostra um cinema em cujo letreiro está escrito "Star Wars".

2011

Primeiro lançamento em Blu-Ray das trilogias original e prequel, em que o boneco manipulável de Yoda foi substituído por um efeito a partir de animação gráfica em *A ameaça fantasma*. Em *O retorno de Jedi*, Darth Vader, ao matar o Imperador, grita "Noooo!" (ou "Nããããão!"). Nos extras, há algumas cenas cortadas em versões anteriores.

2012

Star Wars, episódio I: A ameaça fantasma é convertido para 3D e relançado nos cinemas. Como a aceitação não chega nem perto da esperada, o projeto esfria. Neste meio-tempo, a Disney compra a Lucasfilm e anuncia uma nova trilogia, o que engaveta o 3D de vez.

2015

Os seis filmes são lançados em diversos serviços de streaming. Para a ocasião, John Williams compõe um novo jingle a partir da música que era executada durante os créditos de *O Império contra-ataca*, que substitui o antigo jingle que acompanhava os logotipos da 20th Century Fox e da CinemaScope. Lançamento de Episódio VII - O despertar da Força. A sequência mais aguardada de todos os tempos marca o retorno de Luke, Leia, Han Solo e Chewbacca, e é o primeiro filme da saga produzido sem o envolvimento direto de George Lucas, após a compra da franquia pela Disney.

O novo diretor, J.J. Abrams, é fã convicto da saga e renova a esperança dos fãs ao mostrar, desde a pré-produção, o cuidado em deixar o filme com o mesmo aspecto "sujo e velho" da trilogia clássica, além de priorizar os efeitos especiais práticos, ao invés de apenas computação gráfica.

você viu?

Quando Marty McFly tenta convencer o pai (ainda jovem) a convidar Lorraine para o baile, em *De volta para o futuro*, o único jeito que encontra é aproveitar o fascínio de George por ficção científica. Marty veste um traje antirradiotivo, liga o secador de cabelos (que serve de arma) e entra no quarto do pai/amigo dizendo: "Silêncio, terráqueo. Meu nome é Darth Vader."

J. J. ABRAMS

Nosso querido (e que assim continue) J. J. Abrams, produtor e autor da série *Lost*, já dava sinais claros de que era um apaixonado pela saga Star Wars. Ao longo do seriado, há diversos diálogos que demonstram que alguns personagens (em especial Hurley e Sawyer) eram fãs e sabiam o bastante para inserir, em seus comentários e comparações, elementos da saga.

Em vários momentos, Sawyer interrompia discussões entre Michael e Jin ou era sarcástico com eles fazendo alusões a Han Solo e Chewbacca. Em outros episódios, vemos que ele fazia uso do que aprendeu nos filmes em sua vida, como quando prega uma peça em Aldo para resgatar Karl da sala 23 usando o "velho lance do Wookie prisioneiro". Ou se divertia simplesmente chamando os outros por nomes de personagens que ele julgava agirem de forma parecida. Hurley (que para Sawyer era Jabba the Hutt), descobrimos depois, chegou a escrever um roteiro alternativo para *O Império contra-ataca*, "com algumas melhorias". (Será que J. J. se inspirou em si mesmo?) O simpático gordinho tinha um amigo imaginário chamado Dave (que, é claro, também sacava de Star Wars) e vivia comparando as pessoas reais com os personagens da saga.

A ESTRELA DA MORTE

E se quiséssemos construir a Estrela da Morte?

Estudantes de economia publi-caram em um site americano, em 2012, o cálculo de quanto custaria construir a Estrela da Morte com os recursos de que dispomos hoje em dia.

Para construir uma arma espacial gigante de destruição em massa, é preciso encontrar os materiais cer-tos. Resolveram começar a traba-lheira calculando se o aço disponí-vel no planeta seria suficiente. Para isso, de acordo com a literatura a respeito, estimaram que a Estrela da Morte de *Uma nova esperança* tem 140 quilômetros de diâmetro. En-tão, consideraram sua densidade de aço semelhante à de um moderno navio de guerra: o HMS Illustrious. Adequando a escala para a Estrela da Morte, são aproximadamente 11 milhões de bilhões de toneladas de aço. Parece uma massa colossal (e é), mas com o aço existente na Terra, poderiam ser construídas 2 milhões de Estrela da Morte.

No entanto, em 2012, era produ-zido 1,3 bilhão de toneladas de aç por ano no mundo. Para atingir toda essa quantidade, seriam necessários 833.315 mil anos. E esse aço teria que vir do núcleo da Terra, onde o ferro é mais denso e existe em quan-tidade muito maior. Porém, se reti-rássemos esse material de lá... bem geraríamos efeitos desagradáveis no planeta. Tipo a extinção da vida ou algo do gênero.

Quanto custaria essa farra? Bem só com a matéria-prima, sem contar o custo com equipamentos, mão de obra, infraestrutura etc., seriam gas-tos 852 quatrilhões de dólares. Em 2012, quando o estudo foi realizado isso equivalia a treze vezes o Produ-to Interno Bruto do mundo.

De quanta energia a Estrela da Morte precisaria para destruir a Terra com o laser?

Estudantes da Universidade de Leicester publicaram um artigo chamado "That´s no moon" onde se dedicaram justamente a descobrir a resposta: 2.25 10^32 J. Vamos falar em português claro: isso é o tanto de energia produzida pelo Sol durante uma semana.

E para limpar a Estrela da Morte, como seria?

O mesmo pessoal que calculou o custo de construção da Estrela da Morte resolveu estimar quanto tempo alguém levaria para limpar todo aquele antro de maldade. De novo, partiram do princípio de que a esfera tem 140 quilômetros de diâmetro, com muitos e muitos andares. Para chegar a um número mais apropriado para os cálculos, estimaram o pé-direito em 4 metros. Afinal, nesses andares há guindastes, engenhocas e super-armas. Com isso e cálculos matemáticos inexplicáveis, chegaram à extensão do chão a ser varrido: 359.2 milhões de metros quadrados.

Em seguida, assumiram que alguém muito, muito, muito eficiente varre 1 metro quadrado por segundo. Ainda que fosse o próprio Darth Vader, seriam 11,4 milhões de anos de trabalho árduo.

Mas Darth quer que a Estrela seja toda varrida uma vez por ano! E sabemos muito bem o que acontece quando ele é contrariado.

Então ele terá que contratar 48 milhões de funcionários, que trabalharão numa jornada de 40 horas semanais. Se esse pessoal aceitasse o salário mínimo americano (em 2012), o custo seria de 723 bilhões de dólares por ano.

Quantas pessoas trabalham na Estrela da Morte?

O físico Rhett Allain fez esse cálculo: 6 trilhões de funcionários. Ou seja, morreu uma galera na destruição... Mas o resultado soou absurdo até para ele. Alguns sites especializados estipulam que a tripulação da Estrela da Morte seria de aproximadamente um bilhão, descontando droides e passageiros.

COLECIONÁVEIS

Em 1977, a Kenner, uma empresa de brinquedos dos Estados Unidos, adquiriu o direito de produzir os brinquedos do filme Star Wars.

Porém, o Natal chegou e a Kenner não tinha nenhum boneco sequer pronto para aproveitar a febre de consumo gerada pela data. Em uma manobra ousada, a empresa vendeu kits com certificados e um cartão que poderia ser trocado por quatro a*ction figures,* quando estivessem prontos. O kit também trazia *cardboard*s com os doze bonecos que seriam lançados.

Em 1978 os bonecos chegaram ao mercado. A maioria vinha com acessórios como sabres de luz, blasters e capas. Os brinquedos eram selados em plástico-bolha e traziam também um cardboard. Os colecionadores se referem a essa primeira leva como os carded action figures ou bonecos de ação cartonados". A empresa produziu uma linha de bonecos action figure 3 ¾, o que era inédito na época. Na esteira do sucesso, vieram outros acessórios e naves. As crianças enlouqueceram com a novidade, encantadas em brincar de reencenar trechos do filme. E, é claro, para os colecionadores, estes itens valem ouro – e são difíceis de encontrar em perfeitas condições.

Em 1979, mais nove bonecos foram lançados. No total, foram 21 bonecos lançados depois do primeiro filme. Para exemplificar, de acordo com o E-bay (um dos maiores sites de compra e venda do mundo), hoje em dia, o boneco de Darth Vader, por si só, vale pouco. Darth Vader original, da primeira leva lançada, alcança um valor de quatro dígitos (caso venha com a embalagem e o cartão). O Darth Vader da leva lançada em 1979, nas mesmas condições, pode chegar a metade disso.

É interessante observar que as próprias action figures têm variações (diferenças sutis entre moldes, aplicações de tinta etc.). Luke Skywalker pode ter cabelo loiro, castanho-claro ou castanho-escuro. Essas variações podem significar diferenças de preço. Originalmente, o Jawa era embalado com plástico e capa de vinil, mas devido a questões de produção, a capa foi substituída por uma de tecido. Essa diferença causa variação no valor de mercado. O Jawa original, com a capa de vinil, tem um valor estipulado em alguns milhares de dólares, se estiver na embalagem original e com o cartão da leva inicial.

Os 21 personagens foram relançados conforme *O Império contra-ataca* e *O retorno de Jedi* estrearam nos cinemas. Estas levas de bonecos, por terem sido produzidas em maiores quantidades e há menos tempo, são mais fáceis de achar, o que diminui seu valor de mercado. Com *O Império contra-ataca*, vieram 29 novos action figures, com muitos dos personagens da primeira leva reesculpidos em trajes diferentes. E com *O retorno de Jedi* foi a mesma coisa: 31 bonecos de ação foram lançados. A essa altura, a Kenner já estava rindo à toa, e em 1985 resolveu relançar alguns bonecos e acrescentar às prateleiras uma linha chamada "O poder da Força", com quinze novos *action figures*. Porém, como esses bonecos acabaram encalhando, foram devolvidos à Kenner. Isso causou, para os colecionadores, um transtorno: há menos oferta desses bonecos agora.

Enfim, colecionar esses bonecos *vintage* leva a dois caminhos: procurar os bonecos, em qualquer estado, ou somente aqueles que venham com o cartão. Os bonecos avulsos são fáceis de achar, já que as crianças normalmente abrem seus brinquedos e acabam perdendo os acessórios. O valor de um boneco avulso dependerá de como está sua pintura, se tem todas as partes e acessórios etc. Existe uma tabela de gradação do estado do brinquedo, e há quem cobre para fazer essa avaliação.

CURIOSIDADES

No final de *O Império contra-ataca*, quando Leia disse "Eu te amo", Harrison Ford improvisou ao responder: "Eu Sei".

Dicas para começar sua coleção

Há uma diferença clara entre o fã e o colecionador. Você pode comprar alguns quadrinhos e livros de Star Wars, ou um *bubble head* de Stormtrooper para enfeitar uma estante. Ou... você pode comprar todas as edições de uma mesma HQ, pelo prazer de acompanhar a evolução gráfica de uma para outra. E pode se gabar de ter o primeiro bonequinho lançado após a estreia de *Star Wars*, em 1978, dentro da embalagem e em perfeitas condições.

Para entender o universo de colecionáveis Star Wars, é preciso saber que a franquia é tida como uma das mais bem-sucedidas comercialmente de todos os tempos. Isso não foi fruto do acaso: após o sucesso do primeiro filme (e dos produtos inspirados por ele), no segundo filme tudo foi pensado para render bons produtos. Há boatos de que Han Solo não morreu por conta disso. Outro exemplo prático: o caso do projeto multimídia *Sombras do Império*. A Lucasfilm explorou a trama de Steve Perry de forma que os quadrinhos, os livros e o jogo se completassem. Se o fã não explorasse os três conteúdos, não teria a visão completa da história.

Enfim, a franquia se expandiu para todos os produtos em que você possa pensar. Chinelos? Sim. Canecas? Sim. Diga um produto e lá estará a marca.

Neste universo de possibilidades, a primeira dica para iniciar sua coleção é: colecione **ALGO DE QUE VOCÊ GOSTE**. Afinal, colecionar deve ser um prazer, não uma obrigação, e muito menos uma compulsão.

CURIOSIDADES

O retorno de Jedi ia se chamar "A vingança do Jedi". Mas Jedi não se vinga, não é?

A segunda dica é que você procure organizar sua coleção de forma a **PRESERVÁ-LA DO TEMPO**, do clima, de irmãos mais novos ou filhos. Se você divide o teto com mais alguém, é importante, ainda, respeitar o espaço do outro. Pode ser que seu companheiro não goste de ver bonequinhos, sabres de luz ou gibis em todo canto. E não se torne o chato. Nunca seja o chato.

VOCÊ OUVIU?

Os Beastie Boys comparam a relação de Luke e Darth Vader àquela que existe entre as batatas e o molho na faixa "Do it".

PROCURE SE INFORMAR em diversas fontes. Essa é a nossa terceira dica. Pesquise na internet a história em relação à coleção que pretende iniciar, quais são as peças mais valorizadas e o porquê. Isso te dará uma dimensão de valores, para que ninguém te passe a perna. Fale com conhecidos, peça indicações ao Conselho Jedi (adoramos ajudar). Quanto mais você souber, maior a chance de reconhecer um achado.

Outra dica importante (a quarta) é estabelecer um limite em seu orçamento. Colecionáveis podem ser muito sedutores – e caros. Ninguém aqui quer ver o fã falido. E tenha em mente que há coisas mais importantes, como pagar as contas e manter seu saldo positivo no banco.

CURIOSIDADES

Após uma porta hidráulica da nave Millennium Falcon cair sobre o tornozelo de Harrison Ford, durante as filmagens de *Star Wars: O despertar da força*, o ator precisou operar a perna e as filmagens foram paralisadas por duas semanas.

VOCÊ VIU?

Há boatos de que fãs de *Star Trek* e de Star Wars alimentam uma rixa. Não só não concordamos como somos fãs de *Star Trek* também. E fomos ao delírio quando descobrimos *easter eggs* ali: a Millennium Falcon pode ser vista lutando contra os Borg e defendendo a Terra ao lado da frota da Federação durante a batalha do setor 001 no início de *Star Trek: primeiro contato*, de Jonathan Frakes (1997). Em *Star Trek: Além da Escuridão*, de J. J. Abrams (2009), R2-D2 aparece flutuando no espaço (com 1h e 17 minutos de filme).

QUIZ STAR WARS

Se você chegou até aqui, já está craque no universo Star Wars. Que tal testar seus conhecimentos em um quiz preparado pelo Conselho Jedi de Coruscant? Brincadeira! Do Rio mesmo...

(As respostas estão na página 110, mas nada de roubar, hein!)

1 - Quem é o pai de Anakin Skywalker?

2 - Por qual nome Obi-Wan Kenobi ficou conhecido em Tatooine?

3 - Qual é o planeta natal de Beru Lars?

4 - Qual era o parentesco de Owen Lars e Anakin Skywalker?

5 - Quem atirou primeiro: Han Solo ou Greedo?

6 - O que Chewbacca leva na faixa que usa no abdômen?

7 - Qual era o número da cela em que Leia era mantida prisioneira?

8 - Quem foi o mestre de Qui-Gon Jinn?

9 - Qual o número do compactador de lixo onde Chewbacca, Han, Luke e Leia ficam presos?

QUIZ STAR WARS

10 - Qual é o diâmetro da primeira Estrela da Morte?

11 - Quantos idiomas C-3PO fala?

12 - Qual é a frase mais falada da saga?

13 - Quantas vezes a palavra "Ewok" é falada no Episódio VI?

14 - Pelo que Han Solo era famoso até conhecer Obi-Wan e Luke?

15 - Quantos anos Luke tem em Uma nova esperança?

16 - Qual é o nome do ator que interpretou Darth Vader nos episódios IV, V e VI originais?

17 - O que o nome Yoda significa?

18 - Qual é o nome da mãe de Boba Fett?

19 - Quem foi o único ator a ser indicado ao Oscar por uma atuação em Star Wars?

20 - Quem matou Jango Fett?

21 - Quantos anos tinha Padmé Amidala quando foi eleita rainha de Naboo?

22 - Qual era a cor do sabre de luz de Luke Skywalker nos dois primeiros filmes da trilogia clássica?

23 - Qual é o primeiro nome da mãe de Anakin Skywalker?

QUIZ STAR WARS

24 - Quem foi o pai adotivo da princesa Leia?

25 - Qual é o nome Sith de Conde Dookan?

26 - Qual o nome do caçador de recompensas morto por Han Solo no Episódio IV?

27 - Quem foi o primeiro Jedi a aprender a retornar da morte usando a Força?

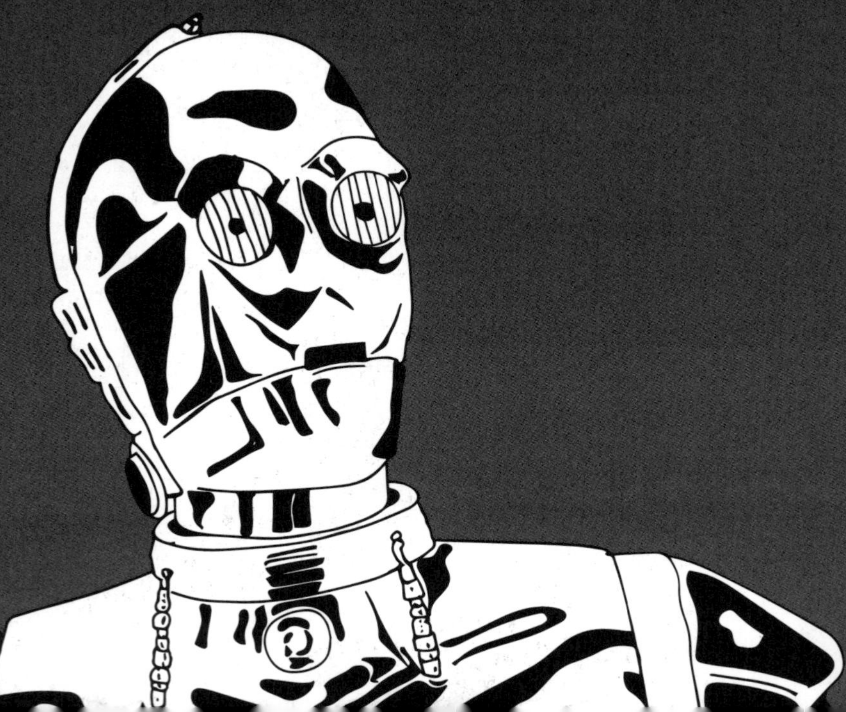

28 - Em que planeta ficam o templo Jedi
e o Senado Galáctico?

29 - Quem foi o único personagem a usar um sabre
de luz sem ser Jedi ou Sith na trilogia original?

30 - Onde Darth Vader revela a Luke que é seu pai?

31 - De onde George Lucas tirou a ideia para o
nome de R2-D2?

32 - Qual é o planeta natal de Han Solo?

33 - Qual foi o apelido dado a O retorno de Jedi pela equipe
de produção para não despertar a atenção dos fãs durante
as filmagens?

34 - Qual é a idade de Yoda em O retorno de Jedi?

35 - Quem matou Jabba the Hutt?

36 - Quem são os únicos personagens a aparecer
nos seis primeiros filmes da saga?

QUIZ STAR WARS

37 - Onde Luke e Obi-Wan conheceram Han Solo?

38 - Princesa Leia é senadora de qual planeta?

39 - Quem construiu C-3PO?

40 - Qual é o nome do planeta onde foi criado o exército dos clones?

41 - Quem foi o primeiro Jedi morto por Anakin?

42 - Qual é o nome da criatura no compactador de lixo em Uma nova esperança?

43 - Em qual planeta do sistema de Hoth estava a base rebelde?

44 - Quais foram as últimas palavras de Yoda antes de morrer?

FANFILMS

Estrangeiros

MAIS QUE BONECOS, JOGOS, LIVROS E PARÓDIAS HOLLYWOODIANAS, Star Wars inspirou uma enxurrada de criações artísticas inventadas pelos próprios fãs, o que mostra que este é um universo que há muito tempo se expandiu para além do que George Lucas podia imaginar – tornou-se tão vivo que suas histórias se multiplicam por mentes fanáticas em todo o mundo, e em mídias de todos os tipos. Entre estas, uma das que mais avançaram foi o próprio audiovisual. Os filmes feitos por fãs – ou *fanfilms* – se tornaram tão importantes que em 2002 a Lucasfilm criou o Official Star Wars Fan Film Awards – uma celebração promovida anualmente para reconhecer os melhores filmes criados pelos fãs da saga.

você ouviu?

Preste atenção ao clipe da música "Spice Up Your Life", das Spice Girls: parece que o filme *Spice Wars* está sendo exibido em um cinema bem perto delas.

Troops

Os Stormtroopers fazem patrulha verificando as ocorrências que recebem pelo rádio, enquanto falam de si mesmos e como se tornaram soldados do Império. O roteiro é bom e o cuidado com a arte é quase profissional.

É uma paródia clara à série *Cops*, de 1989, que exibia oficiais da polícia, investigadores e xerifes durante as patrulhas. Há referências ao filme *Fargo* (1996) e também à série *Mystery Science Theater 3000*.

Em 2001, a pedido da Lucasfilm, Kevin Rubio criou a HQ cômica baseada em Star Wars *Tag and Bink Are Dead*, que foi sucesso de crítica e vendas. Houve mais três publicações da série, e sua compilação, em 2006, esteve entre os livros mais vendidos do ano nos Estados Unidos.

Em 2002, o filme foi premiado no Official Star Wars Fan Film Awards.

Direção: Kevin Rubio
Duração: 10 min
Ano de lançamento: 1997

Star Wars Revelations

O filme se passa entre os episódios III e IV da saga Star Wars. Com a destruição do templo Jedi, uma disputa de poder se instaura entre Darth Vader e Zhanna, braço direito do Imperador. Ambos querem eliminar o último dos Jedi para cair nas graças de Lord Sidious. Outra protagonista é Taryn Anwar, uma vidente que ajudou Zhanna a capturar os Jedi (sem saber que ela trabalhava para o Lado Negro da Força) e, depois de saber a verdade, tenta se redimir.

Embora tenha sido considerado um excelente fanfilm, *Revelations* não esteve entre os concorrentes ao Official Star Wars Fan Film Awards, por ser muito mais extenso do que o permitido pelas categorias da premiação. Além disso, a Lucasfilm só aceita paródias e documentários na premiação.

Direção: Shane Felux
Duração: 47 mim
Ano de lançamento: 2005

Trooper Clerks

Dois Stormtroopers são balconistas em um minimercado na Estrela da Morte, onde discutem filmes e atendem telefonemas de clientes insatisfeitos. Então, um deles recebe a mensagem de que será transferido e eles traçam um plano para evitar que isso realmente aconteça: entregar as plantas da Estrela da Morte aos rebeldes, o que aumentaria o movimento na loja. Mas primeiro eles precisam roubar o projeto. As cenas são alternadas com esquetes que fazem alusão a Jay e Silent Bob, com Darth Maul e o Imperador.

Vencedor da categoria Melhor Animação do Official Star Wars Fan Film Awards de 2003, a paródia tem elementos do filme *O balconista* com personagens de Star Wars.

Duração: 10 min

CURIOSIDADES

A frase mais famosa de Star Wars – "Eu sou seu pai" –, dita por Darth Vader, foi inserida na dublagem. No set isso não foi dito – e assim o segredo foi mantido.

Thumb Wars
The Phantom Cuticle

Polegares assumem o papel dos personagens de Star Wars. O jovem Loke Groundrunner (dublado pelo próprio diretor) e Oobedoob Scobydoob Benubi têm a missão de resgatar a princesa Bunhead das garras do terrível Black Helmut Man. Para isso, contam com a ajuda de Hand Duet e seu parceiro Crunchy.

Faz referência ao filme *Uma secretária de futuro*, de 1988, em que Harrison Ford atua como par romântico da protagonista.

Direção: Steve Oedekerk
Duração: 29 min
Ano de lançamento: 1999

você ouviu?

O próprio título da música "These Aren't The Droids You're Looking For", do Queens of The Stone Age, já é a reprodução de uma fala de Qui-Gon Jinn em *A ameaça fantasma*.

Art of the Saber

Quando o senso de justiça é mais importante do que a própria vida, um jovem deixa para trás sua mulher e filho para se aliar aos rebeldes na Revolução. Sabemos de tudo isso por meio de uma mensagem deixada por ele, que ouvimos enquanto o guerreiro olha, talvez pela última vez, para uma foto da família. É quando um oponente mortal cruza seu caminho e os dois começam um duelo que só terminará com a morte de um deles.

Os irmãos Cary Ho e Calvin Ho encenam uma luta entre dois guerreiros – ambos com sabres de luz. A coreografia é impressionante e traz um quê de artes marciais orientais. Conforme podemos ler nos créditos, as filmagens levaram quatro dias, e os efeitos especiais foram criados depois. O monólogo que escutamos no início do filme foi extraído de uma carta de amor enviada pelo major Sullivan Ballou à esposa Sarah, em 1861, em meio à Guerra Civil americana. Ballou foi morto em combate uma semana depois.

Direção: Clarence Ho
Duração: 4 min
Ano de lançamento: 2002

Batman vs Darth Vader

Batman vai até a Estrela da Morte para libertar o Super-Homem, aprisionado por Vader para servir como moeda de troca em uma transação comercial. Porém, antes que o homem-morcego chegue até o kriptoniano, Darth Vader o intercepta. O que ocorre, então, é "um duelo entre ciência e magia", como diz o próprio Batman, antes de sacar, ele mesmo, um sabre de luz azul para duelar com Vader. Dois finais foram produzidos para o vídeo.

Direção: : Aaron Schoenke
Ano de lançamento: 2014

George Lucas in love

Universidade do Sul da Califórnia, 1967. Enquanto o colega de quarto chapado fala sobre a onda de sensação cósmica em harmonia com todas as coisas vivas, o jovem George Lucas está desesperado: precisa entregar um roteiro em três dias para que possa se formar. Eric, um colega asmático e de respiração ruidosa, não o ajuda ao fazer *bullying* e dizer que seu roteiro já está pronto, e que logo dominará a indústria cinematográfica. A caminho de um encontro com o professor, ele passa por Chuck, um mecânico cabeludo que está consertando o carro de Hal, amigo de George. Passa também por uma banda de alunos hippies que toca informalmente uma música bem familiar, e por um profeta que fala sobre a chegada do Lado Negro. Esbarra em dois colegas, um bem alto, magro, de voz aguda e sotaque inglês, o outro, anão, que só se comunica por sons. Ao finalmente encontrar seu professor, Lucas, inseguro, conta que a história é sobre um jovem fazendeiro do espaço que luta contra uma terrível erva das galáxias. O professor responde sempre enigmaticamente. A sorte de Lucas muda quando ele conhece uma colega que o inspira.

O filme é bem-produzido, leve, engraçado, o roteiro é ótimo e as sacadas são perfeitas. Incrível que tenha sido ele mesmo um trabalho de fim de curso do diretor, Joe Nussbaum, que com esse filme conseguiu entrar na indústria cinematográfica e dirigir filmes da Dreamworks. Nada mal, né?

Direção: : Joe Nussbaum
Duração: 7 min
Ano de lançamento: 1999

Chad Vader

É uma série para web em que Darth Vader é o gerente do turno diurno de um mercado, que se reporta ao chefe chamando-o de mestre e tem que aprender a lidar com a insubordinação sem poder matar imediatamente o subalterno. Vader se vê diante de questões do cotidiano que deve resolver de forma humana. A cada dia, um novo desafio.

Vencedor do Official Star Wars Fan Film Awards de 2007.

Direção: Aaron Yonda
Ano de lançamento: 2006

Pink Five

Este filme conta a história de Stacey (cujo apelido é Pink Five), que pilota um X-Wing da Aliança Rebelde durante a batalha de Yavin e nos mostra os acontecimentos (já conhecidos) a partir de outro ponto de vista. O filme foi tão bem aceito que mereceu exibição em 2005 no Festival de Cannes e ganhou sequências igualmente bem-sucedidas.

Recebeu o prêmio de Escolha da audiência do Official Star Wars Fan Film Awards de 2004.

Direção: Trey Stokes
Ano de lançamento: 2002

A light in the darkness

A história se passa um ano antes da batalha de Yavin, em um pequeno planeta além dos limites conhecidos da galáxia. Um menino observa o Jedi que salvou seu povo ser morto pelos mesmos clones que antes lutaram ao seu lado. Anos depois, membro de um pequeno movimento de oposição ao Império, ele participa de um plano para reassumir seu planeta, chamando a atenção da recém-formada Aliança Rebelde.

Armado com o sabre de luz do Jedi morto, o menino enfrenta o destacamento imperial em seu planeta e derruba o governo despótico. Seus ataques silenciosos se tornam lendários e as pessoas começam a falar do espírito de um Jedi morto que teria retornado. Conforme os rumores se espalham, ele conquista fama para seu planeta tão esquecido. Mas quem chegará primeiro: a Aliança Rebelde ou o Império?

Vencedor das categorias de Melhor ficção de fã e Escolha da audiência no Official Star Wars Fan Film Awards de 2011.

Direção: Fed Wetherbe
Duração: 21 min
Ano de lançamento: 2011

FANFILMS

Nacionais

Casa dos Jedi

Antes de o *BBB* virar mania nacional, os personagens de Star Wars, em busca de recursos e créditos, submeteram-se a um *reality show* que testaria a todos, heróis e vilões. É uma paródia direta ao *reality show Casa dos Artistas*, que teve sua primeira temporada em 2001. Alguns personagens da Casa dos Jedi foram inspirados em participantes da *Casa dos Artistas*, como Luke Skywalker (Supla), Darth Vader (Alexandre Frota) e Mara Jade (Barbara Paz). Além disso, é o primeiro *fanfilm* nacional de que se tem registro. O média-metragem foi produzido em 2002 para ser o vídeo de abertura da Jedicon no Rio de Janeiro.

Todos os personagens tiveram finais alternativos (vitória ou derrota), pois durante a Jedicon o público votava ao vivo nos personagens que gostaria que ficassem ou saíssem do *reality show*. As eliminações eram exibidas durante o evento, e, ao final, após revelado o vencedor, todo o elenco "saiu da casa" e subiu no palco do evento.

Filmado inteiramente em um final de semana, a equipe ficou de fato confinada num apartamento, com poucas horas de sono, uma verdadeira maratona. No último dia de filmagem, o cansaço era tanto que em alguns momentos é possível ver Darth Vader imóvel, com a cabeça reclinada. O ator dormiu no meio de algumas cenas.

Direção: Henrique Granado
Duração: 33 min
Ano de lançamento: 2002

CURIOSIDADES

Há boatos de que, pouco antes de sua morte, o rapper 2Pac estaria sendo sondado para interpretar Mace Windu em *A ameaça fantasma*.

Fate of the Force

Sendo inicialmente elaborado como um teste para efeitos de sabre de luz, a equipe da Jedifanfilms se divertiu tanto que resolveu transformar este material em um trailer e um *making of* de um filme que nunca existiria. Como não havia muitos *fanfilms* nacionais, a equipe criou o trailer em inglês, mas depois brincou com essa ideia, fazendo o *making of* também em inglês, com diálogos sem sentido e dublados em português por eles mesmos, parodiando algumas dublagens jornalísticas, em que a voz em português nunca está sincronizada com o áudio original.

Quando *Fate of the Force* foi lançado, não havia ainda uma proposta de roteiro elaborada (a ideia era só brincar com o duelo mesmo), mas ao longo dos anos, a proposta evoluiu e um roteiro começou a ser escrito para a produção de um média-metragem (ver *O destino da Força*).

Direção: Henrique Granado
Duração: 7 min
Ano de lançamento: 2003

Cinzas do Império

Realizado pelo Conselho Jedi Rio Grande do Sul, o fanfilm teve um trailer lançado em 2004, mas o projeto não foi adiante. Ficou apenas o trailer.

Após a derrota do Imperador Palpatine, uma nova república se esforça para se consolidar, enquanto as forças imperiais, derrotadas, tentam retomar o poder. Em meio a essa disputa política, os Jedi enfrentam seus próprios desafios para reconstruir a Ordem destruída pelo Imperador e seu pupilo, Darth Vader.

Direção: Adriano Beidacki e Fabiano Bonfiglio
Duração: 45 seg
Ano de lançamento: 2004

Shadows of the Empire (em action figures)

Baseado na novelização de Steve Perry, o longa-metragem *Shadows of the Empire* preenche as lacunas entre *O Império contra-ataca* e *O retorno de Jedi*. Luke e princesa Leia, com a ajuda de Lando, Chewie, Wedge e o esquadrão Rogue, partem em uma tentativa de resgatar Han Solo das mãos de Boba Fett, com a ajuda de um dos melhores pilotos da galáxia: Dash Rendar.

Esse foi o primeiro fanfilm de animação brasileiro. Foram usados action figures, maquetes físicas e cenários digitais. Uma nova edição, em 2005, acrescentou cenas e refez inteiramente outras.

Direção: Milton Soares Junior
Duração: 110 min
Ano de lançamento: 2004

O destino da Força

O *fanfilm* contou com uma equipe formada por vários profissionais de todas as áreas de produção, com o intuito de realizar um *fanfilm* com qualidade de cinema. Idealizado como um projeto transmídia, previa também o lançamento de uma história em quadrinhos mostrando a infância dos personagens principais, a chegada de Darth Venon e a derrota do Conselho Jedi. O dublador Guilherme Briggs fez a voz do vilão Darth Venon. Apesar dos esforços, o filme não ficou pronto, e somente um pedaço da história está disponível na internet.

A trama se passa sessenta anos após a derrota do Imperador. Os Jedi agora enfrentam um novo desafio: Darth Venon, um misterioso e poderoso Sith que caçou e eliminou praticamente todos os Jedi na Nova República. Apenas um grupo de Padawans, liderado pelo Mestre Jedi Jacen Solo, escapa para um planeta remoto, mas a chegada de Darth Venon no mesmo planeta testará as habilidades dos jovens guerreiros muito antes que estejam preparados para o desafio.

Jacen Solo, que ele era Mestre Jedi já foi escrito na outra coluna, é um dos filhos da princesa Leia com Han Solo. O personagem aqui tem cerca de 50 anos, embora nos livros do Universo Expandido, escritos posteriormente à produção do *fanfilm*, o herói não chegue a tal idade, o que situa o roteiro de *O destino da Força* em uma linha temporal paralela à do Universo Expandido oficial (ou Legends do Legends).

Direção: : Henrique Granado
Duração: 9min
Ano de lançamento: 2005

Grajaú Jedi

Um pequeno grupo de Cavaleiros Jedi cai no planeta Terra, mais especificamente no bairro do Grajaú, no Rio de Janeiro. Lá, os guerreiros descobrem que a história de sua galáxia é contada aqui como se fosse ficção. Além de ter que encarar a dura realidade suburbana e aprender a resolver as coisas com o jeitinho brasileiro, eles ainda terão que escapar de uma guarnição imperial que veio ao planeta especialmente para capturá-los.

Projeto da Pepa Filmes, cultuada nos anos 1990 pela produção caseira de vários clássicos *underground*, como *Black Ninja* e *Coronel Cabelinho*. Pepa investiu pesado em equipamentos e efeitos especiais para não dever nada às produções hollywoodianas. Para criar uma identidade totalmente original, até um engenheiro de automóveis foi chamado para fazer o design das naves. O *fanfilm* começou sua pré-produção em 2006. Após oito anos de dedicação, devido a diversos percalços durante a produção, Pepa decidiu cancelar o fanfilm para se dedicar a outros projetos.

Direção: Luiz Felipe "Pepa"
Duração: cancelado

Os Sith

Darthzinho está jogando videogame com o volume nas alturas. Quando seu pai chega e pede para diminuir o som, a confusão começa.

O bacana deste fanfilm é que envolve crianças (o que é sempre muito divertido). Com um enredo supercriativo, agrada pais e filhos. Sem falar que Darthzinho merece um Oscar pela atuação e pelo domínio das artes marciais do Lado Negro.

Direção: Francisco Salles
Duração: 5 min
Ano de lançamento: 2015

CURIOSIDADES

Orson Welles seria o dublador de Darth Vader, mas George Lucas desistiu, por medo de que sua voz fosse reconhecida.

ROTA KESSEL EM MENOS DE 12 PARSECS?

Luke não parece muito impressionado com o aspecto da Millennium Falcon em *Uma nova esperança*, ao que Han prontamente responde, se gabando, de que a nave tinha feito a rota Kessel em menos de 12 parsecs.

Os cientistas mais cabeçudos, nesse momento, provavelmente se mexeram meio incomodados na cadeira do cinema: parsec é uma medida de distância, não de tempo. Então, podemos acreditar que houve um erro de terminologia por parte de George Lucas e seus roteiristas.

Ooooooou... (e é aqui que fica legal) podemos partir para uma outra teoria. De acordo com a literatura sobre Star Wars, a rota Kessel era um trajeto de 18 parsecs usado por contrabandistas para driblar os bloqueios do Império. Nesse percurso, há um ponto em que existe uma concentração de buracos negros, conhecida como "The Maw" ("A grande boca"). Para encurtar a distância percorrida, os pilotos poderiam se aproximar perigosamente da borda de "The Maw" – uma espécie de atalho. Para fazer isso sem ser sugada, a nave, de fato, deveria ser potente o bastante. E, nesse caso, de fato, ele estaria falando da distância em que percorrera a rota Kessel, não do tempo que a ousadia levou.

10 GAMES ESSENCIAIS

Qual fã de Star Wars nunca sonhou em empunhar um sabre de luz e combater o lado negro da Força? Se, na vida real, fica difícil simular esse sonho, nas telas de videogame ele foi sempre muito bem explorado. E a evolução, desde os primeiros jogos criados na década de 1990, foi impressionante. Para quem curte um joystick, o cardápio é extenso, mas alguns são essenciais.

Rebel Assault I e II

Lançados em 1993 e 1995, respectivamente, primeiro para PC, depois para Sega CD, Mac e 3DO. Rebel Assault I e II contam a história do piloto Rookie 1, que, após a destruição da primeira Estrela da Morte, é enviado para eliminar uma nova ameaça imperial. Foi o primeiro jogo de Star Wars lançado em CD-Rom. E em especial Rebel Assault II foi um marco nos gráficos dos jogos, pois misturava animação, efeitos especiais e filmagens com atores reais. Além disso, sua trama é uma ótima fonte de novas aventuras envolvendo toda a mitologia e visual da trilogia clássica.

Gênero: Ação
Plataformas: PC, MAC e 3DO
Ano de lançamento: 1993 e 1995

Jedi Knight – Dark Forces 2

Lançado em 1997 para PC. Embora seu antecessor, Dark Forces, seja um excelente jogo de tiro em primeira pessoa com uma história interessante (roubar os planos da Estrela da Morte, que tal?), Jedi Knight deu um salto gigantesco em termos de narrativa e jogabilidade, apresentando ao jogador a possibilidade de usar um sabre de luz pela primeira vez em um jogo deste gênero. Um ano após *O retorno de Jedi*, o piloto Kyle Katarn busca o Jedi Sombrio que assassinou seu pai. Atrás de respostas, Kyle descobre que seu pai era também um Jedi exilado e se empenha em descobrir seu verdadeiro destino. O enredo, somado a cenas com atores reais entre as fases, nos transporta para o universo Star Wars como se estivéssemos assistindo a um episódio spin-off da trilogia clássica, com personagens totalmente novos. Se pensarmos que em 1997 estávamos há quase quinze anos sem nada novo de Star Wars na tela, um material como esse era algo muito precioso. Outra coisa legal: o jogo oferece a possibilidade de seguir o caminho do lado iluminado ou do Lado Negro da Força, com finais distintos para cada uma das escolhas.

Posteriormente, foram lançadas uma expansão (Mysteries of the Sith, com participação especial de Mara Jade) e duas sequências (Jedi Outcast e Jedi Academy). Todos são dignos de serem jogados, mas sem o maior diferencial do Jedi Knight original: as cenas com atores.

Gênero: Tiro em 1ª pessoa (FPS)
Plataformas: PC
Ano de lançamento: 1997

VOCÊ OUVIU?

Good Charlotte tem uma música, "The Click", que começa com a seguinte sentença: "Só porque eu ando como Obi-Wan Kenobi..."

Rebellion

Lançado em 1998 para PC. Nele, o jogador assume o papel de um administrador militar e controla a Aliança Rebelde ou o Império Galáctico em todo o território mapeado da galáxia Star Wars. Para quem gosta da saga Star Wars, jogos de tabuleiro ou de estratégia, Rebellion é diversão garantida. Uma fonte riquíssima de conhecimento do universo Star Wars, apresentando detalhes sobre cada personagem, nave, planeta ou tecnologia existente nos filmes e no Universo Expandido. Dentro do universo Star Wars, é o único do gênero.

Gênero: Estratégia em Turnos (TBS)
Plataformas: PC
Ano de lançamento: 1998

X-Wing Alliance

Lançado em 1999 para PC. Primeiro simulador da série Star Wars a oferecer a trilha sonora dos filmes durante as missões e os diálogos falados. Acredite, os jogos anteriores eram ótimos, mas que falta fazem a música e os diálogos! O enredo gira em torno de uma família neutra que se envolve no conflito entre Imperiais e Rebeldes e acaba se tornando peça fundamental na guerra envolvendo as duas facções. O modo multiplayer funciona que é uma maravilha. Além dos caças (X-Wing, B-Wing, A-Wing, etc.), você também assume o controle da Millennium Falcon. Precisa de mais?

Gênero: Simulador Espacial
Plataformas: PC
Ano de lançamento: 1999

? CURIOSIDADES

Na trilogia original, a voz de Darth Vader foi dublada pelo ator James Earl Jones.

Knights of the Old Republic

Lançado em 2003 para Xbox, Windows, Mac OS X, iOS, Android e Linux. Os nerd piraram tudo: foi o primeiro RPG situado no universo Star Wars. Quatro mil anos antes dos conflitos vistos nos filmes, Darth Malak envia um exército de Sith para a República. Cabe então ao seu time de personagens a missão de evitar que ele conquiste a galáxia. Os sistemas de jogo e combate são muito eficientes, assim como a história e os gráficos trabalham muito bem ao envolver o jogo e o deixam totalmente imerso. Como se não bastasse, é ainda uma excelente fonte de ideias e inspirações para *cosplay*.

Gênero: RPG
Plataformas: PC, MAC, Xbox, Android, IOS e Linux.
Ano de lançamento: 2003

The Force Unleashed

Lançado em 2008 para PlayStation 2, PlayStation 3, Wii, PC, Xbox 360, iPhone, N-Gage, Nintendo DS, PSP e celulares com Java. O enredo é dos mais interessantes: após a Ordem 66, em que foram executados quase todos os Jedi, Darth Vader vai ao planeta Kashyyyk dar cabo da vida de um dos sobreviventes, um Jedi que estaria liderando uma rebelião Wookie contra o Império. Após matar o oponente, Vader sente forte presença da Força, e descobre o filho do Jedi. Como de acordo com a Regra de Dois só poderia haver o Mestre e o Aprendiz, Vader esconde o menino em uma nave tripulada somente por droides e lá conduz seu treinamento. O menino cresce e se torna um guerreiro ágil e habilidoso tanto no manejo do sabre quanto da Força, conhecido como Starkiller. Sua maior ambição é ser reconhecido pelo Mestre como alguém capaz de, ao seu lado, destronar o Imperador e assumir o controle da galáxia. Para isso, submete-se a vários testes, propostos por Vader, em que deve matar Cavaleiros e Mestres Jedi descobertos pelo Lado Negro. Após derrotar um a um, ele retorna para Vader. Porém, os dois são descobertos pelo Imperador, que exige que Vader assassine o pupilo – ou seja morto por ele. Diante do Imperador, Vader aniquila seu pupilo. Porém, uma nave sonda o resgata e Vader convence o rapaz de que a encenação era necessária para que o Imperador não percebesse seus planos. Então vem o último teste: o pupilo deve formar um grupo de oposição ao Império. Para isso, deve se juntar a outras células que já estejam trabalhando no mesmo propósito. Então, quando ele finalmente consegue, Vader revela que tudo não passou de um plano para aniquilar todos os opositores ao Império de uma só vez. Os sobreviventes à emboscada formam, então, a Aliança Rebelde.

O jogo recebeu a expansão "Star Wars The Force Unleashed: Ultimate Sith Edition", que inclui todas as missões originais encontradas em "Star Wars: The Force Unleashed", assim como conteúdo anteriormente apenas obtido via download e um nível bônus inédito exclusivo.

Gênero: Ação-aventura
Plataformas: PC, PlayStation 2 e 3 Wii, PC, Xbox 360, IOS, N-Gage, PSP
Ano de lançamento: 2008

CURIOSIDADES

O cachê de Harrison Ford para interpretar Han Solo em *Uma nova esperança*, lançado em 1977, foi de 10 mil dólares.

Kinect Star Wars

Lançado em 2012 para XBox 360. O jogador usa todo o corpo para assumir o controle de um Mestre Jedi e seus Padawans, no modo história, lutando para derrotar as forças sombrias durante as guerras clônicas. Há também os minigames, que vão desde uma eletrizante corrida de pods a um concurso da dança galáctica.

Apesar de muitas críticas relacionadas à jogabilidade, nada é tão divertido quanto usar um sabre de luz com as próprias mãos, ou controlar naves e pods como se os comandos estivessem na sua frente. Além disso, dá para levitar objetos com a mente e arremessá-los nos inimigos. Quanto você esperou para um dia fazer isso? E para destruir cidades inteiras na pele de um Rancor enfurecido? É libertador! As corridas de pod também são realmente legais. Mesmo que os controles não sejam perfeitos, eles captam bem a emoção, a velocidade e os perigos mostrados nos filmes. Se nada disso te convencer, imagine assumir o papel de todos os personagens da trilogia clássica (até mesmo Darth Vader) num concurso de dança? As adaptações das letras de músicas famosas para o universo Star Wars são uma diversão à parte.

Gênero: Ação
Plataformas: Xbox 360
Ano de lançamento: 2012

Star Wars: Battle Pod

Reviva as principais batalhas espaciais da trilogia clássica no simulador mais realista já feito até hoje, em uma experiência 4D (com jatos de ar para simular velocidade, efeitos de som *surround*, cadeira e controle que vibram em reação a danos etc.). A tela côncava, em formato semidomo, aumenta ainda mais a imersão no jogo. Gráficos e controles extremamente realistas tornam essa experiência uma das formas mais próximas de experimentar a verdadeira sensação de pilotar uma X-Wing, a Millennium Falcon, ou mesmo o caça particular de Darth Vader.

Gênero: Arcade
Plataformas: Simulador
Ano de lançamento: 2015

CURIOSIDADES

Atores como Kurt Russell, Robert De Niro, John Travolta, Jack Nicholson, Al Pacino, Steve Martin e Bill Murray fizeram testes para o papel de Han Solo.

CURIOSIDADES

Qualquer semelhança entre o uniforme do exército do Imperador na trilogia oficial e aquele usado pelos nazistas não é mera coincidência.

Star Wars: Uprising

Lançado em 2015 para Android e iOS. Com a destruição da segunda Estrela da Morte e o falecimento do Imperador Palpatine e de Darth Vader, o Império começa a entrar em colapso, e diversas facções buscam assumir o poder da Galáxia.

Primeiro jogo com roteiro considerado canônico após a compra da Lucasfilm pela Disney, tem ótima jogabilidade e sistema de nivelamento. Traz bons gráficos e bom grau de personalização de personagem.

Gênero: RPG
Plataformas: Android e iOS
Ano de lançamento: 2015

Star Wars: Battlefront

Lançado em 2015 para PlayStation 4, Xbox One e PC. É tudo de bom: tem gráficos fotorrealistas e áudio idêntico ao dos filmes. O jogador tem acesso a veículos e naves das duas facções, e pode jogar com os heróis e vilões da trilogia clássica, como Darth Vader, Luke Skywalker e Boba Fett. Existe opção de visualização em 1ªou 3ª pessoa. E apesar de ser focado em multiplayer, oferece missões para um jogador.

Assuma seu lugar na icônica guerra entre o Império Galáctico e as forças da Aliança Rebelde, revivendo todas as batalhas dos filmes, além de missões criadas especialmente para o jogo.

Gênero: RPG
Plataformas: PlayStation 4, Xbox One e PC
Ano de lançamento: 2015

10 CAMINHOS PARA VIAJAR NO UNIVERSO EXPANDIDO

Quando George Lucas decidiu criar Star Wars, ele já tinha em mente um universo muito maior do que aquele em que ambientaria os personagens do primeiro filme. Deixando aberturas para que novos personagens, planetas, tecnologias e histórias se desenvolvessem a partir do roteiro original, ele deu início ao que – ao longo dos últimos quarenta anos – se tornaria um dos maiores universos expandidos da ficção cinematográfica. Autores dos mais diversos meios encontraram ali um manancial aparentemente inesgotável de histórias, e se lançaram ao desafio de preencher as lacunas deixadas por Lucas, expandindo o universo da saga e dando vida a uma linha do tempo fantástica que tem tudo para concorrer com qualquer mitologia já criada pelo homem. Para quem é fã, isso significa que há muito mais para descobrir sobre Star Wars do que permitem as treze horas e dezessete minutos de duração dos seis filmes. Mas se orienta nessa linha do tempo nem sempre é fácil, então é bom contar com um guia que te ajude a descobrir tudo o que já foi criado.

? CURIOSIDADES

Mace Windu, Mestre Jedi interpretado por Samuel L. Jackson, é o único dos filmes a ter um sabre de luz roxo.

Contontos dos Jedi

Cavaleiros da Antiga República

Autores: Tom Veitch e Kevin J. Anderson

Com histórias passadas milhares de anos antes de *A ameaça fantasma*, o período conhecido como Antiga República começa com os Cem Anos de Escuridão, momento em que a Ordem Jedi enfrenta os Jedi Sombrios. Com a vitória da Ordem Jedi, os Jedi Sombrios são banidos e vão para Korriban, onde outrora florescera o povo Sith. Os Jedi Sombrios tomam o poder e governam os Sith, tornando-se, eles mesmos, conhecidos como Sith.

Nos quadrinhos, seis dos oito volumes acontecem durante a Grande Guerra Sith, em que os Lordes Negros lutaram entre si pelo domínio da galáxia. Os protagonistas são o Cavaleiro Jedi convertido em Lorde Sith, Ulic Qel-Droma, e sua menina dos olhos, Nomi Sunrider. Temos ainda o irmão de Ulic, Cay Qel-Droma. Nos outros volumes, temos o Lorde Sith Naga Sadow e seus planos para invadir o espaço sob domínio da República, o que ficou conhecido como a Grande Guerra do Hiperespaço.

O legal é que vemos como a tecnologia era bem menos desenvolvida. Os sabres de luz tinham baterias externas, as viagens pelo hiperespaço eram limitadas e havia pontos da galáxia ainda não mapeados.

Essa série inspirou (embora não de forma fiel) o jogo Knights of the Old Republic.

Ainda não publicado no Brasil

Trilogia de Darth Bane

Autor: Drew Karpyshyn

Passada mil anos antes de *A ameaça fantasma*, a trilogia conta a história de Darth Bane. Vemos como a infância violenta, o ingresso na Irmandade da Escuridão, as desavenças com os demais Sith e a batalha de Ruusan constroem Darth Bane, e acompanhamos o Lorde Sith quando cria a Regra de Dois e o código Sith.

Ainda não publicado no Brasil

VOCÊ VIU?

Quase no finalzinho de *Cocoon*, um clássico da *Sessão da Tarde*, o capitão do barco deseja aos alienígenas e aos velhinhos: "Que a Força esteja com vocês!"

Darth Plagueis

Autor: James Luceno

Quando, no Episódio III, Darth Sidious seduz Anakin para o Lado Negro, cita seu Mestre, Darth Plagueis, como o Sith que aprendeu a manipular a Força e os midi-chlorians para criar vida e evitar a morte. Para quem se interessou por esta história, este é o livro certo.

Neste livro, lançado em 2012, vemos a trajetória de Darth Plagueis, um dos mais brilhantes Lordes Sith. Como aprendiz, seguiu os preceitos cruéis dos Sith. E quando chegou a hora, destruiu seu Mestre - mas jurou a si mesmo não seguir o mesmo destino. Aprendeu a manipular o poder mais supremo, sobre a vida e a morte. Seu discípulo, Darth Sidious, treina as habilidades Sith enquanto galga sua ascensão política, primeiro como senador, depois como Chanceler do Senado Galáctico e, ao realizar seus planos, como Imperador da galáxia.

Ainda não publicado no Brasil

Trilogia Han Solo: The Paradise Snare, The Hutt Gambit e Rebel Dawn

Autor: A.C. Crispin

Esta trilogia de 2011 revela o passado de Solo em cerca de dez anos antes de seu encontro com Obi-Wan e Luke, com referências a seu passado mais distante, em que realizava pequenos furtos. Antes de se tornar um dos melhores contrabandistas da galáxia, Han foi piloto e soldado imperial. Essas histórias se entrelaçam a personagens já conhecidos, como Lando Calrissian, Boba Fett e Chewbacca, e traz situações cujos desfechos nós assistimos nos filmes: Han ganhando a Millennium Falcon numa mesa de sabacc e a origem da dívida de Solo com Jabba, the Hutt.

Ainda não publicado no Brasil

Sombras do Império

Autor: Steve Perry

O livro, lançado em 1996, é parte do projeto multimídia de mesmo nome criado pela Lucasfilm. A história principal também é contada nos quadrinhos e no videogame – ou seja, para saber de tudo, você terá que ler e jogar. Enquanto o livro foca nos personagens principais, o jogo traz as ações de Dash Rendar, um mercenário que surge para preencher o espaço vazio deixado por Han Solo. Isso serviu como uma estratégia comercial para o projeto e foi bem-sucedida.

A história se passa entre *O Império contra-ataca* e *O retorno de Jedi*, quando Han está congelado no carbonita e Luke se recupera do choque de saber que Vader é seu pai – esse é um dos poucos livros do Universo Expandido/Legends com a atuação direta de Darth Vader. Os protagonistas tentam descobrir o paradeiro de Boba Fett para saber onde está Han Solo – e, quando finalmente ficam sabendo que está com Jabba, elaboram o plano que assistimos no início de *O retorno de Jedi*. Temos a oportunidade de saber como Luke construiu seu sabre de luz verde (já que o azul foi perdido no combate com Vader no Episódio V). Um personagem marcante, o príncipe Xizor, ganhou destaque na trama e, conforme o esperado pela estratégia comercial da Lucasfilm, virou *action figure* e gerou diversos colecionáveis.

Livro publicado no Brasil pela editora Aleph.

Série X-Wings: Rogue Squadron, Wedge's Gamble, The Krytos Trap, The Bacta War, Wraith Squadron, Iron Fist, Solo Command, Isard's Revenge e Starfighters of Adumar.

Autores: Michael A. Stackpole e Aaron Allston

Essa série traz, em dez livros (sim, é bem grandinha, mas é daquelas que a gente devora), alguns dos integrantes do Esquadrão de Pilotos da Aliança Rebelde, em um período logo após *O retorno de Jedi*. Apesar de não receberem nenhum destaque nos filmes, são personagens complexos, engraçados e com aguçado senso de honra e de justiça: Wedge Antilles, General Ackbar, Wes Janson, Hobbie Klivian, Baron Fel, Tycho Celchu, Gavin Darklighter e Corran Horn. O último, inclusive, sob a orientação de Luke, é um piloto que se torna Jedi no livro "I, Jedi", que não pertence à série.

Ainda não publicado no Brasil

Trilogia Thrawn
Herdeiro do Império, O despertar da Força Sombria e A última ordem

Autor: Timothy Zahn

De todos os livros do Universo Expandido, esta trilogia é um marco. Passada em um período de cinco anos após os acontecimentos de *O retorno de Jedi*, é a que mantém mais presente a "vibe" da trilogia clássica. Leia está grávida de seus filhos (gêmeos) com Han: Jaina e Jacen. A futura senhora Luke Skywalker aparece pela primeira vez: a vilã Mara Jade, mãe do Imperador. Em outros livros (não nesta série), ela muda de lado, casa com Luke e, com ele, tem um filho. Em referências ao passado, recebemos mais detalhes sobre a criação da Aliança Rebelde. Vale mencionar também a primeira aparição dos Ysalamiri, seres que criam bolhas de anulação da Força.

Uai, e por que a trilogia se chama Thrawn? Porque é nela que temos a o surgimento do Grão Almirante Thrawn, considerado o melhor vilão depois de Darth Vader. Pensa em um cara mau. Muito mau.

Uma observação importante para quem ficar fissurado na história (não é difícil): há também uma duologia passada três anos depois ("Specter of the Past" e "Vision of the Future") e um livro passado cinco anos após *A ameaça fantasma* ("Outbound Flight"), focado no passado de Thrawn antes deste se alistar no Império Galáctico.

Livro publicado no Brasil pela editora Aleph.

Trilogia Império do Mal
Império do Mal I, Império do Mal II e O fim do Império

Autores: Tom Veitch
Ilustrador: Cam Kennedy

Esses quadrinhos foram lançados no Brasil em 1997, embora lá nos países gringos eles tenham saído em 1991 e 1992. Ambientados em um período logo após ao da trilogia Thrawn, aproveitam alguns elementos. Maaaaaaaas... temos a volta de Palpatine, que conseguiu manter seu espírito vivo (como Obi-Wan) todo esse tempo e "reencarna" num corpo clonado de si mesmo (pense num cara prevenido). Temos Luke simulando passar para o Lado Negro. Temos Leia grávida de seu terceiro filho, Anakin Solo. Não dá para querer muito mais, não é?

Livro publicado no Brasil pela editora Abril

Série New Jedi Order

Autores: R. A. Salvatore,
Michael A. Stackpole,
James Luceno, Kathy Tyers,
Gregory Keyes, Troy Denning,
Elaine Cunningham, Aaron Allston,
Matthew Stover,
Walter Jon Williams,
Sean Williams e Shane Dix

Em dezenove livros, três e-books e três histórias curtas, essa série conta o futuro da saga, a partir da nova geração de heróis (mais ou menos a mesma época que os episódios VII, VIII e IX vão abranger): começa em cerca de dez anos após *O retorno de Jedi*. Vemos os heróis clássicos "passando o bastão" para a nova geração. Mas é bom lembrar que, com a decisão da Disney em lançar os episódios VII, VIII e IX, a série segue uma linha narrativa totalmente diferente da canônica.

Como sabemos, no fim do Episódio VI não havia muitos Jedi – afinal, praticamente todos foram caçados e mortos pelo Império. Luke, aos poucos, recria e restaura a Ordem Jedi, com alguns indivíduos que apresentam diferentes níveis de treinamento – ou mesmo de conhecimento – da Força. Quase vinte anos após o fim do Império, funda a Academia Jedi, em que treina, inclusive, seu filho e os sobrinhos. Aos poucos, a escola cresce em números e relevância, e com o tempo se torna um apoio para a Nova República – o que faz com que se torne um alvo dos inimigos deste regime. Vemos, então, episódios como a invasão dos Yuuzhan Vong, uma raça alienígena imune à Força que pretende impiedosamente dominar a galáxia.

Ainda não publicado no Brasil

VOCÊ VIU?

Um clássico dos *blockbusters*, *MIB (Men in black)* faz duas referências a Star Wars: quando Kay conversa com Jay sobre impedir o apocalipse na Terra, menciona uma "praga coreliniana" – e também do "raio coreliniano da morte". Eles também insinuam que George Lucas é um dos alienígenas que vivem disfarçados na Terra, entre as celebridades. Nas sequências, MIB II e III, também há referências, como o idioma falado pelos homens-minhocas e Jay dizendo a Kay para não usar um truque mental Jedi nele.

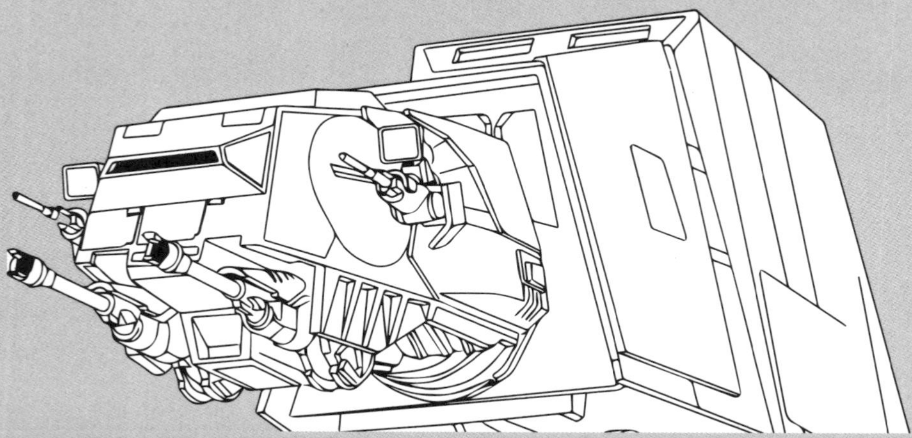

O MUNDO QUASE INFINTO DOS ROLE--PLAYING GAMES DE STAR WARS

JUNTE UMA SAGA cujo Universo Expandido é gigante e uma atividade cujas formas de jogar são múltiplas e adaptáveis a quase qualquer história. Você começará a entender as possibilidades dos RPGs de Star Wars

Para dele, devemos, antes, explicar brevemente os RPGs em si, já que nem todos estão familiarizados com a prática. No jogo de interpretação (como é traduzido para o português o termo "role-playing game"), os jogadores interpretam personagens e criam a aventura enquanto jogam. O progresso da narrativa obedece a regras preestabelecidas pelo sistema escolhido, pelas quais o Mestre deve zelar. Os jogadores optam por seus próximos passos e podem, inclusive, improvisar. Ao Mestre, cabe criar a história e julgar as ações de todos.

Uma "partida" de RPGs, mantendo o paralelo com jogos, equivale a uma aventura. Quando o mesmo

você viu?

Em *Superbad*, um dos policiais imita Yoda, Darth Vader e Palpatine. Além disso, chama seu parceiro de Padawan e se envolve, com ele, em uma luta de sabres de luz (usando suas lanternas).

grupo se reúne para jogar com os mesmos personagens, em eventos que deem continuidade à aventura anterior, temos uma campanha. Quando termina uma aventura, o personagem recebe pontos de experiência, já que, com a vivência, desenvolveu novos conhecimentos e habilidades. Fica claro a partir dessa explicação que, com o tempo, o jogador tem um personagem capaz de façanhas inimagináveis no início da campanha.

Cada sistema de RPG possui as próprias regras. Se o jogador quer agir de determinada forma, normalmente o mestre decide e narra o resultado. Quando é uma ação mais complexa ou que envolva risco de dar errado, o mestre pode optar por uma jogada de dados. Por si só, os dados representam a aleatoriedade, a chance de ser bem-sucedido ou não. E em cada sistema há regras para classificar o sucesso ou falha de cada ação, calculando a probabilidade do resultado ser ou não favorável. Os sistemas escolhidos também envolvem mudanças no dado, que pode ter quatro, seis, oito, dez, doze, vinte ou cem faces.

você viu?

Pode ser boato ou alguém forçando a barra? Pode. Mas há quem diga que em *Contatos imediatos do terceiro grau*, a nave-mãe traz um R2-D2 preso na fuselagem de cabeça para baixo.

CURIOSIDADES

A face e as expressões de Yoda foram inspiradas em Albert Einstein.

Star Wars
The Role-playing Game

Em 1987, quando eram comemorados dez anos do lançamento do primeiro Star Wars, a West End Games publicou Star Wars: The Role-playing Game. Este jogo, que usava dados de seis faces, foi durante muito tempo citado por fãs de Star Wars como material de referência, já que havia poucos livros do Universo Expandido à disposição até então. Quando contratou Timothy Zahn para escrever a trilogia Thrawn, a LucasFilm enviou o box com os livros do jogo para que servissem de base para sua história. O jogo recebeu duas edições posteriores na mesma editora: em 1992 e em 1996.

CURIOSIDADES

Chewbacca teve seu visual inspirado no cachorro de George Lucas, Indiana.

Star Wars
D20 System

Em 2000, foi inaugurado o sistema d20, cujas regras eram aplicáveis em outros cenários que não os de fantasia medieval. A Wizards of the Coast escolheu a saga Star Wars para servir de primeiro cenário não-medieval a usar essas novas regras. Para escrever o novo jogo, a editora contratou Bill Slavicsek, responsável pelo RPG da franquia na West End Games, Andy Collins e JD Wiker. O jogo englobava algumas das principais eras, que coincidiam com os maiores eventos do universo Star Wars: a ascensão do Império, a Guerra Civil Galáctica e a nova Ordem Jedi. Em 2002, os livros receberam uma nova revisão, porém, em 2007 a coisa foi elevada a um outro patamar.

A Saga Edition chegou ao mercado com diversas mudanças e melhorias no sistema de jogo e nos próprios livros de apoio. Esta edição, produzida de 2007 a 2010, trazia um novo livro de regras, e recebeu este nome por ser o primeiro RPG a abranger o universo de todos os seis filmes da saga. A editora produziu um total de catorze livros para a Saga Edition, além da campanha Dawn of Defiance, compostas por dez aventuras (adquiridas pela internet) dispostas como um arco histórico que conduzia personagens do nível 1 ao 20. Excelentes suplementos foram disponibilizados via web, o que permitiu que os jogadores interpretassem histórias nas mais diversas eras, como a Antiga República, considerada, por muitos, a mais emocionante. Até hoje seus livros servem de referência para diversos fãs da saga.

VOCÊ VIU?

Em *Procurando Amy*, Hooper X, Holden e Banky protagonizam uma discussão acerca de Lando e a representatividade dos atores negros em filmes de herói. Hooper X ainda vai mais além e relaciona Darth Vader sem sua máscara ao racismo. Em outra cena do filme, Silent Bob cita uma frase de Yoda para Holden: "Faça ou não faça. Não existe tentar."

VOCÊ OUVIU?

Os caras do Red Hot Chilli Peppers dizem que Alderaan é logo ali na música "Californication".

Fronteira do Império

O terceiro RPG de mesa de Star Wars foi lançado em 2012, e chegou ao Brasil em 2014 com o título Star Wars – Fronteira do Império: Kit Introdutório. De acordo com os fabricantes, a aventura pode ser jogada facilmente até mesmo por quem nunca teve nenhuma experiência em RPG – é para jogar e se familiarizar com as regras simultaneamente. O kit inclui fichas de personagem, dados customizados e um sistema de jogo narrativo, que faz de cada rolagem uma história. Pode ser jogado por 3 a 5 pessoas. O Livro de Regras Básico foi lançado em seguida, e explora as regiões sem lei às margens do Império. O box traz uma mecânica de dados totalmente dinâmica, que prevê gradações de sucesso e fracasso, regras para seis carreiras, dezenove especializações e oito espécies jogáveis, entre outros recursos.

QUIZ RESPOSTAS

1. Tudo levar a crer que ele nasceu da manipulação da Força por Darth Sidius.
2. Ben Kenobi.
3. Tatooine.
4. Meio-irmãos.
5. Han Solo.
6. Munição.
7. 2187.
8. Dookan.
9. 326827.
10. 140 quilômetros.
11. Mais de 6 milhões.
12. "Eu tenho um pressentimento ruim quanto a isso."
13. Nenhuma.
14. Foi ele quem percorreu a Rota Kessel em menos tempo.
15. Tem 19 anos.
16. David Prowse vestiu a armadura nos três filmes clássicos, enquanto a voz ficou a cargo de James Earl Jones. Sem a máscara, no final do Episódio VI, foi interpretado por Sebastian Shaw.
17. Em sânscrito, "yodha" significa "guerreiro", "soldado".
18. Nenhum, ele é um clone.
19. Sir Alec Guiness.
20. Mace Windu.
21. Tinha 14 anos.
22. Azul.
23. Shmi.
24. Bail Organa.
25. Darth Tyranus.
26. Greedo.
27. Qui-Gon Jinn.
28. Coruscant.
29. Han Solo.
30. Cidade das Nuvens.
31. Da abreviação dos termos de edição de um filme.
32. Corellia.
33. Blue Harvest.
34. 900 anos.
35. Princesa Leia.
36. C-3PO e R2-D2.
37. Na cantina de Mos Eisley.
38. Alderaan.
39. Anakin Skywalker.
40. Kamino.
41. Mace Windu.
42. Dianoga.
43. No sexto.
44. "Existe outro Sky... walker."

O FUTURO DA SAGA

O futuro da saga? "Temos um mau pressentimento quanto a isso." Brincadeira, brincadeira! Mas nebuloso o futuro é. No almanaque, demos preferência a falar de tudo que já existe – e que é bom demais da conta. Porém, em termos de livros, ao que tudo indica Mickey Mouse traz na manga romantizações adaptadas ao universo adolescente para todos os filmes e alguns novos cânones adultos. Dois já foram lançados: *Aftermath* e *Dark Disciple*. Nas telonas, as perspectivas são boas: além do desenrolar dos episódios VII a IX da saga, teremos *Rogue One* e, possivelmente, um spin-off dedicado a Han Solo. Um nicho que a Disney explora com maestria é o de jogos eletrônicos, e podemos esperar jogos com tramas canônicas e recursos gráficos estonteantes.

Acompanhando a página do Conselho Jedi, você saberá, no mesmo dia, toda vez que algo novo e muito especial pintar. Afinal, somos fãs dedicados.

Que a Força esteja conosco!

Brian Moura
Presidente do Conselho Jedi Rio de Janeiro

Henrique Granado
Vice-presidente do Conselho Jedi Rio de Janeiro

1ª edição	Novembro de 2015
papel de miolo	Offset 120g/m²
papel de capa	Cartão supremo 250g/m²
tipografia	Aller
gráfica	Corprint Gráfica e Editora Ltda.

Contabilidade geral das sociedades

SÉRIE GESTÃO FINANCEIRA

DIALÓGICA

O selo DIALÓGICA da Editora InterSaberes faz referência às publicações que privilegiam uma linguagem na qual o autor dialoga com o leitor por meio de recursos textuais e visuais, o que torna o conteúdo muito mais dinâmico. São livros que criam um ambiente de interação com o leitor – seu universo cultural, social e de elaboração de conhecimentos –, possibilitando um real processo de interlocução para que a comunicação se efetive.

EDITORA intersaberes

Érico Eleutério da Luz
Antonio Carlos Leite de Oliveira

Contabilidade geral das sociedades

EDITORA intersaberes

Rua Clara Vendramin, 58 . Mossungê
CEP 81200-170 . Curitiba . PR . Brasil
Fone: (41) 2106-4170
www.intersaberes.com
editora@editoraintersaberes.com.br

Dados Internacionais de Catalogação na Publicação (CIP)
(Câmara Brasileira do Livro, SP, Brasil)

Luz, Érico Eleutério da
Contabilidade geral das sociedades/Érico Eleutério da Luz, Antonio Carlos Leite de Oliveira. Curitiba: InterSaberes, 2017. (Série Gestão Financeira)

Bibliografia.
ISBN 978-85-5972-442-4

1. Contabilidade 2. Contabilidade financeira I. Oliveira, Antonio Carlos Leite de. II. Título. III. Série.

17-05319 CDD-657

Índices para catálogo sistemático:
1. Contabilidade 657

ABDR — EDITORA AFILIADA

1ª edição, 2017.

Foi feito o depósito legal.

Sumário

Apresentação

Neste livro, tratamos de uma série de temas relativos à contabilidade societária, que permeiam a utilização da contabilidade, em situações específicas de sociedades empresárias, cuja abordagem apresenta um conteúdo técnico, porém plenamente passível de compreensão e aplicação.

As alterações proporcionadas pela convergência do Brasil às regras internacionais de contabilidade, aqui introduzidas pela Lei n. 11.638, de 28 de dezembro de 2007 (Brasil, 2007), e também pela Lei n. 11.941, de 27 de maio de 2009 (Brasil, 2009), trouxeram certa apreensão entre profissionais e estudantes que militam na área contábil. Naquele primeiro momento, pareciam demasiadamente técnicas e distantes do que aqui se praticava em termos contábeis.

Fundamentalmente, as mudanças levaram a uma nova abordagem em termos de reconhecimento, avaliação e evidenciação de certos ativos e passivos e, ainda, ao surgimento de novos relatórios contábeis, como o de Fluxo de Caixa (que se tornou obrigatório, em substituição à Declaração das Origens e Aplicação de Recursos – Doar), a Demonstração do Valor Adicionado (DVA) e a Demonstração do Resultado Abrangente (DRA). A essência econômica dos eventos passa a prevalecer cada vez mais sobre a forma jurídica que os reveste, possibilitando que os contadores utilizem a experiência profissional e o conhecimento técnico no reconhecimento e mensuração de tais eventos. O que antes da convergência era uma orientação constitui atualmente verdadeira premissa contábil fundamental.

Por muito tempo, o exercício da profissão contábil pressupunha o entendimento e a subsunção do fato contábil aos ditames das normas que regiam a contabilidade societária – ou seja, no reconhecimento e na avaliação de ativos e passivos, em muitos casos, bastava observar o que a norma determinava e efetuar a contabilização.

O objetivo deste livro é proporcionar a você a oportunidade de se aproximar dos novos conceitos contábeis, como a avaliação pelo valor justo, a identificação e a evidenciação dos instrumentos financeiros, o conceito e o reconhecimento dos ativos intangíveis e ativos biológicos, sempre referenciando-os aos pronunciamentos técnicos que sobre eles versam. Nossa intenção é que você possa, com as reflexões aqui propostas, compreender e aplicar de forma correta e segura os preceitos que serão expostos. No entanto, para a evolução da prática, o estudo sistemático e avançado dos enunciados teóricos é atitude que se impõe.

Procuramos apresentar, ao longo dos capítulos, a estrutura conceitual básica da contabilidade e os diversos temas que dizem respeito às alterações ocorridas na área a partir de 2005, sempre numa perspectiva de aplicação prática. Serão expostos exemplos reais, para fortalecer a compreensão dos conceitos e ilustrar melhor os conteúdos abordados.

No Capítulo 1, abordamos os conceitos fundamentais das normas e dos princípios contábeis, destacando também os relatórios contábeis mais tradicionais, sua estrutura, composição e principais elementos. Já no Capítulo 2, destacamos os dois relatórios incorporados mais recentemente à contabilidade brasileira: o Fluxo de Caixa e a Demonstração do Valor Adicionado (DVA). Você verá que não são relatórios de difícil compreensão e têm grande utilidade para o conhecimento da situação financeira da empresa. Embora o DVA seja obrigatório apenas para as companhias de capital aberto, entendemos que, por sua utilidade, deveria ser elaborado por todas as organizações.

No Capítulo 3, discutimos temas contábeis mais sofisticados, como os instrumentos financeiros e as políticas contábeis, conceitos de conhecimento obrigatório para os contadores. Já no Capítulo 4, tratamos de arrendamentos mercantis, ativos biológicos, propriedades para investimentos e contingências ativas e passivas, apresentando-os de forma objetiva para que você compreenda o conceito, o reconhecimento e a mensuração desses ativos e passivos relativamente recentes na contabilidade brasileira.

No Capítulo 5, destacamos critérios especiais de mensurações, como valor justo, *impairment* e ajuste a valor presente, cujo domínio é imprescindível para a boa contabilidade. Fechamos com o Capítulo 6, no qual analisamos a consolidação e a equivalência patrimonial, conceitos tradicionais de apresentação de grupos de empresa e critérios de avaliação de investimentos permanentes.

Todo esse conteúdo está apresentado da forma mais objetiva e clara possível para que o profissional se oriente com segurança e tranquilidade no dia a dia do seu trabalho como contador ou gestor interessado na informação contábil. Esperamos que seja possível extrair deste material aquilo que procuramos oferecer, ou seja: um pequeno manual de aplicação da contabilidade societária, especialmente naqueles aspectos que representam inovações na estrutura contábil brasileira. A despeito de certa sofisticação técnica dos temas, são plenamente possíveis o domínio e o uso por todos aqueles que labutam nessa tão nobre área.

Boa leitura!

Como aproveitar ao máximo este livro

Este livro traz alguns recursos que visam enriquecer o seu aprendizado, facilitar a compreensão dos conteúdos e tornar a leitura mais dinâmica. São ferramentas projetadas de acordo com a natureza dos temas que vamos examinar. Veja a seguir como esses recursos se encontram distribuídos no decorrer desta obra.

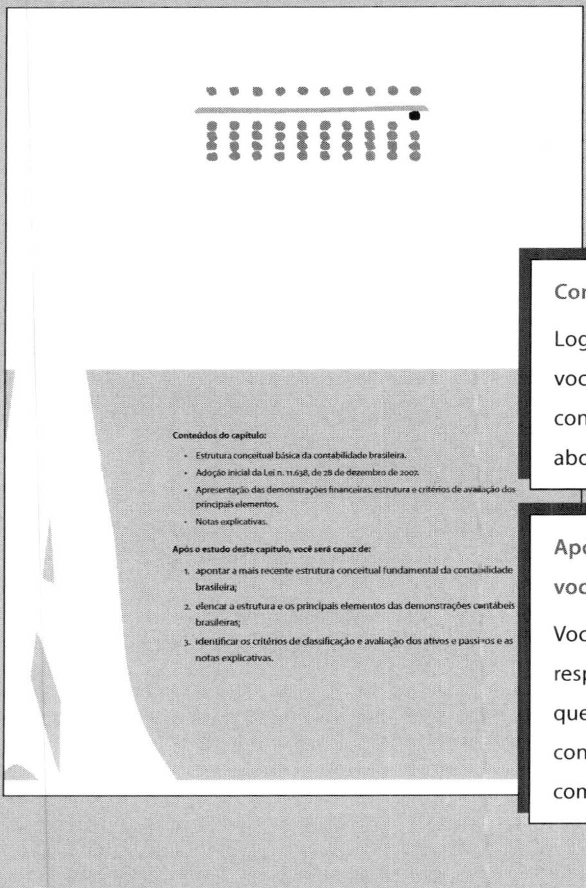

Conteúdos do capítulo:

- Estrutura conceitual básica da contabilidade brasileira.
- Adoção inicial da Lei n. 11.638, de 28 de dezembro de 2007.
- Apresentação das demonstrações financeiras: estrutura e critérios de avaliação dos principais elementos.
- Notas explicativas.

Após o estudo deste capítulo, você será capaz de:

1. apontar a mais recente estrutura conceitual fundamental da contabilidade brasileira;
2. elencar a estrutura e os principais elementos das demonstrações contábeis brasileiras;
3. identificar os critérios de classificação e avaliação dos ativos e passivos e as notas explicativas.

Conteúdos do capítulo:

Logo na abertura do capítulo, você fica conhecendo os conteúdos que nele serão abordados.

Após o estudo deste capítulo, você será capaz de:

Você também é informado a respeito das competências que irá desenvolver e dos conhecimentos que irá adquirir com o estudo do capítulo.

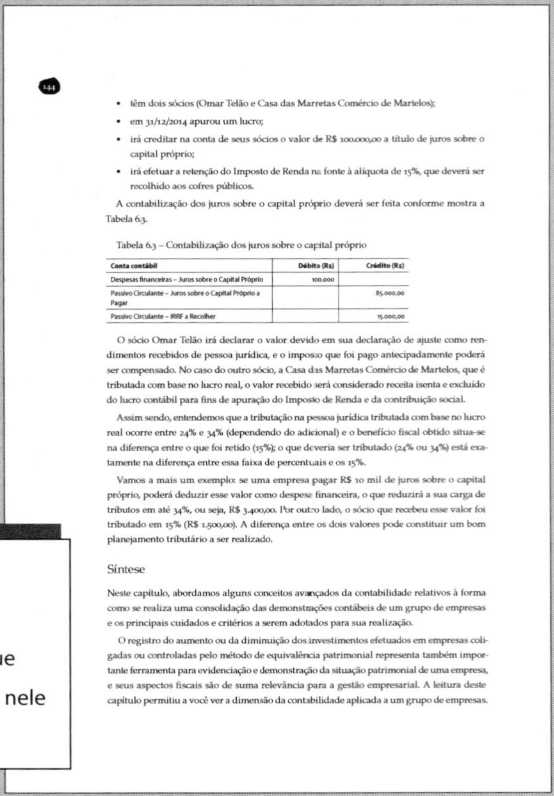

144

- têm dois sócios (Omar Telão e Casa das Marretas Comércio de Martelos);
- em 31/12/2014 apurou um lucro;
- irá creditar na conta de seus sócios o valor de R$ 100.000,00 a título de juros sobre o capital próprio;
- irá efetuar a retenção do Imposto de Renda na fonte à alíquota de 15%, que deverá ser recolhido aos cofres públicos.

A contabilização dos juros sobre o capital próprio deverá ser feita conforme mostra a Tabela 6.3.

Tabela 6.3 – Contabilização dos juros sobre o capital próprio

Conta contábil	Débito (R$)	Crédito (R$)
Despesas financeiras – Juros sobre o Capital Próprio	100.000	
Passivo Circulante – Juros sobre o Capital Próprio a Pagar		85.000,00
Passivo Circulante – IRRF a Recolher		15.000,00

O sócio Omar Telão irá declarar o valor devido em sua declaração de ajuste como rendimentos recebidos de pessoa jurídica, e o imposto que foi pago antecipadamente poderá ser compensado. No caso do outro sócio, a Casa das Marretas Comércio de Martelos, que é tributada com base no lucro real, o valor recebido será considerado receita isenta e excluído do lucro contábil para fins de apuração do Imposto de Renda e da contribuição social.

Assim sendo, entendemos que a tributação na pessoa jurídica tributada com base no lucro real ocorre entre 24% e 34% (dependendo do adicional) e o benefício fiscal obtido situa-se na diferença entre o que foi retido (15%); o que deveria ser tributado (24% ou 34%) está exatamente na diferença entre essa faixa de percentuais e os 15%.

Vamos a mais um exemplo: se uma empresa pagar R$ 10 mil de juros sobre o capital próprio, poderá deduzir esse valor como despesa financeira, o que reduzirá a sua carga de tributos em até 34%, ou seja, R$ 3.400,00. Por outro lado, o sócio que recebeu esse valor foi tributado em 15% (R$ 1.500,00). A diferença entre os dois valores pode constituir um bom planejamento tributário a ser realizado.

Síntese

Neste capítulo, abordamos alguns conceitos avançados da contabilidade relativos à forma como se realiza uma consolidação das demonstrações contábeis de um grupo de empresas e os principais cuidados e critérios a serem adotados para sua realização.

O registro do aumento ou da diminuição dos investimentos efetuados em empresas coligadas ou controladas pelo método de equivalência patrimonial representa também importante ferramenta para evidenciação e demonstração da situação patrimonial de uma empresa, e seus aspectos fiscais são de suma relevância para a gestão empresarial. A leitura deste capítulo permitiu a você ver a dimensão da contabilidade aplicada a um grupo de empresas.

Síntese

Você dispõe, ao final do capítulo, de uma síntese que traz os principais conceitos nele abordados.

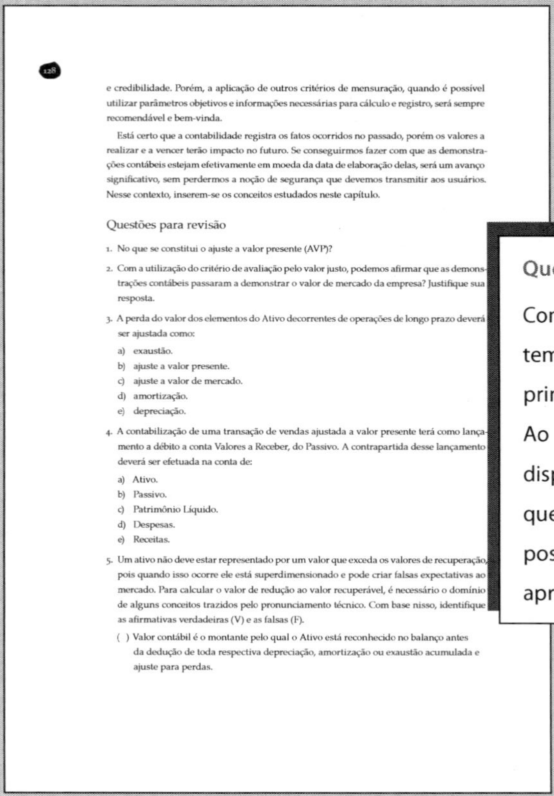

128

e credibilidade. Porém, a aplicação de outros critérios de mensuração, quando é possível utilizar parâmetros objetivos e informações necessárias para cálculo e registro, será sempre recomendável e bem-vinda.

Está certo que a contabilidade registra os fatos ocorridos no passado, porém os valores a realizar e a vencer terão impacto no futuro. Se conseguirmos fazer com que as demonstrações contábeis estejam efetivamente em moeda da data de elaboração delas, será um avanço significativo, sem perdermos a noção de segurança que devemos transmitir aos usuários. Nesse contexto, inserem-se os conceitos estudados neste capítulo.

Questões para revisão

1. No que se constitui o ajuste a valor presente (AVP)?
2. Com a utilização do critério de avaliação pelo valor justo, podemos afirmar que as demonstrações contábeis passaram a demonstrar o valor de mercado da empresa? Justifique sua resposta.
3. A perda do valor dos elementos do Ativo decorrentes de operações de longo prazo deverá ser ajustada como:
   a) exaustão.
   b) ajuste a valor presente.
   c) ajuste a valor de mercado.
   d) amortização.
   e) depreciação.
4. A contabilização de uma transação de vendas ajustada a valor presente terá como lançamento a débito a conta Valores a Receber, do Passivo. A contrapartida desse lançamento deverá ser efetuada na conta de:
   a) Ativo.
   b) Passivo.
   c) Patrimônio Líquido.
   d) Despesas.
   e) Receitas.
5. Um ativo não deve estar representado por um valor que exceda os valores de recuperação, pois quando isso ocorre ele está superdimensionado e pode criar falsas expectativas ao mercado. Para calcular o valor de redução ao valor recuperável, é necessário o domínio de alguns conceitos trazidos pelo pronunciamento técnico. Com base nisso, identifique as afirmativas verdadeiras (V) e as falsas (F).
   ( ) Valor contábil é o montante pelo qual o Ativo está reconhecido no balanço antes da dedução de toda respectiva depreciação, amortização ou exaustão acumulada e ajuste para perdas.

Questões para revisão

Com estas atividades, você tem a possibilidade de rever os principais conceitos analisados. Ao final do livro, o autor disponibiliza as respostas às questões, a fim de que você possa verificar como está sua aprendizagem.

Questões para reflexão

Nesta seção, a proposta é levá-lo a refletir criticamente sobre alguns assuntos e trocar ideias e experiências com seus pares.

54

Questões para reflexão

1. Segundo a CPC 00, o objetivo do relatório contábil-financeiro de propósito geral é fornecer informações contábeis-financeiras "acerca da entidade que sejam úteis a investidores existentes e em potencial, a credores por empréstimos e a outros credores quando da tomada de decisão ligada ao fornecimento de recursos para a empresa. Essas decisões envolvem comprar, vender ou manter participações em instrumentos patrimoniais e em instrumentos de dívida e oferecer ou disponibilizar empréstimos ou outras formas de crédito" (CPC, 2011a). Essas premissas podem ser aplicadas à contabilidade societária? Por quê?
2. Segundo o professor William Ripley, da Universidade de Harvard, o Balanço Patrimonial pode ser expresso como uma fotografia da empresa em determinado momento. Por quê? Pode-se dizer, então, que a Demonstração do Resultado do Período (DRP) pode ser comparada a um filme? Por quê?

Exercícios resolvidos

1. A empresa Omar Telada Comércio de Martelos Ltda., composta pelos sócios Valdick e Soriano, iniciou as atividades em 1º de maio de 2015, com as seguintes informações:
   - O documento constitutivo da sociedade (contrato social) determina que cada sócio deverá integralizar R$ 50.000,00 até 31/12/2015.
   - Em 15/6/2015, ambos os sócios integralizaram, cada um, R$ 30.000,00.
   - Valdick integralizou a sua parte do capital em dinheiro, com depósito bancário na conta da empresa.
   - Soriano integralizou a sua parte com uma sala comercial (R$ 25.000,00) e cinco martelos pneumáticos para revenda (R$ 5.000,00).

   Assinale a opção que apresenta os lançamentos para contabilização desses fatos.

a)

DÉBITO	Capital Social	R$ 60.000,00
CRÉDITO	Caixa	R$ 30.000,00
CRÉDITO	Ativo Imobilizado	R$ 25.000,00
CRÉDITO	Mercadorias para Revenda	R$ 5.000,00

b)

DÉBITO	Bancos Conta Movimento	R$ 30.000,00
CRÉDITO	Capital a Integralizar	R$ 30.000,00
DÉBITO	Ativo Imobilizado	R$ 25.000,00
DÉBITO	Mercadorias para Revenda	R$ 5.000,00
CRÉDITO	Capital a Integralizar	R$ 30.000,00

75

Questão para reflexão

Relativamente à evidenciação das demonstrações contábeis, alguns pesquisadores alegam que a Demonstração do Valor Adicionado (DVA) pode ser expressa graficamente, o que permitiria melhor visualização da distribuição dos recursos aos diversos usuários. Pesquise nas demonstrações contábeis publicadas e verifique nelas a pertinência dessa forma de evidenciação, ou seja, se a forma gráfica seria suficiente para esclarecer ao usuário a geração e a respectiva distribuição do valor adicionado.

Exercícios resolvidos

1. (CFP, Assistente Técnico Administrativo, 2012) O lucro operacional da DRE representa:
   a) A geração de lucros decorrentes das operações próprias da empresa e investimentos financeiros.
   b) A geração de lucros após a absorção dos custos e impostos sobre vendas.
   c) A geração de lucros decorrentes das operações próprias da empresa e dos investimentos em participações em outras empresas.
   d) A geração de lucros decorrentes de decisões de financeiras e de eventos não recorrentes, antes do impacto fiscal.
   e) A geração de lucros após a absorção dos custos e despesas, antes dos impostos sobre as vendas.

   Resolução:

   Alternativa c. Lucro operacional é o resultado positivo produzido exclusivamente pela operação da empresa, subtraindo-se as despesas administrativas, comerciais e operacionais. Representado pela fórmula: Lucro operacional = Lucro Bruto – Despesas Operacionais + Receitas Operacionais

2. Considerando os dados da empresa K. Ramba, responda as questões abaixo:

Conta	Período	
	2014	2015
Fornecedores	450.000,00	380.000,00
Custo Mercadoria Vendida	1.600.000,00	1.450.000,00
Compras do Período	350.000,00	750.000,00
Vendas do Período	2.800.000,00	2.500.000,00
Seguros Contratados	12.000,00	24.000,00
Total de despesas do ano	**650.000,00**	**850.000,00**
Total de depreciação	**120.000,00**	**125.000,00**

   a) Com base nas informações acima e presumindo que todas as compras foram efetuadas a prazo, qual é o valor pago pelas compras no ano de 2015?

   Resolução:

Exercícios resolvidos

Nesta seção a proposta é acompanhar passo a passo a resolução de alguns problemas mais complexos que envolvem o assunto do capítulo.

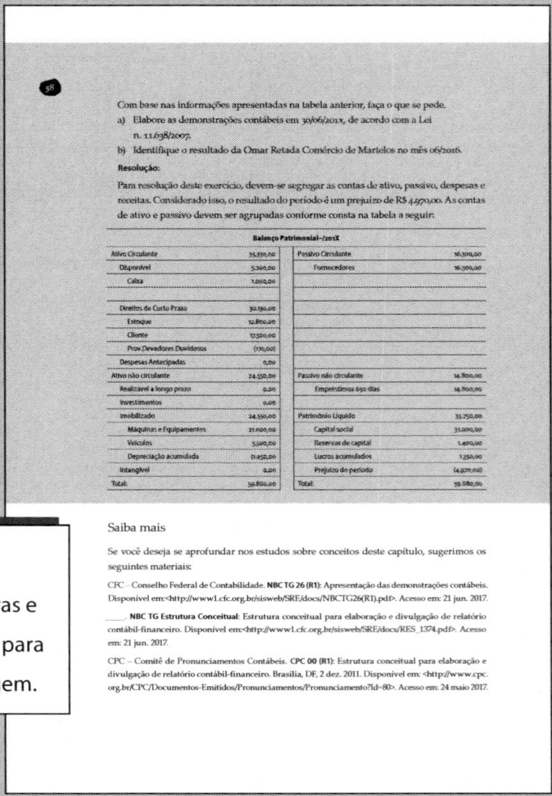

Com base nas informações apresentadas na tabela anterior, faça o que se pede.

a) Elabore as demonstrações contábeis em 30/06/201x, de acordo com a Lei n. 11.638/2007.

b) Identifique o resultado da Omar Retada Comércio de Martelos no mês 06/2016.

Resolução:

Para resolução deste exercício, devem-se segregar as contas de ativo, passivo, despesas e receitas. Considerado isso, o resultado do período é um prejuízo de R$ 4.970,00. As contas de ativo e passivo devem ser agrupadas conforme consta na tabela a seguir.

Balanço Patrimonial–/201X

Ativo Circulante	35.330,00	Passivo Circulante	16.300,00
Disponível	5.200,00	Fornecedores	16.300,00
Caixa	1.000,00		
Direitos de Curto Prazo	30.130,00		
Estoque	12.800,00		
Cliente	17.500,00		
Prov.Devedores Duvidosos	(170,00)		
Despesas Antecipadas	0,00		
Ativo não circulante	24.550,00	Passivo não circulante	14.800,00
Realizável a longo prazo	0,00	Empréstimos 650 dias	14.800,00
Investimentos	0,00		
Imobilizado	24.550,00	Patrimônio Líquido	33.750,00
Máquinas e Equipamentos	21.000,00	Capital social	31.000,00
Veículos	5.500,00	Reservas de capital	1.400,00
Depreciação acumulada	(1.950,00)	Lucros acumulados	1.350,00
Intangível	0,00	Prejuízo do período	(4.970,00)
Total:	59.880,00	Total:	59.880,00

Saiba mais

Se você deseja se aprofundar nos estudos sobre conceitos deste capítulo, sugerimos os seguintes materiais:

CFC – Conselho Federal de Contabilidade. **NBC TG 26 (R1)**: Apresentação das demonstrações contábeis. Disponível em:<http://www1.cfc.org.br/sisweb/SRE/docs/NBCTG26(R1).pdf>. Acesso em: 21 jun. 2017.

____. **NBC TG Estrutura Conceitual**: Estrutura conceitual para elaboração e divulgação de relatório contábil-financeiro. Disponível em:<http://www1.cfc.org.br/sisweb/SRE/docs/RES_1374.pdf>. Acesso em: 21 jun. 2017.

CPC – Comitê de Pronunciamentos Contábeis. **CPC 00 (R1)**: Estrutura conceitual para elaboração e divulgação de relatório contábil-financeiro. Brasília, DF, 2 dez. 2011. Disponível em: <http://www.cpc.org.br/CPC/Documentos-Emitidos/Pronunciamentos/Pronunciamento?Id=80>. Acesso em: 24 maio 2017.

Saiba mais

Você pode consultar as obras e *sites* indicados nesta seção para aprofundar sua aprendizagem.

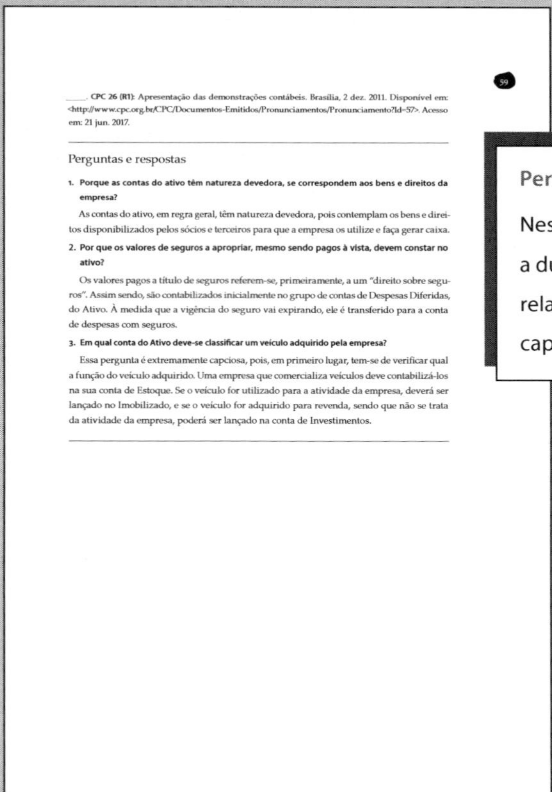

____. **CPC 26 (R1)**: Apresentação das demonstrações contábeis. Brasília, 2 dez. 2011. Disponível em: <http://www.cpc.org.br/CPC/Documentos-Emitidos/Pronunciamentos/Pronunciamento?Id=57>. Acesso em: 21 jun. 2017.

Perguntas e respostas

1. **Porque as contas do ativo têm natureza devedora, se correspondem aos bens e direitos da empresa?**

As contas do ativo, em regra geral, têm natureza devedora, pois contemplam os bens e direitos disponibilizados pelos sócios e terceiros para que a empresa os utilize e faça gerar caixa.

2. **Por que os valores de seguros a apropriar, mesmo sendo pagos à vista, devem constar no ativo?**

Os valores pagos a título de seguros referem-se, primeiramente, a um "direito sobre seguros". Assim sendo, são contabilizados inicialmente no grupo de contas de Despesas Diferidas, do Ativo. À medida que a vigência do seguro vai expirando, ele é transferido para a conta de despesas com seguros.

3. **Em qual conta do Ativo deve-se classificar um veículo adquirido pela empresa?**

Essa pergunta é extremamente capciosa, pois, em primeiro lugar, tem-se de verificar qual a função do veículo adquirido. Uma empresa que comercializa veículos deve contabilizá-los na sua conta de Estoque. Se o veículo for utilizado para a atividade da empresa, deverá ser lançado no Imobilizado, e se o veículo for adquirido para revenda, sendo que não se trata da atividade da empresa, poderá ser lançado na conta de Investimentos.

Perguntas & respostas

Nesta seção, o autor responde a dúvidas frequentes relacionadas aos conteúdos do capítulo.

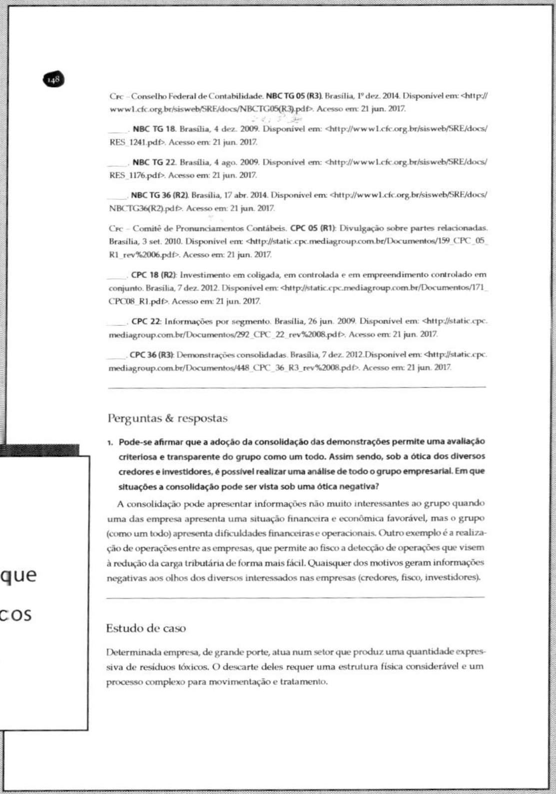

148

CFC – Conselho Federal de Contabilidade. **NBC TG 05 (R3)**. Brasília, 1º dez. 2014. Disponível em: <http://www1.cfc.org.br/sisweb/SRE/docs/NBCTG05(R3).pdf>. Acesso em: 21 jun. 2017.

_____. **NBC TG 18**. Brasília, 4 dez. 2009. Disponível em: <http://www1.cfc.org.br/sisweb/SRE/docs/RES_1241.pdf>. Acesso em: 21 jun. 2017.

_____. **NBC TG 22**. Brasília, 4 ago. 2009. Disponível em: <http://www1.cfc.org.br/sisweb/SRE/docs/RES_1176.pdf>. Acesso em: 21 jun. 2017.

_____. **NBC TG 36 (R2)**. Brasília, 17 abr. 2014. Disponível em: <http://www1.cfc.org.br/sisweb/SRE/docs/NBCTG36(R2).pdf>. Acesso em: 21 jun. 2017.

CFC – Comitê de Pronunciamentos Contábeis. **CPC 05 (R1)**: Divulgação sobre partes relacionadas. Brasília, 3 set. 2010. Disponível em: <http://static.cpc.mediagroup.com.br/Documentos/159_CPC_05_R1_rev%2006.pdf>. Acesso em: 21 jun. 2017.

_____. **CPC 18 (R2)**: Investimento em coligada, em controlada e em empreendimento controlado em conjunto. Brasília, 7 dez. 2012. Disponível em: <http://static.cpc.mediagroup.com.br/Documentos/171_CPC08_R1.pdf>. Acesso em: 21 jun. 2017.

_____. **CPC 22**: Informações por segmento. Brasília, 26 jun. 2009. Disponível em: <http://static.cpc.mediagroup.com.br/Documentos/292_CPC_22_rev%2008.pdf>. Acesso em: 21 jun. 2017.

_____. **CPC 36 (R3)**: Demonstrações consolidadas. Brasília, 7 dez. 2012.Disponível em: <http://static.cpc.mediagroup.com.br/Documentos/448_CPC_36_R3_rev%2008.pdf>. Acesso em: 21 jun. 2017.

Perguntas & respostas

1. **Pode-se afirmar que a adoção da consolidação das demonstrações permite uma avaliação criteriosa e transparente do grupo como um todo. Assim sendo, sob a ótica dos diversos credores e investidores, é possível realizar uma análise de todo o grupo empresarial. Em que situações a consolidação pode ser vista sob uma ótica negativa?**

A consolidação pode apresentar informações não muito interessantes ao grupo quando uma das empresa apresenta uma situação financeira e econômica favorável, mas o grupo (como um todo) apresenta dificuldades financeiras e operacionais. Outro exemplo é a realização de operações entre as empresas, que permite ao fisco a detecção de operações que visem à redução da carga tributária de forma mais fácil. Quaisquer dos motivos geram informações negativas aos olhos dos diversos interessados nas empresas (credores, fisco, investidores).

Estudo de caso

Determinada empresa, de grande porte, atua num setor que produz uma quantidade expressiva de resíduos tóxicos. O descarte deles requer uma estrutura física considerável e um processo complexo para movimentação e tratamento.

Estudo de caso

Esta seção traz ao seu conhecimento situações que vão aproximar os conteúdos estudados de sua prática profissional.

I

Estrutura contábil brasileira

Conteúdos do capítulo:

- Estrutura conceitual básica da contabilidade brasileira.
- Adoção inicial da Lei n. 11.638, de 28 de dezembro de 2007.
- Apresentação das demonstrações financeiras: estrutura e critérios de avaliação dos principais elementos.
- Notas explicativas.

Após o estudo deste capítulo, você será capaz de:

1. apontar a mais recente estrutura conceitual fundamental da contabilidade brasileira;
2. elencar a estrutura e os principais elementos das demonstrações contábeis brasileiras;
3. identificar os critérios de classificação e avaliação dos ativos e passivos e as notas explicativas.

Neste capítulo, vamos tratar de aspectos essenciais para a compreensão e a aplicação adequada dos conceitos relativos à contabilidade societária, ressaltando os elementos iniciais do estudo dessa área, os quais são, no entanto, imprescindíveis ao ajuste correto dos pontos técnicos e legais que cercam a disciplina. Daremos destaque à abordagem da estrutura conceitual básica da contabilidade brasileira, concepção necessária para adentrar o conteúdo fundamental do tema. Apresentaremos também a definição, o objetivo e a função das notas explicativas em um Balanço Patrimonial. Abordaremos ainda a estrutura conceitual fundamental da ciência contábil e daremos uma explicação sobre os órgãos reguladores da contabilidade existentes no Brasil e seus respectivos papéis.

1.1 Estrutura conceitual e fundamentos da contabilidade atual

Faz parte do conceito de Estado a opção por um sistema de governo mais liberal ou mais intervencionista. No contexto brasileiro, o Estado caracteriza-se tradicionalmente pelo intervencionismo na sociedade. Para a área da contabilidade, isso se traduz em regulação e regulamentação, por vezes excessivas. Entretanto, foi considerando aspectos como a abertura de mercado e a globalização das empresas, principalmente a partir de 2005, que o país optou por aderir às regras internacionais de contabilidade, as International Financial Reporting Standards – IFRS (em tradução livre, *Normas Internacionais para Relatórios Financeiros*) emanadas pelo International Accounting Standards Board – IASB (em português, *Conselho de*

Normas Internacionais de Contabilidade). Essa nova abordagem da legislação contábil, com vistas à adequação aos padrões internacionais, teve início ainda no ano de 2005, por meio da Resolução CFC n. 1.055, de 7 de outubro de 2005, do Conselho Federal de Contabilidade (CFC, 2005), a qual criou o Comitê de Pronunciamentos Contábeis (CPC), órgão que tem total independência em suas deliberações (pronunciamentos técnicos, interpretações e orientações) para a contabilidade, embora receba suporte material do mesmo Conselho.

Os principais motivos para a convergência geral das demonstrações contábeis a esse modelo podem ser verificados na referida resolução, que demonstra a crescente internacionalização das normas contábeis e observa uma confluência daquelas praticadas pelos diversos países do mercado internacional. Na visão do CFC, ela deve gerar melhoria na comunicação contábil entre os envolvidos, causado pelo uso de uma linguagem mais homogênea, pelo barateamento dos custos de captação de recursos e também pela redução dos riscos dos empreendimentos via empréstimos e financiamentos, entre outros benefícios.

Por esses fatores expostos e outros que se destacam no documento instituiu-se o CPC, composto por algumas entidades, as quais se encontram elencadas no Quadro 1.1.

Quadro 1.1 – Entidades integrantes do Comitê de Pronunciamentos Contábeis (CPC)

Abrasca	Associação Brasileira das Companhias Abertas
Apimec Nacional	Associação dos Analistas e Profissionais de Investimento do Mercado de Capitais
BM&F Bovespa	Bolsa de Valores, Mercadorias e Futuros de São Paulo
CFC	Conselho Federal de Contabilidade
Ibracon	Instituto dos Auditores Independentes do Brasil
Fipecafi	Fundação Instituto de Pesquisas Contábeis, Atuariais e Financeiras

O objetivo e as atribuições do comitê estão definidos nos arts. 3º e 4º da citada resolução, que assim dispõem:

> Art. 3º O Comitê de Pronunciamentos Contábeis (CPC) tem por objetivo o estudo, o preparo e a emissão de Pronunciamentos Técnicos sobre procedimentos de Contabilidade e a divulgação de informações dessa natureza, para permitir a emissão de normas pela entidade reguladora brasileira, visando à centralização e uniformização do seu processo de produção, levando sempre em conta a convergência da Contabilidade Brasileira aos padrões internacionais.
>
> Art. 4º É atribuição do Comitê de Pronunciamentos Contábeis (CPC) estudar, pesquisar, discutir, elaborar e deliberar sobre o conteúdo e a redação de Pronunciamentos Técnicos. (CFC, 2005)

Desde sua criação, o CPC emitiu inúmeros pronunciamentos técnicos com o intuito de adequar a convergência entre a estrutura contábil brasileira às melhores regras internacionais. A Resolução CFC n. 1.374, de 8 de dezembro de 2011 (CFC, 2011), deu outra redação à Norma Brasileira de Contabilidade – NBC TG Estrutura Conceitual, redefinida como Pronunciamento CPC 00 (R1): Estrutura conceitual para elaboração e divulgação de relatório contábil-financeiro (CPC, 2011a), em publicação já sob responsabilidade do comitê –, tratando de uma nova estrutura conceitual para a contabilidade brasileira. Nessa visão, as demonstrações contábeis elaboradas segundo as regras da estrutura conceitual devem satisfazer às necessidades comuns de informações da maioria dos usuários que as utilizam para tomar decisões econômicas, entre as quais estão:

> (a) decidir quando comprar, manter ou vender instrumentos patrimoniais;
> (b) avaliar a administração da entidade quanto à responsabilidade que lhe tenha sido conferida e quanto à qualidade de seu desempenho e de sua prestação de contas;
> (c) avaliar a capacidade de a entidade pagar seus empregados e proporcionar-lhes outros benefícios;
> (d) avaliar a segurança quanto à recuperação dos recursos financeiros emprestados à entidade;
> (e) determinar políticas tributárias;
> (f) determinar a distribuição de lucros e dividendos;
> (g) elaborar e usar estatísticas da renda nacional;
> (h) regulamentar as atividades das entidades. (CPC, 2011a, p. 3-4)

A estrutura conceitual constante do CPC 00 – R1 visa, então, definir a base conceitual para que se gerem e publiquem demonstrações contábeis para leitores e analistas externos às empresas, com as finalidades expressas de:

> (a) dar suporte ao desenvolvimento de novos Pronunciamentos Técnicos, Interpretações e Orientações e à revisão dos já existentes, quando necessário;
> (b) dar suporte à promoção da harmonização das regulações, das normas contábeis e dos procedimentos relacionados à apresentação das demonstrações contábeis, provendo uma base para a redução do número de tratamentos contábeis alternativos permitidos pelos Pronunciamentos, Interpretações e Orientações;
> (c) dar suporte aos órgãos reguladores nacionais;
> (d) auxiliar os responsáveis pela elaboração das demonstrações contábeis na aplicação dos Pronunciamentos Técnicos, Interpretações e Orientações e no tratamento de assuntos que ainda não tenham sido objeto desses documentos;
> (e) auxiliar os auditores independentes a formar sua opinião sobre a conformidade das demonstrações contábeis com os Pronunciamentos Técnicos, Interpretações e Orientações;
> (f) auxiliar os usuários das demonstrações contábeis na interpretação de informações nelas contidas, elaboradas em conformidade com os Pronunciamentos Técnicos, Interpretações e Orientações;
> (g) proporcionar aos interessados informações sobre o enfoque adotado na formulação dos Pronunciamentos Técnicos, das Interpretações e das Orientações. (CPC, 2011a, p. 4)

Percebemos que a estrutura conceitual se constitui em um documento técnico de orientação e fundamentação de aspectos contábeis relevantes a serem observados pelos contadores, no momento em que executam a contabilidade e preparam a divulgação das demonstrações contábeis. Tal estrutura considera como seus usuários os potenciais investidores, empregados, credores por empréstimos, fornecedores, clientes, governos e público em geral, determinando, portanto, uma gama conceitual ampla e inteligível, para que se torne aceita e utilizada por todos eles.

Assim, para o Comitê, nada mais justo que identificar a estrutura conceitual como *CPC 00*, um pronunciamento conceitual básico, documento inicial que fornece as bases necessárias para emissão de outros pronunciamentos, iniciando o processo de convergência das normas brasileiras às regras internacionais de contabilidade.

Quanto ao objetivo geral da publicação das normas para os relatórios contábeis, está disposto no pronunciamento:

> O objetivo da elaboração e divulgação de relatório contábil-financeiro de propósito geral constitui o pilar da Estrutura Conceitual. Outros aspectos da Estrutura Conceitual – como o conceito de entidade que reporta a informação, as características qualitativas da informação contábil-financeira útil e suas restrições, os elementos das demonstrações contábeis, o reconhecimento, a mensuração, a apresentação e a evidenciação – fluem logicamente desse objetivo. (CPC, 2011a, p. 7)

Outro elemento importante desse pronunciamento se refere à qualidade da informação, destacando as características que devem qualificá-la para que tenha o potencial de cumprir sua finalidade, qual seja, a de servir de conteúdo para balizar as decisões dos usuários, sejam eles investidores, sejam credores. Graficamente, podem ser apresentadas conforme mostra a Figura 1.1.

Figura 1.1 – Características qualitativas das informações contábeis

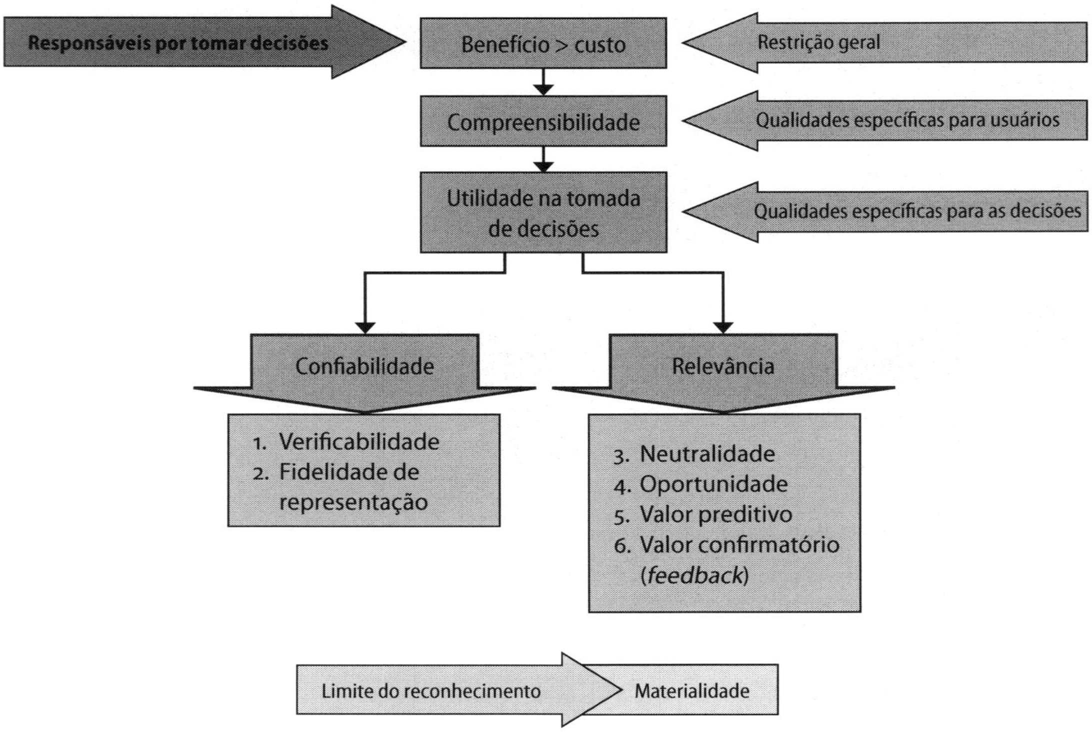

Conforme podemos observar, o usuário é o destinatário principal na análise e uso da informação na tomada de decisões que tenham consequência econômica. É ele que, em suas ações, vai necessitar de informações que subsidiem as decisões a serem tomadas. Se o **benefício** da informação é maior que o custo de seu processamento e sua distribuição, devemos na sequência avaliar sua **compreensibilidade**, ou seja, a condição que ela apresenta de ser efetivamente assimilada pelo usuário, o qual poderá, caso a compreenda, fazer melhor uso dessa informação. A compreensibilidade deve ser analisada também em relação ao perfil do beneficiário, pois seguidamente percebemos que a não compreensão ou uma compreensão limitada de um relatório gerencial ocorrem em virtude de falta de preparo do usuário, e não necessariamente por características intrínsecas das informações. Em situações como essa, é recomendável um treinamento prévio para quem for utilizar o material.

Se a informação é compreensível, entendemos, então, que pode ser útil nas tomadas de decisão. É necessário, entretanto, verificar se ela contém características que a tornam segura e eficaz para motivar uma escolha correta. Primeiro, deve ser analisada sua **relevância**, ou seja, a importância que a informação apresenta para sugerir o melhor caminho entre as alternativas disponíveis.

A **tempestividade** é a qualidade que diz respeito a quando é percebida a informação, pois ela deve estar disponível no momento adequado para a decisão. A oportunidade é avaliada também em relação ao **valor preditivo** da informação, isto é: se todas as decisões têm impacto futuro; então, toda informação deve levar em conta o impacto que pode exercer para se alcançar um futuro almejado.

A **confiabilidade** é outro atributo que deve ser verificado como inerente à informação gerencial. Ela é confiável quando pode ser rastreada e testada, e nisso reside a importância de que as informações sejam produto de sistemas estruturados, possibilitando seu acesso e sua reconstrução em qualquer momento desejado.

A **fidelidade de representação** significa que, na medida do possível, os valores monetários que representam os eventos e os elementos informados, por exemplo, precisam expressar o mais fielmente sua essência econômica. Esse aspecto fica facilitado na contabilidade gerencial, pois esta não se sujeita a critérios padronizados de avaliação monetária, como ocorre com a contabilidade financeira.

A **neutralidade** é uma característica importante, pois é recomendável que a informação gerencial auxilie a decisão do gestor pelo seu conteúdo e forma, e não por eventuais distorções motivadas por interesses escusos de determinada pessoa ou área.

O limite para tratamento e reconhecimento de uma informação é sua **materialidade**. Se o valor do elemento informado é imaterial, não devemos, por questão de objetividade e racionalização de custos, dar-lhe tratamento especial. Não podemos esquecer, entretanto, que materialidade é conceito a ser verificado caso a caso: determinado valor pode ser imaterial para uma empresa de grande porte, mas constituir grandeza considerável para uma pequena ou média.

1.2 Evidenciação: demonstrações contábeis

Para iniciar esta seção, cabe primeiramente ressaltar o papel da contabilidade sob o ponto de vista da sua função social, que é permitir aos diversos interessados o conhecimento necessário sobre a situação econômica e financeira de uma entidade. Baseado nas informações fornecidas pelas demonstrações financeiras, o usuário pode tomar decisões de caráter econômico, como adquirir ou não ações da empresa, emprestar ou reter recursos, conceder linhas de crédito ou restringi-las etc. Assim sendo, é imprescindível que a informação apresente a maior transparência possível. A essa busca de transparência dá-se o nome de *evidenciação*, ou seja, fazer com que o dado fique claro (evidente), o que significa comunicar com clareza e objetividade, de forma que os diversos usuários sintam segurança na utilização da informação prestada.

A evidenciação não constitui um princípio ou postulado, porém podemos afirmar que se trata de uma premissa vinculada aos objetivos da contabilidade: proporcionar aos diversos usuários informações necessárias e úteis para as finalidades específicas. Hendriksen e Van Breda (1999, p. 511, grifo do original) indicam que, para que se consiga divulgação apropriada, é preciso responder a três perguntas fundamentais:

1. *A quem* deve ser divulgada a informação?
2. Qual é a *finalidade* da informação?
3. *Quanta* informação deve ser divulgada?

A informação relativa ao patrimônio de uma organização será divulgada para os diversos interessados, como sócios, empregados, acionistas, instituições financeiras, entidades do governo, fornecedores etc. Os usuários que acompanham o desempenho devem dar atenção aos aspectos contábeis difundidos, considerando que suas decisões serão fundamentadas nesses relatórios. Assim sendo, a finalidade da informação contábil está estreitamente vinculada aos usuários, externos ou internos, e ao que foi divulgado. Os leitores dessas informações devem ter conhecimento razoável do negócio e dos conceitos contábeis basilares dos materiais recebidos. Com relação à quantidade da informação, ela depende, em parte, de quão sofisticado é o leitor que a recebe.

Evidenciação, em um sentido aplicável à contabilidade, significa "divulgação de informação". Portanto, espera-se que sejam publicados os vários aspectos do patrimônio da empresa (financeiro, econômico etc.) e, em seguida, dê-se um correto tratamento contábil aos fatos, reconhecendo-os e mensurando-os de forma que estejam o mais adequadamente representados nas demonstrações contábeis.

Desse modo, é possível concluir que o profissional que prepara as demonstrações deve estar sempre atento ao perfil do leitor ou grupo de leitores, para que possa decidir qual a qualidade e que quantidade de informação será divulgada. Atualmente, no Brasil, por força das alterações contábeis advindas da convergência com as regras internacionais, definiram-se basicamente três modelos de evidenciação, a depender do perfil do público interessado. Vamos tratar dos principais relatórios contábeis gerados pela contabilidade, para que ela cumpra sua função no que se refere ao nível de evidenciação desejado pelos diversos usuários. Compõem o grupo desses relatórios: o Balanço Patrimonial, a Demonstração dos Lucros ou Prejuízos Acumulados (DLPA) e a Demonstração dos Resultados do Exercício (DRE).

1.3 Principais relatórios contábeis

Segundo a Lei das Sociedades por Ações – Lei n. 6.404, de 15 de dezembro de 1976 (Brasil, 1976), que, por meio de Decreto n. 1.598/1977, teve estendida sua aplicabilidade às demais sociedades, os relatórios contábeis obrigatórios são os listados a seguir, na citação da lei. Em 2007 e 2009, foram aprovadas a Lei n. 11.638, de 28 de dezembro de 2007 (Brasil, 2007), e a Lei n. 11.941, de 27 de maio de 2009 (Brasil, 2009), que procuraram harmonizar os padrões da contabilidade brasileira às Normas Internacionais de Contabilidade. O art. 176 da Lei 6.404/1976 dispõe:

> Art. 176. Ao fim de cada exercício social, a diretoria fará elaborar, com base na escrituração mercantil da companhia, as seguintes demonstrações financeiras, que deverão exprimir com clareza a situação do patrimônio da companhia e as mutações ocorridas no exercício:
>
> I. balanço patrimonial;
>
> II. demonstração dos lucros ou prejuízos acumulados;
>
> III. demonstração do resultado do exercício;
>
> IV. demonstração dos fluxos de caixa; e (Redação dada pela Lei n. 11.638 de 2007)
>
> V. se companhia aberta, demonstração do valor adicionado. (Incluído pela Lei n. 11.638 de 2007). (Brasil, 1976)

O Pronunciamento CPC 26 (R1) complementa essa definição, ao dispor:

> O objetivo das demonstrações contábeis é o de proporcionar informação acerca da posição patrimonial e financeira, do desempenho e dos fluxos de caixa da entidade que seja útil a um grande número de usuários em suas avaliações e tomada de decisões econômicas. As demonstrações contábeis também objetivam apresentar os resultados da atuação da administração, em face de seus deveres e responsabilidades na gestão diligente dos recursos que lhe foram confiados. (CPC, 2011c, p. 5)

Desse modo, o CPC 26 (R1) resumiu os objetivos de todos os relatórios contábeis: servir de apoio a decisões, atingir o maior número de usuários pela qualidade de suas informações e divulgar resultados da administração de uma empresa, vistas as responsabilidades dos gestores.

1.3.1 Balanço Patrimonial

Na contabilidade contemporânea, o relatório contábil mais conhecido é o Balanço Patrimonial (BP), que tanto quanto os outros constitui um modelo de representação da situação patrimonial, financeira e econômica de uma empresa. A principal função desse relatório é demonstrar a posição financeira do patrimônio em determinada data, normalmente nos fechamentos de anos fiscais. Essa demonstração possibilita aos mais diversos usuários verificar a formação daquele patrimônio, seu aumento ou sua redução, na comparação entre os diversos períodos pesquisados. Também evidencia a situação, estática, da realidade financeira do patrimônio em determinado momento. As normas de contabilidade preveem que o BP deve sempre apresentar uma comparação entre os valores dos exercícios atual e anterior – a variação anual do patrimônio da empresa.

Desse modo, podemos entender o BP como uma "fotografia" do quadro financeiro e patrimonial de uma entidade em dado momento. Com base nesse demonstrativo, a administração financeira aplica técnicas de análise que permitem melhor visualização daqueles aspectos que mais interessam ao usuário.

Para melhor entendimento do BP, a forma como ele se apresenta ou como deve ser interpretado, um dos aspectos que se deve observar refere-se à origem e à aplicação dos recursos. Nesse contexto, a origem provém do Passivo e do Patrimônio Líquido, e a aplicação é registrada no Ativo da empresa.

Vamos exemplificar: no momento da constituição de uma companhia, os sócios integralizam um capital social de R$ 50.000,00. Assim sendo, respeitando o princípio da entidade, podemos dizer que ela *deve* R$ 50.000,00 aos sócios. Esse recurso foi colocado pelos sócios à disposição da companhia e está no Caixa (ou banco). A situação dessa empresa, nesse momento, está registrada na Figura 1.2.

Figura 1.2 – Situação patrimonial da entidade

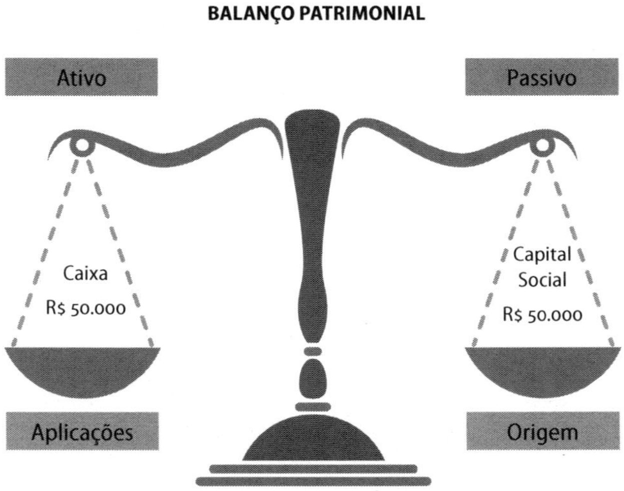

Looper/Shutterstock

Os elementos que constam no BP se classificam em dois grandes **grupos**, denominados *Ativo* e *Passivo*. A Figura 1.3 demonstra a estrutura principal da entidade econômica com seu Ativo e Passivo, como mostramos anteriormente, representando a aplicação e sua origem, lado a lado.

Figura 1.3 – Representação gráfica do Balanço Patrimonial

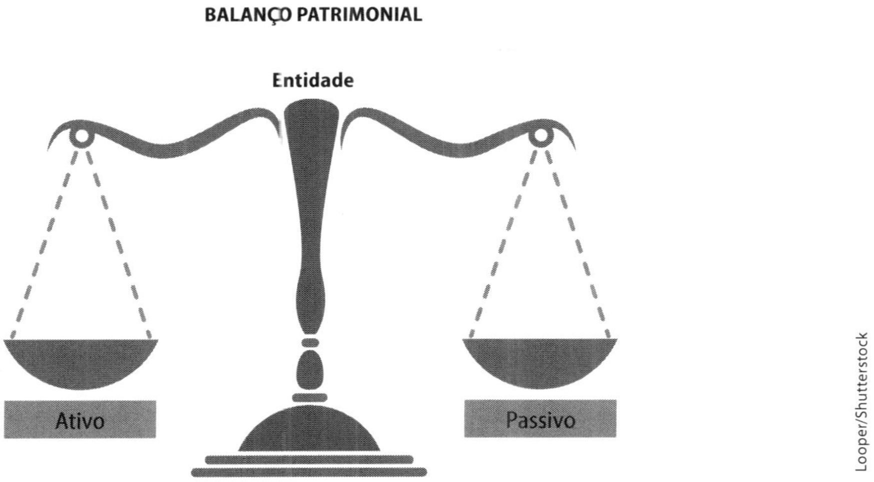

Por sua vez, o Ativo e o Passivo se dividem em alguns **subgrupos** – que demonstram principalmente estados das contas ali constantes, como tempo de realização e liquidez, conforme detalhamento definido no item 54 da CPC 26 (CPC, 2011c), que se encontram dispostos no BP, conforme mostra a Figura 1.4 e sobre cujas definições trataremos na sequência.

Figura 1.4 – Subgrupos do Balanço Patrimonial

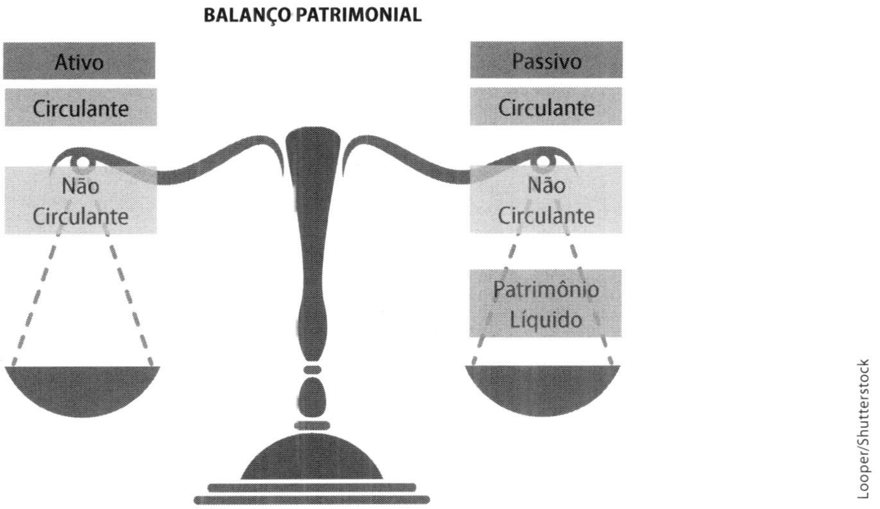

Dentro desses subgrupos, ocorrem também algumas subdivisões, nas chamadas ***contas***, como aponta a Figura 1.5. Os nomes dessas contas detalham ainda mais o estado dos valores que ali são dispostos, como origem, destinação, tempo de liquidez e alocações em reservas variadas.

Figura 1.5 – Detalhamento das contas patrimoniais

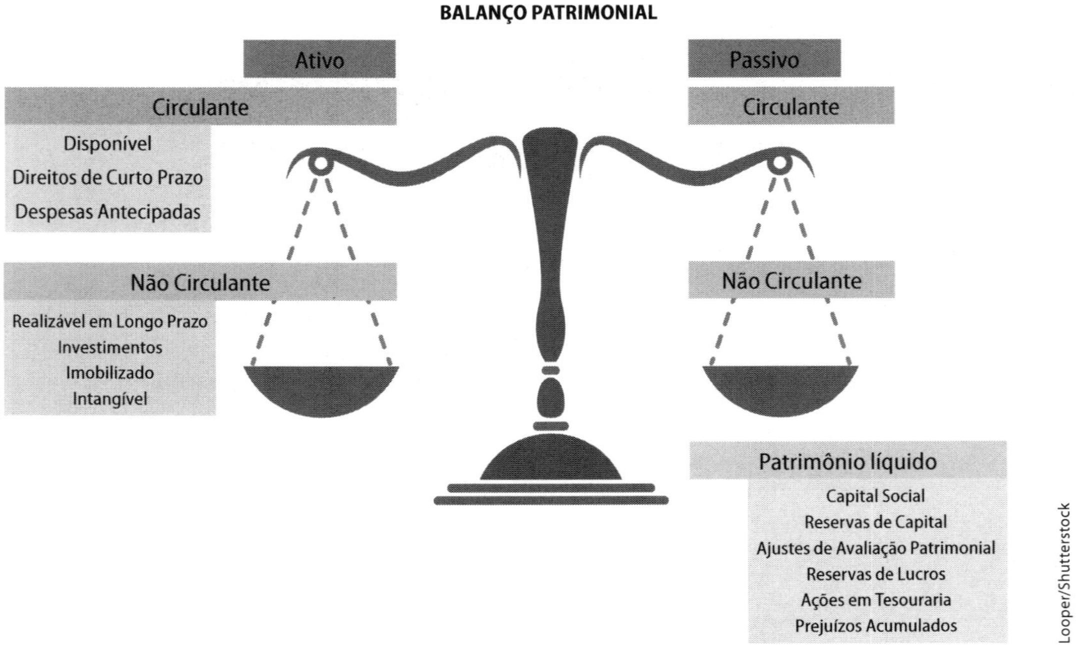

1.3.1.1 Ativo

Para conceituar o Ativo, vamos buscar algumas definições. O grande grupo de contas chamado *Ativo* é composto de todos os bens e direitos da entidade. Iudícibus et al. (2010, p. 18) o definem como "os bens e os direitos da entidade expressos em moeda; Caixa, Bancos (ambos constituem disponibilidades financeiras imediatas), Imóveis, Veículos, Equipamentos, Mercadorias, Contas a Receber de Clientes são alguns dos bens e direitos que uma empresa normalmente possui". Esses bens e direitos são, então, classificados conforme características que apresentam, para serem registrados e apresentados em contas contábeis.

Os **bens** podem ser divididos em bens **tangíveis** (os bens palpáveis, como máquinas e móveis, por exemplo) e **intangíveis** (os bens impalpáveis, incorpóreos, como a marca, a patente de um produto ou o direito de exploração de uma mina). Relativamente aos **direitos**, há os **de financiamento** (por exemplo, o direito sobre uma aplicação financeira em que o recurso está depositado no banco) e os **de funcionamento** (por exemplo, o direito de receber uma duplicata relativa a uma venda a prazo). A ordem de classificação entre eles está evidenciada na Figura 1.6.

Figura 1.6 – Classificação das contas do Ativo

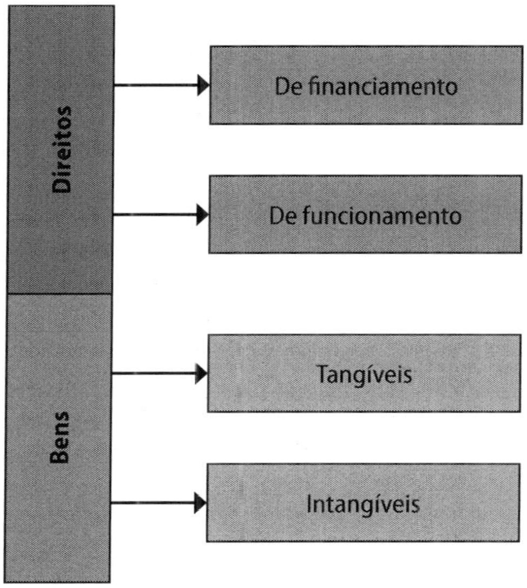

Outra definição para o Ativo é a dada pelo *Financial Accounting Standards Board* (Fasb) no *Statement of Financial Accounting Concepts – SFAC n. 6*, (p. 16), que dispõe que ativos são "benefícios econômicos futuros prováveis, obtidos ou controlados por uma dada entidade em consequência de transações ou eventos passados" (Fasb, 1985, citado por Hendriksen; Van Breda, 1999, p. 283). Nesse sentido, todo ativo deve ser capaz de gerar benefícios econômicos (ou receitas), por exemplo, a aquisição de uma máquina que será utilizada na produção e, consequentemente, gerará receita futuramente, ainda dentro do exercício. Quaisquer bens e direitos que não promovam tais benefícios deverão ser lançados como **resultado** no período.

Os pronunciamentos técnicos que aludem ao conceito de Ativo destacam como requisito essencial para sua caracterização a obtenção de benefícios econômicos pelo seu uso. Por *benefício econômico futuro incorporado a um ativo* entendemos a sua possibilidade de contribuir, direta ou indiretamente, com o Fluxo de Caixa ou Equivalentes de Caixa para a entidade. Essa contribuição pode ser produtiva, quando o recurso for parte integrante das atividades operacionais da entidade. Pode, também, ser um bem líquido, por apresentar conversibilidade em caixa ou equivalentes de caixa, ou ainda ser capaz de reduzir as saídas de caixa, como no caso de processo industrial alternativo que reduza os custos de produção.

Outra característica do Ativo é mencionada no Pronunciamento do Accounting Principles Board (APB) n. 4: "recursos econômicos de uma empresa que são reconhecidos e medidos em conformidade com os princípios contábeis geralmente aceitos [incluindo] certas despesas diferidas que não representam recursos" (citado por Hendriksen; Van Breda, 1999, p. 284). A distinção dada por essa definição se refere a despesas diferidas, que são valores que irão compor a despesa futuramente, entretanto, no momento do registro no relatório, constituem-se em direitos. Um exemplo dessa situação seria a aquisição de um seguro, pelo qual se contrata um direito de receber uma indenização (caso ocorra o sinistro) por determinado período de tempo.

No Ativo, as contas serão dispostas em **ordem decrescente de grau de liquidez** dos elementos registrados, ou seja, primeiramente aparecem aquelas que representam bens ou direitos mais rapidamente conversíveis em dinheiro, conforme preconiza o art. 178, parágrafo 1º, da Lei n. 6.404/1976:

> Art. 178. [...]
>
> §1º No ativo, as contas serão dispostas em ordem decrescente de grau de liquidez dos elementos nelas registrados, nos seguintes grupos:
>
> I. ativo circulante;
>
> II. ativo não circulante, composto por ativo realizável a longo prazo, investimentos, imobilizado e intangível. (Brasil, 1976)

Exatamente por esse motivo é que a conta Caixa é sempre a primeira a ser colocada no BP, pois representa o próprio dinheiro em posse da empresa. De acordo com o Pronunciamento CPC 26, as contas do Ativo de uma empresa devem registrar, no mínimo:

> (a) caixa e equivalentes de caixa;
>
> (b) clientes e outros recebíveis;
>
> (c) estoques;
>
> (d) ativos financeiros (exceto os mencionados nas alíneas "a", "b" e "g");
>
> (e) total de ativos classificados como disponíveis para venda (Pronunciamento Técnico CPC 38 – Instrumentos Financeiros: Reconhecimento e Mensuração) e ativos à disposição para venda de acordo com o Pronunciamento Técnico CPC 31 – Ativo Não Circulante Mantido para Venda e Operação Descontinuada;
>
> (f) ativos biológicos dentro do alcance do Pronunciamento Técnico CPC 29;
>
> (g) investimentos avaliados pelo método da equivalência patrimonial;
>
> (h) propriedades para investimento;
>
> (i) imobilizado;
>
> (j) intangível. [...] (CPC, 2011c, p. 17)

E, dessa maneira, obedecendo à ordem de liquidez e o item 54 do CPC 26, a ordem em que os grupos e subgrupos de contas devem aparecer no BP da entidade é basicamente a que apresentamos nos tópicos a seguir:

Ativo Circulante

No Ativo Circulante devem ser registrados os elementos cujos benefícios estão em vias de se realizar, num período de tempo até no máximo um ano após o exercício presente. No anexo à Resolução CFC n. 1.185, de 28 de agosto de 2009 (CFC, 2009b), que configura a NBC TG 26 (R3) – Apresentação das demonstrações contábeis, o Conselho estabelece no item 66 quais ativos devem ser classificados como *circulantes*:

66. O ativo deve ser classificado como circulante quando satisfizer qualquer dos seguintes critérios:

(a) espera-se que seja realizado, ou pretende-se que seja vendido ou consumido no decurso normal do ciclo operacional da entidade;

(b) está mantido essencialmente com o propósito de ser negociado;

(c) espera-se que seja realizado até doze meses após a data do balanço; ou

(d) é caixa ou equivalente de caixa (conforme definido na NBC TG 03 – Demonstração dos Fluxos de Caixa), a menos que sua troca ou uso para liquidação de passivo se encontre vedada durante pelo menos doze meses após a data do balanço.

Nesse grupo de contas, devem ser classificados os ativos que apresentam maior capacidade de liquidez, ou seja, de se transformarem em dinheiro com facilidade em prazo curto. Assim sendo, a primeira conta de um balanço é o próprio dinheiro que a empresa possui em caixa; a segunda se refere aos valores depositados em sua conta corrente; e, finalmente, vêm as aplicações de curto prazo, que a empresa efetua quando constata excesso de caixa, para garantir uma pequena rentabilidade sobre seu saldo bancário e, em cenários de inflação, para resguardar o poder de compra da sua moeda (por exemplo, uma conta corrente remunerada pela poupança ou aplicações em prazo mais curto, como fundos da bolsa de valores).

Também esse grupo de contas se subdivide em outros subgrupos, conforme mostra a Figura 1.7.

Figura 1.7 – Classificação das contas do Ativo Circulante

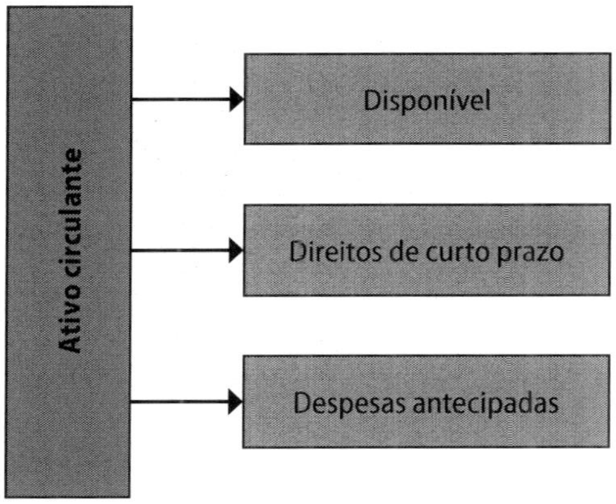

Ativo não Circulante

Para adequação às Normas Internacionais de Contabilidade, a Lei n. 11.638/2007 inseriu o grupo de contas chamado *Ativo não Circulante* para substituir o extinto grupo chamado *Ativo Permanente*. Sabemos que, com raras exceções, não existem ativos que tenham vida útil econômica de natureza permanente, pois é próprio deles a perda de utilidade, em virtude do exaurimento dos respectivos benefícios que podem trazer à entidade.

No Ativo não Circulante devem ser classificadas as contas que não satisfizerem os critérios para serem considerados pertencentes ao Ativo Circulante, enumerados anteriormente. A referida Resolução CFC n. 1.185/2009, ainda dispõe que o Ativo não Circulante inclui "ativos tangíveis, intangíveis e ativos financeiros de natureza associada a longo prazo" (CPC, 2009b, p. 22), entendendo *longo prazo* como o que for realizável após o período fiscal subsequente. Essa norma determina ainda a subdivisão desse tipo de ativo nas contas: Realizável a Longo Prazo, Investimentos, Imobilizado e Intangível.

Ativo Realizável a Longo Prazo

São elementos cuja realização somente se dá após o término do exercício social seguinte, ou após o 12º mês da data de fechamento das demonstrações contábeis. Classificam-se nesse subgrupo também os valores relativos a operações não usuais feitas com coligadas, controladas, sócios, acionistas e diretores. Outro exemplo é o direito de receber valores relativos à venda de ativo imobilizado.

Investimentos

Esse grupamento de contas contempla os recursos aplicados no capital de outras entidades com intenção de permanência, e não meras aplicações especulativas ou temporárias de recursos. Esses investimentos em outras empresas podem representar a estratégia de concentração de mercado, diversificação de atividades ou outros motivos que levem a organização a formar alianças estratégicas. Outra categoria desse grupo compreende as *propriedades para investimentos*, que serão vistas com mais detalhes adiante.

Os critérios utilizados para atribuir valor a esses investimentos devem observar o disposto na Lei n. 6.404/1976, que, no art. 248 – depois acolhido pela CPC 18 (R2) (CPC, 2012a) – determina: "no Balanço Patrimonial da companhia, os investimentos em coligadas ou em controladas e em outras sociedades que façam parte de um mesmo grupo ou estejam sob controle comum serão avaliados pelo método da equivalência patrimonial" (Brasil, 1976).

Ativo Imobilizado

Neste subgrupo do Ativo, cujas normas de registro e contabilização estão previstas na CPC 27 (CPC, 2009d), são classificados os bens físicos destinados à manutenção dos negócios da empresa ou exercidos com essa finalidade. O imobilizado são os bens corpóreos que a organização utiliza para manter sua atividade no mercado. Compreendem normalmente máquinas, terrenos, edificações, veículos e, de acordo com o tipo de atividade que exerce, poderão ter um maior (por exemplo uma indústria) ou menor imobilizado (uma empresa de prestação de serviços).

A definição que consta do Pronunciamento CPC 27 é a seguinte: "*Ativo imobilizado* é o item tangível que: (a) é mantido para uso na produção ou fornecimento de mercadorias ou serviços, para aluguel a outros, ou para fins administrativos; e (b) se espera utilizar por mais de um período" (CPC, 2009d, p. 3, grifo do original).

O registro da aquisição de um ativo imobilizado pode ser feito pelo seu custo, acrescido das despesas concernentes à imobilização, como frete, comissões a terceiros, impostos não recuperáveis e outros. O critério de avaliação desses bens é o valor do custo de aquisição deduzido da depreciação acumulada e das perdas por redução ao valor recuperável. A baixa de um item do ativo imobilizado deve ser feita quando de sua alienação ou quando não restarem benefícios econômicos futuros na continuidade de sua utilização (quando a depreciação acumulada tornar o ativo sem valor).

A definição do termo *depreciação* compreende, entre outras, a perda de valor de algum objeto ou, ainda, sua desvalorização. O pronunciamento que citamos define *depreciação* como "alocação sistemática do valor depreciável de um ativo ao longo da sua vida útil" (CPC, 2009d, p. 3). No contexto contábil, representa o registro da perda de valor de alguma coisa; é o reconhecimento da despesa, ou custo, relativa ao desgaste decorrente do uso, da ação da natureza ou da obsolescência, que poderá ocorrer no bem registrado, mensurado de acordo com a vida útil estimada. A depreciação acumulada evidencia o resultado das depreciações apontadas ao longo dos anos e deverá ser informada de forma a reduzir o valor do ativo imobilizado. Ela se apresenta no ativo de forma redutora, ou seja, a natureza de seu saldo deverá ser credora e demonstrará o montante apropriado ao custo ou despesa relativamente ao valor já consumido do bem.

Fazem parte do Ativo Imobilizado contas como: Edificações, Móveis e Utensílios, Veículos, Ferramentas, Máquinas e Equipamentos, Reflorestamentos, Depreciação Acumulada de Edificações, Depreciação Acumulada Móveis e Utensílios, Exaustão Acumulada Reflorestamentos. As contas de depreciação e exaustão são de débito, ou seja, necessariamente de valor negativo, dentro do grupo, em razão de que representam perda de valor de bem imobilizado, como edificações e áreas de reflorestamento.

Intangível

A contabilidade dos ativos intangíveis está prevista na CPC 04 (R1) (CPC, 2010d), e nesse subgrupo são classificados os direitos que tenham por objeto bens incorpóreos (intangíveis) destinados a manter a atividade da companhia ou direitos que são exercidos com essa finalidade. O pronunciamento define como *ativo intangível*: "um ativo não monetário identificável sem substância física" (CPC, 2010d, p. 6). Portanto, incluem-se nessa definição o conhecimento técnico ou científico, os projetos ou novos processos de produção, os sistemas em *software* etc.

A Lei n. 6.404/1976 determina que se inclua nesse subgrupo o fundo de comércio adquirido, que são ativos como as marcas e patentes adquiridas pela empresa e os gastos com desenvolvimento de novos produtos, os quais anteriormente eram classificados como *ativos diferidos*. O grupo Ativo Diferido deixou de existir com a MP 449, de 3 de dezembro de 2008, depois convertida na Lei 11.941/2009, conforme explicitado nos arts. 299-A e 299-B.

Classificam-se ainda como intangíveis os bens contidos em elementos que apresentam substância física, como um disco compacto (no caso de *software* que não é parte integrante de um *hardware*), documentação jurídica (no caso de licença ou patente) ou um filme. O critério de avaliação dos elementos do Ativo intangível é o valor original dos recursos aplicados.

De acordo com a CPC 04, para que um ativo satisfaça o critério de identificação como intangível, deve preencher os seguintes requisitos:

> (a) for separável, ou seja, puder ser separado da entidade e vendido, transferido, licenciado, alugado ou trocado, individualmente ou junto com um contrato, ativo ou passivo relacionado, independentemente da intenção de uso pela entidade; ou
>
> (b) resultar de direitos contratuais ou outros direitos legais, independentemente de tais direitos serem transferíveis ou separáveis da entidade ou de outros direitos e obrigações. (CPC, 2010d, p. 7)

Incluímos a seguir (Tabela 1.1) um exemplo de Ativo em BP de uma empresa do ramo de venda de eletrodomésticos, para melhor entendimento do tema.

Tabela 1.1 – Exemplo das contas de Ativo de um Balanço Patrimonial publicado

DFs Consolidadas/Balanço Patrimonial Ativo
Reais (Mil)

Código da conta	Descrição da conta	Último exercício 31/12/2012	Penúltimo exercício 31/12/2011
1	Ativo Total	5.664.755	4.877.354
1.01	Ativo Circulante	4.069.970	3.567.127
1.01.01	Caixa e Equivalentes de Caixa	423.128	173.117
1.01.02	Aplicações Financeiras	175.227	74.957
1.01.03	Contas a Receber	2.104.479	1.927.828
1.01.04	Estoques	1.068.762	1.264.657
1.01.06	Tributos a Recuperar	214.771	24.608
1.01.08	Outros Ativos Circulantes	83.603	101.960
1.01.08.03	Outros	83.603	101.960
1.01.08.03.01	Partes Relacionadas	35.541	42.601
1.01.08.03.02	Outros Ativos	48.062	59.359
1.02	Ativo não Circulante	1.594.785	1.310.227
1.02.01	Ativo Realizável a Longo Prazo	578.862	371.381
1.02.01.01	Aplicações Financeiras Avaliadas a Valor Justo	59.255	43.267
1.02.01.03	Contas a Receber	1.771	9.407
1.02.01.06	Tributos Diferidos	201.730	178.907
1.02.01.06.01	Imposto de Renda e Contribuição Social Diferidos	201.730	178.907
1.02.01.09	Outros Ativos não Circulantes	316.106	139.800
1.02.01.09.03	Tributos a Recuperar	138.409	31.042
1.02.01.09.04	Outros Ativos	39.905	19.789
1.02.01.09.05	Depósitos Judiciais	137.792	88.969
1.02.03	Imobilizado	575.185	489.938
1.02.04	Intangível	440.738	448.908

Fonte: Magazine Luiza, 2013.

Observe os códigos das contas Ativo (item 1), Ativo Circulante (grupo 1.01) e Ativo não Circulante (grupo 1.02), com suas respectivas divisões. Cabe notar ainda que, por se tratar de uma empresa de comércio varejista de eletrodomésticos, os valores constantes em sua conta Estoques (1.01.04) são elevados, bem como os de Contas a Receber (1.01.03), o que possibilita visualizar que a empresa vende os produtos em parcelas.

1.3.1.2 Passivo

Para estabelecer o que é *Passivo*, o CPC, no pronunciamento já citado CPC 00 (R1), em seu item 4.4 (b), define: "é uma obrigação presente da entidade, derivada de eventos passados, cuja liquidação se espera que resulte na saída de recursos da entidade capazes de gerar benefícios econômicos" (CPC, 2011a, p. 23).

Nessa classe de contas, são registrados os deveres ou as responsabilidades de agir ou de desempenhar dada tarefa de certa maneira, e classificadas as obrigações da entidade para com os sócios ou terceiros. As contas do Passivo são categorizadas em ordem decrescente de grau de exigibilidade, ou seja, as obrigações que vencem antes devem ser registradas em primeiro lugar e as dívidas com maior tempo para pagamento posteriormente.

Ainda de acordo com a CPC 00, a liquidação de um passivo pode ocorrer de diversas maneiras, como por meio de: "(a) pagamento em caixa; (b) transferência de outros ativos; (c) prestação de serviços; (d) substituição da obrigação por outra; ou (e) conversão da obrigação em item do patrimônio líquido" (CPC, 2011a, p. 25).

Em seguida, a norma ainda cita outros meios pelos quais pode haver a liquidação de passivos, como a renúncia do credor ou a perda dos seus direitos sobre alguma obrigação

A Lei n. 11.941/2009 alterou o art. 178 da Lei n. 6.404/1976, no parágrafo 2º, determinando que, a partir de então, as contas do Passivo viessem a ser classificadas nos seguintes grupos: "passivo circulante; passivo não circulante; e patrimônio líquido, dividido em capital social, reservas de capital, ajustes de avaliação patrimonial, reservas de lucros, ações em tesouraria e prejuízos acumulados". (Brasil, 2009)

Em seguida, no art. 184, a referida lei estabelece os critérios de avaliação do Passivo para efeitos de registro em balanço, que são:

> I. As obrigações, encargos e riscos, conhecidos ou calculáveis, inclusive Imposto sobre a Renda a pagar com base no resultado do exercício, serão computados pelo valor atualizado até a data do balanço;
>
> II. As obrigações em moeda estrangeira, com cláusula de paridade cambial, serão convertidas em moeda nacional à taxa de câmbio em vigor na data do balanço;
>
> III. As obrigações, os encargos e os riscos classificados no passivo não circulante serão ajustados ao seu valor presente, sendo os demais ajustados quando houver efeito relevante. [Vide Lei n. 12.973, de 2014]. (Brasil, 2009)

A classe de contas do Passivo (código inicial 2), como dissemos, está dividida. Nos tópicos a seguir, tratamos dos subgrupos, na ordem em que devem aparecer, com seus subgrupos e contas individualizadas.

Passivo Circulante

O subgrupo do Passivo Circulante (subgrupo com o código inicial 2.01) é também denominado *recursos de terceiros de curto prazo* ou *dívidas de curto prazo* e composto de dívidas com fornecedores, salários e encargos a pagar, impostos a pagar, empréstimos bancários e contas a pagar, incluindo contas contábeis para cada tipo de obrigação. As dívidas da entidade são classificadas no Passivo Circulante quando tiverem os vencimentos durante o transcurso do exercício social seguinte (próximos 12 meses), e no Passivo não Circulante se vencerem em prazo superior, que exceda o exercício imediatamente posterior à publicação do BP.

Conforme dispõe o item 69 da Resolução CFC n. 1.185/2009, determinado passivo deve ser classificado como circulante quando estiver incluído em qualquer dos seguintes critérios:

> (a) espera-se que seja liquidado durante o ciclo operacional normal da entidade;
> (b) está mantido essencialmente para a finalidade de ser negociado;
> (c) deve ser liquidado no período de até doze meses após a data do balanço; ou
> (d) a entidade não tem direito incondicional de diferir a liquidação do passivo durante pelo menos doze meses após a data do balanço. Os termos de um passivo que podem, à opção da contraparte, resultar na sua liquidação por meio da emissão de instrumentos patrimoniais não devem afetar a sua classificação. (CPC, 2009b, p. 22)

O subgrupo inclui contas como Impostos e Contribuições a Recolher, Contas a Pagar, Empréstimos Bancários, todas elas divididas em contas e subcontas, conforme a origem das obrigações. Desse modo, temos uma boa visão sobre o que deve ser incluído neste subgrupo: somente as obrigações de curto prazo, considerando-se aí as contas e obrigações diversas com vencimento dentro de doze meses contados a partir da data do BP.

Passivo não Circulante

O subgrupo de contas Passivo não Circulante é chamado também de *recursos de terceiros de longo prazo* ou *fontes de longo prazo* e nele devem ser classificadas as dívidas de longo prazo – que devem ser pagas apenas depois de 365 dias após a data do balanço ou balancete – e resultantes de transações ou outros eventos passados. Então, no encerramento do exercício fiscal, essas dívidas devem ser transferidas ao Passivo Circulante, sempre que faltar menos de um ano da data do BP para que seja efetuado seu pagamento. O Pronunciamento CPC 26 (CPC, 2011c) define, por exclusão, no item 69, como *não circulantes* todos os passivos que não se encaixarem na definição de circulantes.

O Passivo não Circulante (subgrupo com código 2.02) inclui algumas contas com nomes semelhantes às do Passivo Circulante, pois apresentam obrigações similares, diversas apenas nas datas de vencimento: Obrigações a Longo Prazo (agrupamento de contas, código 2.02.01); Empréstimos e Financiamentos – Longo Prazo (conta); Fornecedores – Longo Prazo (conta); Credores por Financiamento – Longo Prazo (conta); Títulos a Pagar – Longo Prazo (conta); Empréstimos ou Financiamentos – Longo Prazo (conta); e contas de obrigações semelhantes; sempre ressalvando-se o fato de que seu vencimento só se dará após o fechamento do exercício fiscal subsequente.

Patrimônio Líquido

O subgrupo de contas do Patrimônio Líquido (código 2.03) é também denominado *capital próprio* ou *recursos próprios* e formado basicamente pelos recursos empregados pelos sócios e por lucros que permanecem na empresa. O CPC 00 (R1) define o *patrimônio líquido* como o "interesse residual nos ativos da entidade depois de deduzidos todos os seus passivos" (CPC, 2011a, p. 16). A posição do Patrimônio Líquido é obtida com o resultado da diferença entre Ativo e Passivo e representa o valor contábil que pertence aos acionistas ou sócios da companhia.

O Patrimônio Líquido é considerado um passivo pelo fato de que os recursos que compõem esse grupo são formados pela dívida da empresa com os sócios. Caso haja a retirada de um sócio, a ele cabe receber o capital que aplicou mais os rendimentos desse capital, ou seja, os lucros obtidos pelo capital social integralizado por ele.

O art. 182 da Lei n. 6.404/1976 se refere à classificação das contas no Patrimônio Líquido:

> Art. 182. A conta do capital social discriminará o montante subscrito e, por dedução, a parcela ainda não realizada.
>
> § 1º Serão classificadas como reservas de capital as contas que registrarem:
>
> a. a contribuição do subscritor de ações que ultrapassar o valor nominal e a parte do preço de emissão das ações sem valor nominal que ultrapassar a importância destinada à formação do capital social, inclusive nos casos de conversão em ações de debêntures ou partes beneficiárias;
> b. o produto da alienação de partes beneficiárias e bônus de subscrição;
>
> § 2º Será ainda registrado como reserva de capital o resultado da correção monetária do capital realizado, enquanto não capitalizado. (Brasil, 1976)

Nesse subgrupo – identificado pelo código inicial 2.03 – incluem-se contas e subcontas como Capital Social, Reservas, Prejuízos Acumulados, Ajustes de Avaliação Patrimonial. Essas contas – as que apresentam o desempenho mais visível de lucros ou prejuízos da empresa no ano – são um ponto importante a se verificar no BP. Vamos aprofundar um pouco mais essa questão quando tratarmos da Demonstração das Mutações do Patrimônio Líquido, a seguir.

1.3.2 Demonstração do Resultado do Exercício (DRE)

De modo bastante simplista, podemos afirmar que a Demonstração do Resultado do Exercício (DRE) é um demonstrativo das contas de resultado e aponta, entre outras informações, os números de determinado período. Essa demonstração é apresentada entre os itens 81 e 105 do Pronunciamento CPC 26 (R1) (Brasil, 2011c).

A entidade deve apresentar todos os itens de receitas e despesas reconhecidos no período, e a DRE constitui um relatório que expressa o valor desses itens que, observado o princípio da competência, foram escriturados no período. Deve ser publicada junto com o BP e os demais relatórios obrigatórios definidos na Lei n. 6.404/1976.

A DRE é uma síntese das operações realizadas pela empresa no decorrer do período e discrimina a forma como ela obteve as receitas e como se financiou (recursos consumidos). Por meio dela, o usuário pode observar as formas de receitas, os gastos e, consequentemente, o resultado (lucro ou prejuízo) líquido; ao analisar esse conjunto de informações, é possível compreender a *performance* econômica e financeira da atividade. Com sua utilização, podem ser efetuados estudos e interpretações de variações ocorridas entre um período e outro e examinada a evolução econômica e financeira do negócio, que, ao fim, são os objetos de estudo das análises das demonstrações contábeis.

De acordo com o item 82 da Resolução CFC n. 1.185/2009, a DRE deve ser estruturada de forma dedutiva, contemplando-se primeiramente todos os ganhos e os gastos ocorridos no período que formaram o resultado, e, no mínimo, incluir as seguintes rubricas, obedecidas também as determinações legais:

> (a) receitas;
>
> (b) custo dos produtos, das mercadorias ou dos serviços vendidos;
>
> (c) lucro bruto;
>
> (d) despesas com vendas, gerais, administrativas e outras despesas e receitas operacionais;
>
> (e) parcela dos resultados de empresas investidas reconhecida por meio do método de equivalência patrimonial;
>
> (f) resultado antes das receitas e despesas financeiras;
>
> (g) despesas e receitas financeiras;
>
> (h) resultado antes dos tributos sobre o lucro;
>
> (i) despesa com tributos sobre o lucro;
>
> (j) resultado líquido das operações continuadas;
>
> (k) valor líquido dos seguintes itens:
>
> i. resultado líquido após tributos das operações descontinuadas;
>
> ii. resultado após os tributos decorrente da mensuração ao valor justo menos despesas de venda ou na baixa dos ativos ou do grupo de ativos à disposição para venda que constituem a unidade operacional descontinuada;
>
> (l) resultado líquido do período. (CFC, 2009b)

Um dos aspectos importantes relativos à evidenciação e ao registro das operações de um patrimônio está previsto no art. 187 da Lei n. 6.404/1976, que determina que a DRE seja estruturada na ordem de apresentação de receitas, custos e despesas, respeitando-se o princípio da competência, o qual estabelece que haja o adequado confronto entre receitas e despesas. O parágrafo 1º desse artigo define esses dois aspectos que devem orientar a contabilidade no registro contábil de receitas, custos e despesas, conforme segue:

> § 1º Na determinação do resultado do exercício serão computados:
>
> a) as receitas e os rendimentos ganhos no período, independentemente da sua realização em moeda; e
>
> b) os custos, despesas, encargos e perdas, pagos ou incorridos, correspondentes a essas receitas e rendimentos. (Brasil, 1976)

É possível observar a estrutura da DRE no Quadro 1.2.

Quadro 1.2 – Demonstração do Resultado do Exercício (DRE)

+	Receita bruta de vendas
–	Deduções da receita bruta (impostos sobre vendas, devoluções, abatimentos)
=	Receita líquida de vendas
–	Custo das mercadorias vendidas
=	Resultado/lucro bruto (lucro ou prejuízo)
–	Despesas operacionais Despesas gerais e administrativas Despesas comerciais Outras receitas e despesas operacionais
=	Resultado operacional antes dos efeitos financeiros
–	Encargos financeiros líquidos (despesas financeiras deduzidas das receitas financeiras)
=	Resultado operacional
–	Outras receitas e outras despesas Resultado da equivalência patrimonial (+/–) Vendas/custos resultados de operações descontinuadas
=	Resultado do exercício (lucro ou prejuízo) antes dos tributos sobre o lucro
–	Despesa com provisão para Imposto de Renda e contribuição social (CSLL[1])
–	Participações (debêntures, empregados, administradores e partes beneficiárias)
=	Resultado líquido do exercício

Observamos que a estrutura da DRE utiliza como critério para dispor suas contas uma estreita relação entre a receita gerada e o recurso consumido nesse processo. Nesse formato, a atribuição de responsabilidade por áreas de custo pode ser mensurada e avaliada.

A **receita bruta** está relacionada às vendas realizadas (à vista ou a prazo) dos produtos ou serviços prestados e associados à atividade operacional da empresa e é mensurada pelo **valor justo**[2] do direito a receber registrado no ativo. O reconhecimento da receita deve ser feito quando os produtos são entregues e a posse e a titularidade legal são transferidas ao comprador.

A CPC 30 (R1)[3] (CPC, 2012b) observa que as receitas são apresentadas no resultado pelo seu valor líquido, abatido dos impostos incidentes sobre as vendas – por exemplo Imposto sobre Produtos Industrializados (IPI), Imposto sobre Circulação de Mercadorias e Serviços (ICMS) e Imposto sobre Serviços de Qualquer Natureza (ISS) – e também das devoluções e

1 CSLL – Contribuição Social sobre o Lucro Líquido, contribuição criada pela Lei 7.689, de 15 de dezembro de 1988, para o financiamento da seguridade social.

2 *Valor justo* é um conceito importante e básico na contabilidade atual; significa, para o CPC: "o preço que seria recebido pela venda de um ativo ou que seria pago pela transferência de um passivo em uma transação não forçada entre participantes do mercado na data de mensuração" (CPC, 2010b, p. 3).

3 O Pronunciamento CPC 30 (R1) será revogado em 1º de janeiro de 2018 e substituído pelo Pronunciamento CPC 47. As inovações não dizem respeito diretamente às questões relativas às definições aqui tratadas de receitas, mas à introdução do conceito jurídico de contrato com o cliente, disciplinando o reconhecimento da receita, que é o que embasa o lucro, depois distribuído aos sócios e aos trabalhadores e, em sequência, o aumento do patrimônio da empresa, o qual pode servir de garantia junto aos credores.

dos abatimentos incondicionais. Com essas **deduções**, obtém-se a **receita líquida**. Da receita bruta, além dessas deduções, são diminuídos também todos os custos diretamente associados à sua obtenção. Na atividade industrial, esse valor é denominado *Custo do Produto Vendido* (CPV); já no comércio é chamado *Custo da Mercadoria Vendida* (CMV); e nas prestadoras de serviços, *Custo do Serviço Prestado* (CSP).

Essas contas são um dos objetos de estudo da contabilidade de custos e seu controle é uma das principais preocupações dos administradores, pois influencia diretamente o resultado do período. Basicamente, e respeitando as diversas atividades industriais, esse custo é composto pela mão de obra diretamente aplicada ao produto, pela matéria-prima consumida e por outros gastos gerais que podem ser atribuidos à produção. Nas atividades comerciais, consiste no custo das mercadorias adquiridas pelos clientes, e na área de serviços é representado principalmente pelos salários, encargos e materiais consumidos nos serviços prestados aos clientes. Nesse grupo de contas são alocados todos os recursos ligados à produção até o momento de sua conclusão. Assim sendo, o gasto com frete para entrega da mercadoria ao cliente, por exemplo, não é considerado "custo", mas "despesa".

Obtido o resultado bruto, são deduzidas as despesas ocorridas nas **demais áreas**: de apoio administrativo, comercial e financeira. São classificadas como *demais áreas* por não estarem diretamente relacionadas à produção ou à venda, realizada após a produção. Nessas áreas, os gastos são efetuados com vistas a remunerar os serviços necessários para se oferecer à empresa a condição de vender os produtos e administrar o negócio. Observamos que a responsabilidade pelo resultado operacional (lucro ou prejuízo) engloba maior quantidade de áreas (comercial, financeira, administrativa).

Outro aspecto importante a ser levado em conta na análise dessa demonstração se refere ao esforço da organização para gerar um resultado operacional positivo. Tal resultado pode ser comprometido quando considerada a remuneração aos capitais onerosos (empréstimos e financiamentos bancários) de terceiros, pois, levando-se em conta que essa remuneração é fixa (juros e variação monetária), se o montante for significativo pode consumir todo o resultado operacional. Uma vez que ele é obtido, uma parte ainda será destinada à tributação incidente sobre o lucro, caso em que cabe ao administrador procurar minimizar o efeito em seu resultado por meio de um bom planejamento tributário.

Diversas teorias da administração afirmam que o maior objetivo de uma empresa com fins lucrativos é estabelecer um modelo de gestão que lhe permita gerar receitas em volume superior à remuneração paga a todos os agentes envolvidos que contribuíram para torná-la possível, como empregados, fornecedores, governo, bancos e outros.

O **resultado bruto** ou **lucro bruto** revela o resultado positivo ou negativo comercial da atividade – seja industrial, seja comercial, seja de serviços –, e com isso é possível medir a rentabilidade bruta da empresa, ou seja, o quanto ela ganhou com a atividade de comprar, produzir e comercializar mercadorias ou produtos; portanto, demonstra a possibilidade de pagar os demais gastos de manutenção (despesas operacionais, financeiras e tributação) e ainda proporcionar um resultado líquido positivo que propicie a remuneração do capital investido pelos sócios na atividade.

O **resultado operacional** antes dos efeitos financeiros demonstra a rentabilidade da atividade operacional da empresa no trabalho de compra, produção, venda e administração da sua estrutura. A legislação no Brasil orienta sua inserção para que possa ser mensurado antes das receitas e despesas financeiras, ou seja, sem a dependência dos recursos obtidos via empréstimos e financiamentos bancários.

A inclusão do resultado financeiro líquido (receitas financeiras menos despesas financeiras) é operacional pela legislação brasileira, por se entender que são valores que complementam a atividade operacional. Quando a empresa paga despesas financeiras, depreende-se que captou recursos financeiros para complementar as receitas operacionais ou, ainda, que não possuía recursos para honrar os compromissos nas datas previstas. De modo contrário, as receitas financeiras são reflexo da remuneração da aplicação de seus excedentes de caixa.

O **resultado líquido do período**, por sua vez, é o lucro ou o prejuízo obtido no período compreendido pela DRE (mensal, trimestral ou anual) e correspondente à rentabilidade líquida da empresa. Deve ser transferido para a conta de lucros ou prejuízos acumulados e distribuído a reservas especiais ou à remuneração dos sócios e acionistas. Na Figura 1.8, é possível acompanhar como esse processo ocorre.

Figura 1.8 – Demonstrativo da alocação do resultado do período

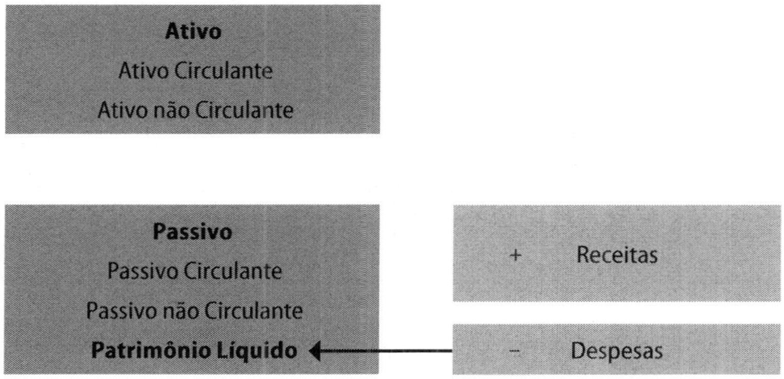

Para melhor visualização, transcrevemos na Tabela 1.2 a Demonstração do Resultado do Período (DPR) da mesma grande rede varejista brasileira de eletrodomésticos.

Tabela 1.2 – Exemplo de uma DRE publicada

DFs Consolidadas/Demonstração do Resultado Reais (Mil)			
Código da Conta	**Descrição da Conta**	**Último Exercício 01/01/2012 a 31/12/2012**	**Penúltimo Exercício 01/01/2011 a 31/12/2011**
3.01	Receita de Venda de Bens e/ou Serviços	7.665.112	6.419.371
3.02	Custo dos Bens e/ou Serviços Vendidos	–5.146.597	–4.275.084
3.03	Resultado Bruto	2.518.515	2.144.287

(continua)

(Tabela 1.2 – conclusão)

DFs Consolidadas/Demonstração do Resultado Reais (Mil)			
Código da Conta	**Descrição da Conta**	**Último Exercício 01/01/2012 a 31/12/2012**	**Penúltimo Exercício 01/01/2011 a 31/12/2011**
3.04	Despesas/Receitas Operacionais	−2.370.250	−1.930.627
3.04.01	Despesas com Vendas	−1.581.049	−1.343.327
3.04.02	Despesas Gerais e Administrativas	−481.965	−441.566
3.04.02.01	Gerais e Administrativas	−388.429	−354.629
3.04.02.02	Depreciação e Amortização	−93.536	−86.937
3.04.03	Perdas pela não Recuperabilidade de Ativos	−338.519	−244.931
3.04.04.01	Outras Receitas (Despesas) Operacionais, Líquidas	31.283	99.197
3.05	Resultado Antes do Resultado Financeiro e dos Tributos	148.265	213.660
3.06	Resultado Financeiro	−172.297	−165.723
3.06.01	Receitas Financeiras	55.695	51.686
3.06.02	Despesas Financeiras	−227.992	−217.409
3.07	Resultado Antes dos Tributos Sobre o Lucro	−24.032	47.937
3.08	Imposto de Renda e Contribuição Social Sobre o Lucro	17.287	−36.271
3.09	Resultado Líquido das Operações Continuadas	−6.745	11.666
3.11	Lucro/Prejuízo Consolidado do Período	−6.745	11.666
3.11.01	Atribuído a Sócios da Empresa Controladora	−6.745	11.666
3.00	Lucro por Ação – (Reais/Ação)		
3.99.01	Lucro Básico por Ação		
3.99.01.01	ON	0,03617	0,06687

FONTE: Magazine Luiza, 2013, p. 14.

É importante observar que, no item 3.01 (Receita de Vendas de Bens e/ou Serviços), o valor constante é líquido dos impostos e das devoluções de vendas e descontos incondicionais (R$ 7.665.112). O item 3.02 (Custo dos Bens e/ou Serviços Vendidos) evidencia o custo atribuído diretamente à obtenção dessas receitas (R$ 5.146.597). Consequentemente, a empresa obteve um resultado bruto (sem a dedução de despesas) de R$ 2.518.515 no período.

Cabe observar, no exemplo dado na Tabela 1.2, que a companhia obteve um lucro operacional de R$ 148.265 (item 3.05), mas registrou um resultado financeiro negativo (item 3.06) de R$ 172.297, o que a levou a um prejuízo (item 3.11) de R$ 6.745, o qual deve ser absorvido pelos sócios.

Conforme previsão na CPC 26 (R1), item 10, que dispõe sobre as demonstrações contábeis, são elas:

(a) balanço patrimonial ao final do período;
(b1) demonstração do resultado do período;

> (b2) demonstração do resultado abrangente do período;
> (c) demonstração das mutações do patrimônio líquido do período;
> (d) demonstração dos fluxos de caixa do período;
> (e) notas explicativas, compreendendo as políticas contábeis significativas e outras informações elucidativas; [...]
> (ea) informações comparativas com o período anterior, conforme especificado nos itens 38 e 38A; [...]
> (f) balanço patrimonial do início do período mais antigo, comparativamente apresentado, quando a entidade aplicar uma política contábil retrospectivamente ou proceder à reapresentação retrospectiva de itens das demonstrações contábeis, ou quando proceder à reclassificação de itens de suas demonstrações contábeis de acordo com os itens 40A a 40D; e [...]
> (f1) demonstração do valor adicionado do período, conforme Pronunciamento Técnico CPC 09, se exigido legalmente ou por algum órgão regulador ou mesmo se apresentada voluntariamente. [...]. (CPC, 2011c, p. 5-6)

Dessas todas, a Demonstração do Valor Adicionado (DVA), estabelecida pela Lei n. 6.404/1976, não está prevista nas normas do *International Financial Reporting Standards* (IFRS) e é obrigatória somente para empresas de capital aberto.

1.3.3 Demonstração das Mutações do Patrimônio Líquido (DMPL)

A história da Demonstração das Mutações do Patrimônio Líquido (DMPL) pode ser resumida, inicialmente, por não ter sua obrigatoriedade prevista na Lei n. 6.404/1976; entretanto, a Comissão de Valores Mobiliários (CVM), por meio da Instrução CVM n. 59, de 22 de dezembro de 1986 (CVM, 1986), exigiu das companhias abertas sua publicação. Com a emissão do Pronunciamento Técnico CPC 26 (CPC, 2011c) – Apresentação das Demonstrações Contábeis –, com sua consequente aprovação pela Deliberação CVM 595, de 16 de setembro de 2009 e pela Resolução CFC n. 1.185/2009, tornou-se obrigatória para as demais entidades. Atualmente, o processo de elaboração e divulgação dessa demonstração está consolidado para todas as empresas.

Conceitualmente, a DMPL é uma demonstração analítica que evidencia toda a movimentação das contas do Patrimônio Líquido de uma entidade no decorrer de determinado período ou do exercício social; tem a clara função de demonstrar a variação ocorrida no período e a forma como o patrimônio foi alterado.

Considerando que a DMPL mostra somente as contas do Patrimônio Líquido, sua análise deve ser, sempre que possível, concomitante com as demais demonstrações contábeis, principalmente a DRE e o BP. Levando em conta que as corporações constituídas sob a forma de sociedades anônimas são obrigadas a destinar a totalidade dos lucros sem apresentar saldo na conta de lucros acumulados, a DMPL deixa claros a forma como a empresa destinou o lucro do exercício e o montante dos dividendos proposto para distribuição aos acionistas, entre outros esclarecimentos. Outra aplicação possível para essa demonstração é sua utilização para o cálculo da equivalência patrimonial pela investidora. O conceito e o cálculo da equivalência patrimonial serão tratados, mais adiante, de forma mais detalhada.

Basicamente, a DMPL deve conter todas as contas do Patrimônio Líquido e todas as suas variações ocorridas no período. A Figura 1.9 demonstra, de forma sintética, o modo como essa demonstração deve ser apresentada.

Figura 1.9 – Demonstração das Mutações do Patrimônio Líquido (DMPL)

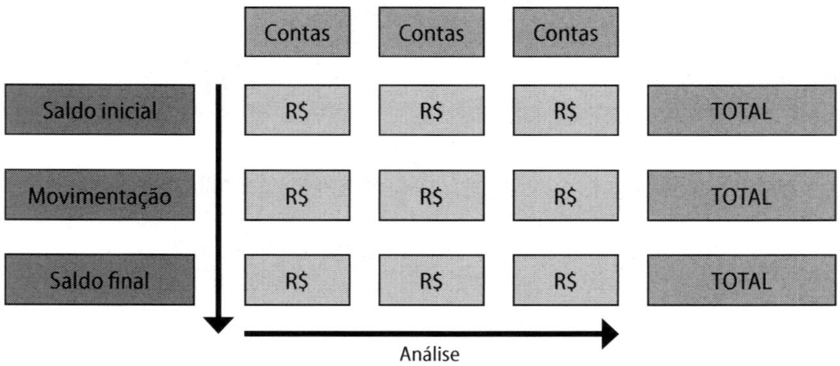

Para fins de exemplificação, inserimos uma DMPL da mesma empresa do ramo varejista de eletrodomésticos, conforme mostra a Tabela 1.3.

Tabela 1.3 – Exemplo de DMPL de uma empresa varejista

DFs Individuais/Demonstração das Mutações do Patrimônio Líquido/DMPL – 01/01/2012 a 31/12/2012 Reais (Mil)							
Código da conta	**Descrição da conta**	**Capital Social Integralizado**	**Reservas De Capital, Opções Outorgadas e Ações em Tesouraria**	**Reservas de Lucro**	**Lucros ou Prejuízos Acumulados**	**Outros Resultados Abrangentes**	**Patrimônio Líquido**
5.01	Saldos Iniciais	606.505	4.025	10.415	0	0	620.945
5.03	Saldos Iniciais Ajustados	606.505	4.025	10.415	0	0	620.945
5.04	Transações de Capital com os Sócios	0	0	−1.109	0	0	−1.109
5.04.06	Dividendos	0	0	−1.109	0	0	−1.109
5.05	Resultado Abrangente Total	0	0	0	−6.745	81	−6.664
5.05.01	Lucro Líquido do Período	0	0	0	−6.745	0	−6.745
5.05.02	Outros Resultados Abrangentes	0	0	0	0	81	81
5.06	Mutações Internas do Patrimônio Líquido	0	2.820	−6.745	6.745	0	2.820

(continua)

(Tabela 1.3 – conclusão)

DFs Individuais/Demonstração das Mutações do Patrimônio Líquido/DMPL – 01/01/2012 a 31/12/2012 Reais (Mil)							
Código da conta	**Descrição da conta**	**Capital Social Integralizado**	**Reservas De Capital, Opções Outorgadas e Ações em Tesouraria**	**Reservas de Lucro**	**Lucros ou Prejuízos Acumulados**	**Outros Resultados Abrangentes**	**Patrimônio Líquido**
5.06.01	Constituição de Reservas	0	2.820	0	0	0	2.820
5.06.04	Absorção de Prejuízos Acumulados	0	0	–6.745	6.745	0	0
5.07	Saldos Finais	606.505	6.845	2.561	0	81	615.992

Fonte: Magazine Luiza, 2013, p. 13.

Conforme observamos, a construção de uma DMPL é relativamente simples: basta que seja relacionada, de forma resumida e ordenada, toda a movimentação ocorrida em determinado período (normalmente o exercício social) nas diversas contas contábeis que representam elementos do Patrimônio Líquido, como Capital, Reservas de Capital, Reservas de Lucros, Ações em Tesouraria, Ajustes de Avaliação Patrimonial e Lucros ou Prejuízos Acumulados.

Utilizamos uma coluna para cada conta do Patrimônio Líquido da empresa, incluindo uma conta Total, que representa a soma dos saldos ou transações das contas individuais. Os acréscimos ou decréscimos causados pelas transações são transcritos nas colunas respectivas.

As contas do Patrimônio Líquido podem ser afetadas por diversos fatores exógenos que alteram seu valor, como:

- acréscimo pelo lucro do período;
- acréscimo por doações e subvenções para investimentos recebidos;
- acréscimo por subscrição de capital social;
- acréscimo por integralização de capital;
- acréscimo pelo recebimento de valor superior ao valor nominal das ações integralizadas ou preço de emissão das ações sem valor nominal;
- acréscimo pelo valor da alienação de partes beneficiárias e bônus de subscrição;
- acréscimo por prêmio recebido na emissão de debêntures;
- acréscimo ou redução por ajuste de exercícios anteriores;
- acréscimo ou redução por outros resultados abrangentes;
- redução por ações próprias adquiridas ou acréscimo por sua venda;
- redução por reversão da reserva de lucros a realizar para a conta de Dividendos a Pagar;
- redução pelo prejuízo líquido do exercício;
- redução por gastos na emissão de ações;
- ajuste de avaliação patrimonial;
- redução por dividendos;
- redução por pagamento ou crédito de juros sobre o capital próprio.

Existem ainda movimentações internas no Patrimônio Líquido que não alteram o seu montante. Entre elas, estão:

- aumento de capital com utilização de lucros e reservas;
- transferência do lucro líquido do exercício para formação de reservas, como reserva legal, reserva de lucros a realizar, reserva para contingência e outras;
- reversões de reservas patrimoniais para a conta de Lucros ou Prejuízos Acumulados (conta transitória);
- compensação de prejuízos com reservas.

Assim, uma DMPL registra, de fato, as alterações ocorridas no Patrimônio Líquido no exercício contábil referido.

1.3.4 Demonstração do Resultado Abrangente (DRA)

O art. 176 da Lei n. 6.404/1976 determina que, ao final do exercício social, a empresa elabore, com base na escrituração contábil, as seguintes demonstrações: "I - balanço patrimonial; II - demonstração dos lucros ou prejuízos acumulados; III - demonstração do resultado do exercício; e IV - demonstração dos fluxos de caixa; [...] V - se companhia aberta, demonstração do valor adicionado. [...]" (Brasil, 1976).

Com referência à Demonstração dos Lucros ou Prejuízos Acumulados (DLPA), a mesma Lei dispõe no art. 186, parágrafo 2º, que: "A demonstração de lucros ou prejuízos acumulados deverá indicar o montante do dividendo por ação do capital social e poderá ser incluída na demonstração das mutações do patrimônio líquido, se elaborada e publicada pela companhia" (Brasil, 1976).

Com relação ao resultado, entre as alterações trazidas pelas novas normas contábeis (por meio de alterações na lei citada anteriormente e pronunciamentos técnicos do CPC) devem ser destacadas duas substanciais: a supressão do Resultado não Operacional da estrutura DRE e a inclusão, no Pronunciamento Técnico CPC 26 (R1) (CPC, 2011c), da Demonstração do Resultado Abrangente (DRA). Considere-se, portanto, que atualmente a entidade deve apresentar seu resultado em duas demonstrações contábeis: a DRE e a DRA.

A DRE é conhecida por apresentar as receitas e despesas reconhecidas no período, segundo o regime de competência. Iudícibus et al. (2013, p. 482) afirmam que essa demonstração "apresenta as receitas, despesas e outras mutações que afetam o patrimônio líquido, mas que não são reconhecidas, ou não foram reconhecidas ainda, na Demonstração do Resultado do Exercício, conforme determinam os Pronunciamentos, Interpretações e Orientações que regulam a atividade contábil". Ainda segundo os autores, essas receitas e despesas caracterizadas anteriormente são identificadas como "outros resultados abrangentes" (Iudícibus et al., 2013). Ao estruturar-se a Demonstração do Resultado Abrangente deve-se iniciá-la com a última linha da Demonstração do Resultado e, em seguida, incluir todos os itens de outros resultados abrangentes, conforme classificação dada pelo Pronunciamento Técnico CPC 26.

É sabido que a DRE (período) deve incluir, no mínimo, os seguintes elementos caracterizadores de receitas e despesas, conforme se compreende do determinado no art. 187 da Lei n. 6.404/1976:

a) Receitas.
b) Custo dos produtos, das mercadorias ou dos serviços vendidos.
c) Lucro bruto.
d) Despesas com vendas, gerais, administrativas e outras despesas e receitas operacionais.
e) Resultado (receita ou despesa) de equivalência patrimonial.
f) Resultado antes das receitas e despesas financeiras.
g) Despesas e receitas financeiras.
h) Resultado antes dos tributos sobre o lucro.
i) Despesa com tributos sobre o lucro.
j) Resultado líquido das operações continuadas.
k) Valor líquido dos seguintes itens:
   k.1) Resultado líquido após tributos das operações descontinuadas.
   k.2) Resultado após os tributos decorrentes da mensuração do valor justo menos despesas de venda, ou da baixa dos ativos ou do grupo de ativos à disposição para venda que constitui a unidade operacional descontinuada.
l) Resultado líquido do período.

Conforme o Pronunciamento Técnico CPC 26, a estrutura mínima da Demonstração do Resultado Abrangente deve incluir os seguintes elementos: (a) o total do resultado (do período); (b) total de outros resultados abrangentes; (c) resultado abrangente do período, sendo o total do resultado e de outros resultados abrangentes.

Os outros resultados abrangentes dizem respeito a itens de receita e despesa não reconhecidos na demonstração do resultado como requerido ou permitido pelas normas, interpretações e comunicados técnicos emitidos pelo CFC. Esses itens compreendem os seguintes resultados, de acordo com o CPC 26:

> (a) variações na reserva de reavaliação, quando permitidas legalmente (ver Pronunciamentos Técnicos CPC 27 – Ativo Imobilizado e CPC 04 – Ativo Intangível);
>
> (b) ganhos e perdas atuariais em planos de pensão com benefício definido reconhecidos conforme item 93A do Pronunciamento Técnico CPC 33 – Benefícios a Empregados;
>
> (c) ganhos e perdas derivados de conversão de demonstrações contábeis de operações no exterior (ver Pronunciamento Técnico CPC 02 – Efeitos das Mudanças nas Taxas de Câmbio e Conversão de Demonstrações Contábeis);
>
> (d) ganhos e perdas na remensuração de ativos financeiros disponíveis para venda (ver Pronunciamento Técnico CPC 38 – Instrumentos Financeiros: Reconhecimento e Mensuração);
>
> (e) parcela efetiva de ganhos ou perdas advindos de instrumentos de *hedge* em operação de *hedge* de fluxo de caixa (ver Pronunciamento Técnico CPC 38). (CPC, 2011c, p. 4, grifo do original)

Podemos entender, portanto, que o resultado abrangente é a mutação que ocorre no Patrimônio Líquido durante um período e resulta de transações e outros eventos que não se originaram de operações com os sócios na qualidade de proprietários.

As normas internacionais, de onde veio a inspiração para a institucionalização da DRA, indicam que ela poderá ser mostrada como continuidade da DRE, mas, no Brasil, o CPC determinou que seja apresentada à parte.

No modelo a seguir (Tabela 1.4), que não foi recepcionado no Brasil, poder-se-ia apresentar os dois relatórios (DRE e DRA) numa só estrutura, porém no exemplo que segue, basta iniciar a estruturação da DRA com base no lucro líquido do período.

Tabela 1.4 – Demonstração do Resultado Abrangente (DRA)[4]

Demonstração do Resultado Abrangente (DRA)	**(R$)**	**(R$)**
Receita de Vendas		1.879.400
Tributos sobre Vendas		(300.000)
Receita Líquida de Vendas		1.579.400
Custos dos Produtos Vendidos		(820.000)
Lucro Bruto		759.000
Despesas com Vendas		(180.000)
Despesas Administrativas		(125.000)
Receita de Equivalência Patrimonial		35.000
Lucro Antes das Receitas e Despesas Financeiras		489.400
Receitas Financeiras		93.000
Despesas Financeiras		(124.500)
Lucro Antes dos Tributos sobre o Lucro		457.900
Tributos sobre o Lucro		(185.900)
Lucro Líquido do Período		**272.000**
Parcela dos Sócios da Controladora	250.000	
Parcela dos não Controladores	22.000	
Ajustes de Instrumentos Financeiros		(60.000)
Tributos sobre Ajustes Instrumentos Financeiros		20.000
Equivalência Patrimonial sobre Ganhos Abrangentes de Coligadas		30.000
Ajustes de Conversão do Período		260.000
Tributos sobre Ajustes de Conversão do Período		(90.000)
Outros Resultados Abrangentes Antes da Reclassificação		160.000
Ajustes de Instrumentos Financeiros Reclassificados para Resultado		10.600
Outros Resultados Abrangentes		**170.600**
Parcela dos Sócios da Controladora	164.600	
Parcela dos não Controladores	6.000	
Resultado Abrangente Total		**442.600**
Parcela dos Sócios da Controladora	414.600	
Parcela dos não Controladores	28.000	

Fonte: Adaptado de Iudícibus et al., 2013, p. 483.

4 É praxe de algumas empresas registrar os valores negativos entre parênteses, em vez de registrar o sinal de subtração antes dos valores.

As pequenas e médias empresas, assim consideradas pelo pronunciamento técnico que trata da contabilidade específica para essas empresas, também devem apresentar a DRA.

Destaque-se que, segundo a Resolução CFC n. 1.185/2009, a DRA deve ser feita separadamente da DRE, porém, pode ser apresentada como parte da DMPL, quando faz constar expressamente que "a demonstração do resultado abrangente pode ser apresentada em quadro demonstrativo próprio ou dentro das mutações do patrimônio líquido" (CFC, 2009b, p. 9).

Como visto no Quadro 1.3, a entidade deve divulgar o montante do efeito tributário relativo a cada componente dos outros resultados abrangentes, incluindo os ajustes de reclassificação. Deve constar em sua estrutura a rubrica específica do resultado abrangente líquido abatido dos respectivos efeitos tributários ou antes dos respectivos efeitos tributários; o efeito tributário respectivo deve ser apresentado em linha específica. É necessário também que ela divulgue em notas explicativas os ajustes de reclassificação relativos a componentes dos outros resultados abrangentes.

Na prática, o resultado abrangente visa apresentar os ajustes efetuados no Patrimônio Líquido como se fosse um lucro da empresa. Por exemplo, a conta Ajuste da Avaliação Patrimonial registra as modificações de ativos e passivos a valor justo, que, pelo princípio da competência, não entram na DRE; no entanto, no lucro abrangente essas variações serão computadas, a fim de apresentar o lucro o mais próximo da realidade econômica da organização.

Dessa maneira, a Resolução CFC n. 1.185/2009 estabelece que o lucro abrangente seja calculado com base no lucro líquido apurado na DRE. Assim, a DRA deve, no mínimo, incluir as seguintes rubricas:

1. resultado líquido do período;
2. cada item dos outros resultados abrangentes classificados conforme sua natureza;
3. parcela dos outros resultados abrangentes de empresas investidas reconhecida por meio do método de equivalência patrimonial; e
4. resultado abrangente do período.

Dessa maneira, se estabelece uma estrutura geral para a DRA do período.

1.3.5 Notas explicativas

De acordo com o art. 176, parágrafo 4º, da Lei n. 6.404/1976, para fins de maior detalhamento das demonstrações contábeis, são obrigatoriamente publicadas as notas explicativas, as quais podem ser definidas como informações complementares. O texto legal determina que:

> Art. 176. Ao fim de cada exercício social, a diretoria fará elaborar, com base na escrituração mercantil da companhia, as seguintes demonstrações financeiras, que deverão exprimir com clareza a situação do patrimônio da companhia e as mutações ocorridas no exercício: [...]
> § 4º As demonstrações serão complementadas por notas explicativas e outros quadros analíticos ou demonstrações contábeis necessários para esclarecimento da situação patrimonial e dos resultados do exercício. (Brasil, 1976)

As demonstrações contábeis apresentam as mais variadas informações, entretanto o fazem em valores monetários e de forma sintética, por grupo de contas. Esse fato, em algumas ocasiões, impossibilita ao usuário obter informações mais detalhadas sobre determinado procedimento adotado pela empresa. Nesse sentido, a Lei n. 6.404/1976 exigiu a elaboração e a publicação das notas explicativas, que permitem o esclarecimento de algumas informações mais detalhadas da situação patrimonial.

Em um processo de evolução das práticas de contabilidade, a Lei n. 11.941/2009 acrescentou o parágrafo 5º ao art. 176 da Lei das Sociedades por Ações, dispondo que as notas explicativas devem:

> I. apresentar informações sobre a base de preparação das demonstrações financeiras e das práticas contábeis específicas selecionadas e aplicadas para negócios e eventos significativos;
>
> II. divulgar as informações exigidas pelas práticas contábeis adotadas no Brasil que não estejam apresentadas em nenhuma outra parte das demonstrações financeiras;
>
> III. fornecer informações adicionais não indicadas nas próprias demonstrações financeiras e consideradas necessárias para uma apresentação adequada; e
>
> IV. indicar:
>
> a) os principais critérios de avaliação dos elementos patrimoniais, especialmente estoques, dos cálculos de depreciação, amortização e exaustão, de constituição de provisões para encargos ou riscos, e dos ajustes para atender a perdas prováveis na realização de elementos do ativo;
>
> b) os investimentos em outras sociedades, quando relevantes (art. 247, parágrafo único);
>
> c) o aumento de valor de elementos do ativo resultante de novas avaliações (art. 182, § 30);
>
> d) os ônus reais constituídos sobre elementos do ativo, as garantias prestadas a terceiros e outras responsabilidades eventuais ou contingentes;
>
> e) a taxa de juros, as datas de vencimento e as garantias das obrigações a longo prazo;
>
> f) o número, espécies e classes das ações do capital social;
>
> g) as opções de compra de ações outorgadas e exercidas no exercício;
>
> h) os ajustes de exercícios anteriores (art. 186, § 10); e
>
> i) os eventos subsequentes à data de encerramento do exercício que tenham, ou possam vir a ter, efeito relevante sobre a situação financeira e os resultados futuros da companhia. (Brasil, 2009)

Embora a legislação pertinente tenha estabelecido as situações que deverão ser mencionadas nas notas explicativas, o responsável pela sua elaboração ou publicação poderá inserir quaisquer outras situações que sejam relevantes, além daquelas já previstas pela lei.

Na Tabela 1.5, podemos acompanhar um exemplo de nota explicativa que trata da decomposição de valores constantes no BP, na rubrica Caixa e Equivalentes de Caixa, e dos critérios utilizados para avaliação (atribuição de valor monetário) a esses elementos.

Tabela 1.5 – Exemplo de referência à nota explicativa da rubrica Caixa e Equivalentes de Caixa

Balanços Patrimoniais
31 de dezembro de 2012 e 2011
(Valores expressos em milhares de reais – R$)

	Nota explicativa	Controladora – BR GAAP		Consolidado – IFRS e BR GAAP	
		31/12/2012	31/12/2011	31/12/2012	31/12/2011
Ativo					
Circulante					
Caixa e Equivalentes de Caixa	3.1	404.143	150.980	423.128	173.117
Títulos e Valores Mobiliários	3.2	126.385	26.876	175.227	74.957
Contas a Receber	4	486.474	436.326	2.104.479	1.927.828
Estoques	5	1.068.762	1.092.081	1.068.762	1.264.657
Partes Relacionadas	6	74.342	130.165	35.541	42.601
Impostos a Recuperar	7	208.490	18.749	214.771	24.608
Outros Ativos	8	37.130	21.819	48.062	59.359
Total do Ativo Circulante		2.405.726	1.876.996	4.069.970	3.567.127
Total do Ativo		**4.102.976**	**2.916.829**	**5.664.755**	**4.877.354**

Fonte: Adaptado de Magazine Luiza, 2013, p 53.

A nota explicativa relativa à conta "Estoques" foi publicada nos seguintes termos:

2.14 Estoques

São demonstrados pelo menor entre o custo médio de aquisição e o valor líquido de realização. O custo médio de aquisição compreende o preço de compra, os impostos e tributos não recuperáveis, como por exemplo o ICMS substituição tributária, bem como outros custos diretamente atribuíveis à aquisição e a descontos comerciais e abatimentos. O valor líquido realizável corresponde ao preço de venda estimado dos estoques deduzido de todos os custos necessários para realizar a venda. (Magazine Luiza, 2013, p. 32)

A nota explicativa relativa ao grupo de contas Caixas e Equivalentes de Caixa foi complementada conforme abaixo:

2.11 Caixa e equivalentes de caixa

Compreendem os saldos de caixa, depósitos bancários à vista e aplicações financeiras. As aplicações financeiras têm liquidez imediata, e estão sujeitas a um insignificante risco de mudança de valor, sendo resgatáveis com o próprio emissor do instrumento financeiro. O cálculo do valor justo das aplicações financeiras, quando aplicável, é determinado levando-se em consideração serem, essas aplicações financeiras, prontamente conversíveis em um montante conhecido de caixa e estarem sujeitas a um insignificante risco de mudança de valor. O cálculo do valor justo dessas aplicações financeiras, quando aplicável, é efetuado levando-se em consideração as cotações ou informações de mercado que possibilitem tal cálculo. As aplicações financeiras incluídas em equivalentes de caixa são classificadas na categoria "ativos financeiros mensurados ao valor justo por meio do resultado". (Magazine Luiza, 2013, p. 30)

As notas explicativas devem contribuir para o esclarecimento de valores que compõem os relatórios contábeis, informando sua composição, critérios de avaliação dos elementos e outros detalhes que sejam relevantes para a compreensão adequada por parte dos usuários. A despeito de a Lei n. 6.404/1976, no art. 176, parágrafo 4º, indicar algumas informações que obrigatoriamente devem constar nas notas, as empresas devem emiti-las sobre todos os aspectos relevantes, mesmo que não estejam listados no citado artigo.

Síntese

Neste capítulo, iniciamos o estudo das principais demonstrações financeiras utilizadas para evidenciação das informações aos diversos usuários. A apresentação em consonância com as normas previstas na Lei n. 6.404/1976, com as alterações promovidas pelas Leis n. 11.638/2007 e n. 11.941/2009, procurou adequar tais demonstrações às normas internacionais de contabilidade e, considerando a economia globalizada, inseriu o Brasil no grupo de países que têm as demonstrações contábeis utilizadas para investimentos de capital.

Estudamos a classificação das contas de Ativo, Passivo e Resultado e os principais critérios utilizados para sua classificação, bem como a relação dessas contas com os principais demonstrativos.

Questões para revisão

1. No que diz respeito ao Comitê de Pronunciamentos Contábeis (CPC) e à estrutura conceitual para elaboração e divulgação do relatório contábil-financeiro, quais são as características qualitativas fundamentais da informação contábil?

2. No que diz respeito ao Comitê de Pronunciamentos Contábeis (CPC) e à estrutura conceitual para elaboração e divulgação do relatório contábil-financeiro, a característica prudência foi retirada de aspecto da representação fidedigna. Pesquise na CPC 00 os motivos para que isso tenha ocorrido.

3. A respeito das contas que compõem o Patrimônio Líquido, analise as afirmações a seguir, identificando-as como verdadeiras (V) ou falsas (F):

   ( ) Na conta Ações em Tesouraria, de natureza devedora, são registradas as aquisições de ações de emissão da própria empresa.

   ( ) O ajuste a valor justo de itens do Ativo e do Passivo, enquanto não transitar pelo resultado do exercício, deve ser registrado, em respeito ao regime de competência, na conta Ajustes de Avaliação Patrimonial.

   ( ) A finalidade da Reserva Legal é garantir a integridade do capital social, não podendo ser distribuída como dividendos.

   ( ) Na conta Ações em Tesouraria, de natureza credora, são registradas as aquisições de ações de emissão da própria empresa.

Assinale a alternativa que apresenta a sequência correta:

a) V, F, F, V.
b) V, F, V, F.
c) F, V, F, V.
d) F, F, V, V.
e) V, V, F, V.

4. Com relação ao conceito, à classificação e à avaliação de itens patrimoniais diversos, analise as afirmativas a seguir, identificando-as como verdadeiras (V) ou falsas (F):

( ) As Contas a Receber são avaliadas por seu valor líquido de realização.
( ) Apenas os direitos com vencimento superior a um exercício social após o levantamento do Balanço Patrimonial.
( ) O ajuste a valor presente de venda a longo prazo enseja redução na conta de Receita Bruta de Vendas.
( ) As Contas a Receber são avaliadas por seu valor histórico.

Assinale a alternativa que apresenta a sequência correta:

a) V, V, F, V.
b) F, V, V, F.
c) V, F, V, F.
d) V, V, F, F.
e) F, V, F, V.

5. Uma sociedade empresária mantém em seu estoque de produtos para venda as mercadorias A, B e C. Os valores totais de custo de aquisição, preço de venda e previsão de gastos com vendas, para fins de cálculo do valor realizável líquido, na posição 31/12/2015, estão detalhados a seguir.

Mercadoria	Custo de aquisição	Preço de venda	Gastos com vendas
A	R$ 420,00	R$ 500,00	R$ 100,00
B	R$ 650,00	R$ 900,00	R$ 130,00
C	R$ 900,00	R$ 850,00	R$ 170,00

Com base nessas informações, pode-se afirmar que o valor realizável líquido será de:

a) R$ 1.730,00.
b) R$ 1.750,00.
c) R$ 1.850,00.
d) R$ 1.970,00.
e) R$ 1.880,00.

Questões para reflexão

1. Segundo a CPC 00, o objetivo do relatório contábil-financeiro de propósito geral é fornecer informações contábeis-financeiras "acerca da entidade que sejam úteis a investidores existentes e em potencial, a credores por empréstimos e a outros credores quando da tomada de decisão ligada ao fornecimento de recursos para a empresa. Essas decisões envolvem comprar, vender ou manter participações em instrumentos patrimoniais e em instrumentos de dívida e oferecer ou disponibilizar empréstimos ou outras formas de crédito" (CPC, 2011a). Essas premissas podem ser aplicadas à contabilidade societária? Por quê?

2. Segundo o professor William Ripley, da Universidade de Harvard, o Balanço Patrimonial pode ser expresso como uma fotografia da empresa em determinado momento. Por quê? Pode-se dizer, então, que a Demonstração do Resultado do Período (DRP) pode ser comparada a um filme? Por quê?

Exercícios resolvidos

1. A empresa Omar Telada Comércio de Martelos Ltda., composta pelos sócios Valdick e Soriano, iniciou as atividades em 1º de maio de 2015, com as seguintes informações:
   - O documento constitutivo da sociedade (contrato social) determina que cada sócio deverá integralizar R$ 50.000,00 até 31/12/2015.
   - Em 15/6/2015, ambos os sócios integralizaram, cada um, R$ 30.000,00.
   - Valdick integralizou a sua parte do capital em dinheiro, com depósito bancário na conta da empresa.
   - Soriano integralizou a sua parte com uma sala comercial (R$ 25.000,00) e cinco martelos pneumáticos para revenda (R$ 5.000,00).

   Assinale a opção que apresenta os lançamentos para contabilização desses fatos.

   a)

Débito	Capital Social	R$ 60.000,00
Crédito	Caixa	R$ 30.000,00
Crédito	Ativo Imobilizado	R$ 25.000,00
Crédito	Mercadorias para Revenda	R$ 5.000,00

   b)

Débito	Bancos Conta Movimento	R$ 30.000,00
Crédito	Capital a Integralizar	R$ 30.000,00
Débito	Ativo Imobilizado	R$ 25.000,00
Débito	Mercadorias para Revenda	R$ 5.000,00
Crédito	Capital a Integralizar	R$ 30.000,00

c)

Débito	Capital Social	R$100.000,00
Crédito	Capital a Integralizar	R$ 40.000,00
Crédito	Caixa	R$ 30.000,00
Crédito	Ativo Imobilizado	R$ 25.000,00
Crédito	Mercadorias para Revenda	R$ 5.000,00

d)

Débito	Capital a Integralizar	R$100.000,00
Crédito	Capital Subscrito Valdick	R$ 50.000,00
Crédito	Capital Subscrito Soriano	R$ 50.000,00
Débito	Bancos Conta Movimento	R$ 30.000,00
Crédito	Capital a Integralizar	R$ 30.000,00
Débito	Ativo Imobilizado	R$ 25.000,00
Débito	Mercadorias para Revenda	R$ 5.000,00
Crédito	Capital a Integralizar	R$ 30.000,00

Resolução:

Alternativa d.

Para resolução deste exercício, deve-se ter em mente a natureza das contas de Ativo e Passivo e de débitos e créditos. Em regra geral, as contas de Ativo têm natureza devedora e as contas do Passivo têm natureza credora. Uma das exceções é a conta de Capital a Integralizar, que representa a obrigação do sócio de contribuir com o capital social da empresa.

2. (CFC 00 – Exame de Suficiência 2014) Uma sociedade empresária adota o sistema de inventário periódico e utiliza o Método PEPS para controle dos estoques. O estoque inicial era de 70 unidades, adquiridas ao custo unitário de R$ 15,00. No mês de dezembro de 2015, foram feitas as seguintes aquisições:

Data	Quantidade	Total NF (R$)	Impostos recuperáveis (R$)
02/12/2015	100	2.400,00	528,00
23/12/2015	50	1.300,00	286,00
23/12/2015	60	1.400,00	308,00

Em 31/12/2015, o inventário indicou a existência de 120 unidades em estoque.

Com base nos dados informados, o custo da mercadoria vendida em dezembro de 2015 foi de:

a) R$ 2.293.20.
b) R$ 2.734,80.
c) R$ 3.042,00.
d) R$ 3.210,00.

Resolução:

Alternativa b, conforme cálculos na tabela a seguir:

Ficha de controle de estoque – PEPS

Data	Entradas			Saídas			Saldo		
	Quant.	R$	Total	Quant.	R$	Total	Quant.	R$	Total
1/12/2003							70	15,00	1.050,00
2/12/2003	100	18,72	1.872,00				70	15,00	1.050,00
							100	18,72	1.872,00
23/12/2003	50	20,28	1.014,00				70	15,00	1.050,00
							100	18,72	1.872,00
							50	20,28	1.014,00
23/12/2003	60	18,20	1.092,00				70	15,00	1.050,00
							100	18,72	1.872,00
							50	20,28	1.014,00
							60	18,20	1.092,00
31/12/2003				70	15,00	1.050,00	–	15,00	–
				90	18,72	1.684,80	10	18,72	187,20
							50	20,28	1.014,00
							60	18,20	1.092,00
Total Estoque							120		2.106,00
Total C.M.V.				**160**		**2.734,80**			

3. Uma sociedade empresária adquiriu o controle de duas outras sociedades durante o ano de 2013. Na aquisição do controle da sociedade "A", foi apurado um ágio por expectativa de rentabilidade futura (*goodwill*) no valor de R$ 2.000.000,00. Na aquisição do controle da sociedade "B", foi apurada uma compra vantajosa no valor de R$ 200.000,00. O registro contábil dos valores apurados irá gerar:

a) um aumento de R$ 2.000.000,00 no Ativo não Circulante e um aumento de R$ 200.000,00 no resultado do período.
b) um aumento de R$ 2.200.000,00 no Ativo não Circulante.
c) uma redução de R$ 1.800.000,00 no resultado do período.
d) uma redução de R$ 2.000.000,00 no Ativo não Circulante e um aumento de R$ 200.000,00 no resultado do período.

Resolução:

Alternativa a.

De acordo com a CPC 15 (R1), que dispõe sobre a Combinação de Negócios no que tange à compra vantajosa:

> 34. Ocasionalmente, um adquirente pode realizar uma compra vantajosa, assim entendida como sendo uma combinação de negócios cujo valor determinado pelo item 32(b) é maior que a soma dos valores especificados no item 32(a). Caso esse excesso de valor permaneça após a aplicação

das exigências contidas no item 36, o adquirente deve reconhecer o ganho resultante, na demonstração de resultado do exercício, na data da aquisição. O ganho deve ser atribuído ao adquirente. (CPC, 2011b)

Assim sendo, a empresa deverá registrar um aumento de R$ 2.000.000,00 no Ativo não Circulante (conta de investimento) e um aumento de R$ 200.000,00 no resultado do período.

4. (Exame de Suficiência, CRC, 2014) – Uma sociedade empresária apurou, no exercício de 2013, um lucro de R$ 120.000,00. O saldo do Patrimônio Líquido, antes do registro do resultado e da respectiva destinação, era de R$ 188.000,00, assim distribuído:

Capital Social	R$ 150.000,00
Reserva de Ágio na Emissão de Ações	R$ 2.000,00
Reserva Legal	R$ 26.000,00
Reserva Estatutária	R$ 10.000,00

De acordo com a Lei n. 6.404/1976, o valor a ser registrado em reserva legal como destinação do lucro líquido apurado em 2013 é de:

a) R$ 4.000,00, uma vez que o saldo da Reserva Legal está limitado a 20% do Capital Social.
b) R$ 6.000,00, uma vez que a Reserva Legal deve corresponder a 5% do lucro líquido do exercício, antes de qualquer outra destinação.
c) R$ 7.000,00, pois a companhia poderá deixar de constituir a Reserva Legal no exercício em que o saldo dessa reserva, acrescido do montante das demais reservas de lucro, exceder 30% do Capital Social.
d) R$ 9.000,00, pois a companhia poderá deixar de constituir a Reserva Legal no exercício em que o saldo dessa reserva, acrescido do montante das Reservas de Capital, exceder 30% do Capital Social.

Resolução:

Alternativa a. Para identificar a alternativa correta, vamos recorrer ao art. 193 da Lei n. 6.404/1976, que dispõe sobre as Sociedades por Ações. Assim sendo, 20% de R$ 150.000,00 representa R$30.000,00. Considerando que já foi constituída uma reserva legal de R$ 26.000,00, a empresa só poderá constituir uma reserva legal de 4.000,00

5. A Omar Retada Comércio de Martelos apresenta, em 30/06/201x, o seguinte balancete patrimonial:

Contas	**Saldo devedor**	**Contas**	**Saldo credor**
Caixa	1.000	Fornecedores	16.300
Banco C/ Mov.	4.200	Empréstimos 650 dias	14.800
Contas a Receber	17.500	Capital Social	37.000
Estoques	12.800	Reservas de Capital	1.400
Despesas com Vendas	1.070	Lucros Acumulados	1.350
Máquinas e Equipamentos	21.000	Receitas de Vendas	8.200
Veículos	5.500	Prov. Devedores Duvidosos	170

(continua)

(conclusão)

Contas	Saldo devedor	Contas	Saldo credor
CMV	4.800	Depreciação Acumulada	1.950
Despesas Administrativas	5.800		
Despesas Diversas	1.500		
Total	**56.170**	**Total**	**56.170**

Com base nas informações apresentadas na tabela anterior, faça o que se pede.

a) Elabore as demonstrações contábeis em 30/06/201x, de acordo com a Lei n. 11.638/2007.

b) Identifique o resultado da Omar Retada Comércio de Martelos no mês 06/2016.

Resolução:

Para resolução deste exercício, devem-se segregar as contas de ativo, passivo, despesas e receitas. Considerado isso, o resultado do período é um prejuízo de R$ 4.970,00. As contas de ativo e passivo devem ser agrupadas conforme consta na tabela a seguir:

Balanço Patrimonial –/201x

Ativo Circulante	**35.330,00**	**Passivo Circulante**	**16.300,00**
Disponível	5.200,00	Fornecedores	16.300,00
Caixa	1.000,00		
Direitos de Curto Prazo	30.130,00		
Estoque	12.800,00		
Cliente	17.500,00		
Prov.Devedores Duvidosos	(170,00)		
Despesas Antecipadas	0,00		
Ativo não circulante	**24.550,00**	**Passivo não circulante**	**14.800,00**
Realizável a longo prazo	0,00	Empréstimos 650 dias	14.800,00
Investimentos	0,00		
Imobilizado	24.550,00	**Patrimônio Líquido**	**33.750,00**
Máquinas e Equipamentos	21.000,00	Capital social	31.000,00
Veículos	5.500,00	Reservas de capital	1.400,00
Depreciação acumulada	(1.950,00)	Lucros acumulados	1.350,00
Intangível	**0,00**	Prejuízo do período	(4.970,00)
Total:	**59.880,00**	**Total:**	**59.880,00**

Saiba mais

Se você deseja se aprofundar nos estudos sobre conceitos deste capítulo, sugerimos os seguintes materiais:

Iudícibus, S. de et al. **Manual de contabilidade societária**: aplicável a todas as sociedades. 2. ed. São Paulo: Atlas, 2013.

Almeida, M. C. **Manual prático de interpretação contábil da lei societária**. São Paulo: Atlas, 2014.

Confira também as normas contábeis e pronunciamentos técnicos aplicáveis ao tema:

CFC – Conselho Federal de Contabilidade. **NBC TG 26 (R1)**: Apresentação das demonstrações contábeis. Disponível em:<http://www1.cfc.org.br/sisweb/SRE/docs/NBCTG26(R1).pdf>. Acesso em: 21 jun. 2017.

_____. **NBC TG Estrutura Conceitual**: Estrutura conceitual para elaboração e divulgação de relatório contábil-financeiro. Disponível em:<http://www1.cfc.org.br/sisweb/SRE/docs/RES_1374.pdf>. Acesso em: 21 jun. 2017.

CPC – Comitê de Pronunciamentos Contábeis. **CPC 00 (R1)**: Estrutura conceitual para elaboração e divulgação de relatório contábil-financeiro. Brasília, DF, 2 dez. 2011. Disponível em: <http://www.cpc.org.br/CPC/Documentos-Emitidos/Pronunciamentos/Pronunciamento?Id=80>. Acesso em: 24 maio 2017.

_____. **CPC 26 (R1)**: Apresentação das demonstrações contábeis. Brasília, 2 dez. 2011. Disponível em: <http://www.cpc.org.br/CPC/Documentos-Emitidos/Pronunciamentos/Pronunciamento?Id=57>. Acesso em: 21 jun. 2017.

Perguntas e respostas

1. Porque as contas do Ativo têm natureza devedora, se correspondem aos bens e direitos da empresa?

As contas do ativo, em regra geral, têm natureza devedora, pois contemplam os bens e direitos disponibilizados pelos sócios e terceiros para que a empresa os utilize e faça gerar caixa.

2. Por que os valores de seguros a apropriar, mesmo sendo pagos à vista, devem constar no Ativo?

Os valores pagos a título de seguros referem-se, primeiramente, a um "direito sobre seguros". Assim sendo, são contabilizados inicialmente no grupo de contas de Despesas Diferidas, do Ativo. À medida que a vigência do seguro vai expirando, ele é transferido para a conta de despesas com seguros.

3. Em qual conta do Ativo deve-se classificar um veículo adquirido pela empresa?

Essa pergunta é extremamente capciosa, pois, em primeiro lugar, tem-se de verificar qual a função do veículo adquirido. Uma empresa que comercializa veículos deve contabilizá-los na sua conta de Estoque. Se o veículo for utilizado para a atividade da empresa, deverá ser lançado no Imobilizado, e se o veículo for adquirido para revenda, sendo que não se trata da atividade da empresa, poderá ser lançado na conta de Investimentos.

2

Fluxo de Caixa e Demonstração do Valor Adicionado

Conteúdos do capítulo:

- Demonstração dos Fluxos de Caixa (DFC).
- Demonstração do Valor Adicionado (DVA).

Após o estudo deste capítulo, você será capaz de:

1. identificar a formação e a estrutura do Fluxo de Caixa, compreendendo as informações que lhes são peculiares;
2. compreender o conceito, a estrutura e a finalidade da Demonstração do Valor Adicionado (DVA).

Neste capítulo, analisaremos o conceito e a estrutura de dois relatórios que recentemente foram incorporados à legislação societária como obrigatórios: o Fluxo de Caixa e a Demonstração do Valor Adicionado (DVA). Abordaremos não apenas seus aspectos técnicos, mas também como estruturá-los para que você os compreenda e, principalmente, saiba gerá-los a fim de que os usuários das informações contábeis possam extrair deles aquilo de que necessitam para fundamentar suas decisões.

O Fluxo de Caixa é mais conhecido e serve para que o gestor possa entender os eventos que aumentaram ou reduziram o saldo do caixa entre dois períodos, ou seja, o que foi determinante para a variação de caixa. Já a DVA – ainda uma novidade, não obstante ser obrigatória conforme previsão contida na Lei n. 6.404, de 15 de dezembro de 1976 (Brasil, 1976), para as empresas de capital aberto – deve ser gerada e disponibilizada a todas as sociedades, visto que contém uma gama considerável de informações que podem ser muito úteis para a gestão corporativa de qualquer entidade.

2.1 Demonstração do Fluxo de Caixa (DFC)

Com a publicação da Lei n. 11.638, de 28 de dezembro de 2007 (Brasil, 2007), que alterou o art. 176 da Lei n. 6.404/1976, a Demonstração do Fluxo de Caixa (DFC) passou a ser um relatório obrigatório das demonstrações financeiras. Assim o referido texto dispõe:

> Art. 176. Ao fim de cada exercício social, a diretoria fará elaborar, com base na escrituração mercantil da companhia, as seguintes demonstrações financeiras, que deverão exprimir com clareza a situação do patrimônio da companhia e as mutações ocorridas no exercício:
>
> [...]
>
> IV. Demonstração dos Fluxos de Caixa. (Brasil, 2007)

A Resolução CFC n. 1.296, de 17 de setembro de 2010, emitida pelo Conselho Federal de Contabilidade (CFC), menciona a importância da DFC, ao afirmar:

> Informações sobre o fluxo de caixa de uma entidade são úteis para proporcionar aos usuários das demonstrações contábeis uma base para avaliar a capacidade de a entidade gerar caixa e equivalentes de caixa, bem como as necessidades da entidade de utilização desses fluxos de caixa. As decisões econômicas que são tomadas pelos usuários exigem avaliação da capacidade de a entidade gerar caixa e equivalentes de caixa, bem como da época de sua ocorrência e do grau de certeza de sua geração. (CFC, 2010)

A possibilidade de analisar a relação entre lucratividade e geração de caixa é uma das informações que podem ser obtidas pela análise da DFC. Além dessa, há outras, como:

- informações sobre mudanças na estrutura de ativos líquidos;
- capacidade de geração de caixa líquido;
- perspectiva de geração de caixa futuro.

Para entendimento deste capítulo, devemos nos familiarizar com algumas terminologias adotadas pela legislação, a qual esclarece o significado de termos utilizados em seu texto e cuja compreensão é essencial para uso adequado do relatório.

A Resolução CFC n. 1.296/2010, que aprovou a Norma Brasileira de Contabilidade – NBC TG 03 (R1): Demonstração dos Fluxos de Caixa –, trata da estrutura e das definições dos termos que deverão ser utilizados na composição do Fluxo de Caixa:

> ***Caixa*** compreende numerário em espécie e depósitos bancários disponíveis.
>
> ***Equivalentes de caixa*** são aplicações financeiras de curto prazo, de alta liquidez, prontamente conversíveis em montante conhecido de caixa e que estão sujeitas a um insignificante risco de mudança de valor.
>
> ***Fluxos de caixa*** são as entradas e saídas de caixa e equivalentes de caixa. (CFC, 2010, grifo nosso e do original)

Observe que a legislação não dispõe sobre o prazo, mas sim sobre o risco inerente à aplicação. Em seguida, a citada NBC define os tipos de atividades que deverão ser destacadas na estrutura do fluxo:

- "***Atividades operacionais*** são as principais atividades geradoras de receita da entidade e outras que não são de investimento e tampouco de financiamento" (CFC, 2010, p. 4, grifo nosso e do original). Estão vinculadas ao objetivo principal da empresa (industrialização, comércio ou prestação de serviços).

- "***Atividades de investimento*** são as referentes à aquisição e à venda de ativos de longo prazo e de outros investimentos não incluídos nos equivalentes de caixa"(CFC, 2010, p. 4, grifo nosso e do original). Como exemplo, podemos citar a compra e a venda de ativo imobilizado (característica de entrada e saída de recursos não operacionais).
- "***Atividades de financiamento*** são aquelas que resultam em mudanças no tamanho e na composição do capital próprio e no capital de terceiros da entidade" (CFC, 2010, p. 4, grifo nosso e do original).Aqui estamos falando, por exemplo, da busca de recursos a prazo para financiamento da estrutura de ativos imobilizados.

O conteúdo do caixa é tema de importantes estudos de finanças corporativas e pode ser obtido na empresa e no mercado financeiro de curtíssimo prazo; "gestão do caixa" significa manter liquidez imediata que permita a manutenção das atividades operacionais de uma empresa. Assim sendo, o saldo de caixa ideal deveria ser nulo, considerando que o disponível não proporciona retorno operacional. Cabe ao gestor aplicar esses recursos em outros ativos que proporcionarão fluxos de caixa futuros.

Um dos dilemas da gestão se refere ao fato de que saldos maiores mantidos em caixa promovem maior segurança, entretanto, tendem a apresentar um custo de oportunidade maior, pois podem se perder algumas chances de melhor fazê-los render; em contrapartida, saldos menores representam menor segurança financeira. Normalmente, problemas de insolvência ou baixa liquidez ocorrem pela gestão ineficiente do Fluxo de Caixa.

A gestão de caixa deve consistir em uma criteriosa análise dos fatores que levam o caixa a determinado comportamento e permite saber se a empresa está sendo capaz de gerar recursos financeiros suficientes para financiamento de suas atividades, para pagamento de suas dívidas e para investimentos, mostrando assim seu grau de independência financeira.

2.1.1 Método direto

Nesse método, são demonstradas as entradas e saídas brutas de dinheiro dos principais componentes das atividades operacionais, como os recebimentos pelas vendas de produtos e serviços e os pagamentos a fornecedores e empregados. No Quadro 2.1, podemos conhecer um exemplo de Fluxo de Caixa por tal método.

Quadro 2.1 – Modelo de Fluxo de Caixa pelo método direto

Empresa: Exemplo	
Demonstração do Fluxo de Caixa – Método direto	
(+) Fluxo de Caixa das atividades operacionais	
(–) Recebimento de clientes	
(–) Pagamento a fornecedores e empregados	
(=) Caixa gerado pelas operações	
(–) Juros pagos	
(–) Imposto de Renda e Contribuição Social pagos	
(–) Imposto de Renda sobre dividendos recebidos	
(=) Caixa líquido gerado pelas atividades operacionais	

(continua)

(*Quadro 2.1 – conclusão*)

Empresa: Exemplo	
Demonstração do Fluxo de Caixa – Método direto	
(+/–) Fluxos de caixa das atividades de investimento	
(–) Aquisição da controlada X	
(–) Compra de ativo imobilizado	
(+) Recebimento pela venda de equipamento	
(+) Juros recebidos	
(+) Dividendos recebidos	
(=) Caixa líquido consumido pelas atividades de investimento	
(+/–) Fluxos de caixa das atividades de financiamento	
(+) Recebimento pela emissão de ações	
(+) Recebimento por empréstimos a longo prazo	
(–) Pagamento de passivo por arrendamento	
(–) Dividendos pagos	
(=) Caixa líquido consumido pelas atividades de financiamento	
Aumento líquido de caixa e equivalentes de caixa	
Caixa e equivalentes de caixa no início do período	
Caixa e equivalentes de caixa no fim do período	

Fonte: Adaptado de CPC, 2010c, p. 18.

Para melhor visualização, incluímos na Tabela 2.1, a seguir, o modelo com valores constantes no Pronunciamento Técnico CPC 03 (R2) (CPC, 2010c).

Tabela 2.1 – Modelo de DFC do CPC 03 – Método direto

Demonstração dos fluxos de caixa-Método direto			
			20X2
Fluxos de caixa das atividades operacionais			
Recebimentos de clientes	30.150		
Pagamentos a fornecedores e empregados	(27.600)		
Caixa gerado pelas operações	2.550		
Juros pagos	(270)		
Imposto de Renda e Contribuição Social pagos	(800)		
Imposto de Renda na fonte sobre dividendos recebidos	(100)		
Caixa líquido gerado pelas atividades operacionais		$ 1.380	
Fluxos de caixa das atividades de investimento			
Aquisição da controlada X, líquido do caixa obtido na aquisição	(550)		
Compra de ativo imobilizado	(350)		
Recebimento pela venda de equipamento	20		
Juros recebidos	200		

(*continua*)

(Tabela 2.1 – conclusão)

Demonstração dos fluxos de caixa-Método direto			
			20X2
Dividendos recebidos	200		
Caixa líquido consumido pelas atividades de investimento		$ (480)	
Fluxos de caixa das atividades de financiamento			
Recebimento pela emissão de ações	250		
Recebimento por empréstimo a longo prazo	250		
Pagamento de passivo por arrendamento	(90)		
Dividendos pagos	(1.200)		
Caixa líquido consumido pelas atividades de financiamento		$ (790)	
Aumento líquido de caixa e equivalentes de caixa		$ 110	
Caixa e equivalentes de caixa no início do período		$ 120	
Caixa e equivalentes de caixa no fim do período		$ 230	

FONTE: Adaptado de CPC, 2010c, p. 19.

2.1.2 Método indireto

Nesse método, há uma conciliação entre o lucro líquido e o caixa gerado pelas operações, daí o nome *método da reconciliação* também dado a ele. Trata-se de uma forma gerencial de demonstrar a influência das políticas de concessão de prazos a clientes e negociação com fornecedores na geração de caixa operacional em determinado período.

A estrutura, pelo método indireto, inicia sua apresentação pelo lucro líquido do período, com ajuste das receitas e despesas que não transitam pelo caixa devido à utilização do regime de competência.

O CPC 03 (R2) normatiza o procedimento para elaboração do DFC, e no item 18 dispõe que o método é aquele

> segundo o qual o lucro líquido ou o prejuízo é ajustado pelos efeitos de transações que não envolvem caixa, pelos efeitos de quaisquer diferimentos ou apropriações por competência sobre recebimentos de caixa ou pagamentos em caixa operacionais passados ou futuros, e pelos efeitos de itens de receita ou despesa associados com fluxos de caixa das atividades de investimento ou de financiamento. (CPC, 2010c, p. 7)

Para melhor entendimento desse modelo, a Tabela 2.2 ilustra o exemplo disposto na CPC 03 (R2).

Tabela 2.2 – Modelo de DFC do CPC 03 – Método indireto

Empresa: Exemplo			
Demonstração do Fluxo de Caixa – Método Indireto (R$)			
			20X2
Fluxos de caixa das atividades operacionais			
Lucro líquido antes do IR e CSLL	3.350		
Ajustes por:			

(continua)

(Tabela 2.2 – conclusão)

Empresa: Exemplo			
Demonstração do Fluxo de Caixa – Método Indireto (R$)			
Depreciação	450		
Perda cambial	40		
Resultado de equivalência patrimonial	(500)		
Despesas de juros	400		
	3.740		
Aumento nas contas a receber de clientes e outros	(500)		
Diminuição nos estoques	1.050		
Diminuição nas contas a pagar – fornecedores	(1.740)		
Caixa gerado pelas operações	2.550		
Juros pagos	(270)		
Imposto de renda e contribuição social pagos	(800)		
Imposto de renda na fonte sobre dividendos recebidos	(100)		
Caixa líquido gerado pelas atividades operacionais		$ 1.380	
Fluxos de caixa das atividades de investimento			
Aquisição da controlada X, líquido do caixa obtido na aquisição	(550)		
Compra de ativo imobilizado	(350)		
Recebimento pela venda de equipamento	20		
Juros recebidos	200		
Dividendos recebidos	200		
Caixa líquido consumido pelas atividades de investimento		$ (480)	
Fluxos de caixa das atividades de financiamento			
Recebimento pela emissão de ações	250		
Recebimento por empréstimo a longo prazo	250		
Pagamento de passivo por arrendamento	(90)		
Dividendos pagos	(1.200)		
Caixa líquido consumido pelas atividades de financiamento		$ (790)	
Aumento líquido de caixa e equivalentes de caixa		$ 110	
Caixa e equivalentes de caixa no início do período		$ 120	
Caixa e equivalentes de caixa no fim do período		$ 230	

Fonte: Adaptado de CPC, 2010c, p. 20.

Incluímos ainda o modelo publicado por uma empresa comercial varejista do ramo de eletrodomésticos para maior fixação do conteúdo. É o que pode ser visto na Tabela 2.3.

Tabela 2.3 – Modelo de DFC de uma empresa do ramo varejista

DFs Consolidadas – Método Indireto Reais (Mil)			
Código da Conta	**Descrição da conta**	**Último exercício 01/01/2012 a 31/12/2012**	**Penúltimo exercício 01/01/2011 a 31/12/2011**
6.01	Caixa líquido atividades operacionais	−64.077	−263.582
6.01.01	Caixa gerado nas operações	526.616	451.270
6.01.01.01	Lucro líquido (prejuízo) do exercício	−6.745	11.666

(continua)

DFs Consolidadas – Método Indireto
Reais (Mil)

Código da Conta	Descrição da conta	Último exercício 01/01/2012 a 31/12/2012	Penúltimo exercício 01/01/2011 a 31/12/2011
6.01.01.02	Despesas de Imposto de Renda e contribuição social	−17.287	35.271
6.01.01.03	Depreciação e amortização	93.536	86.937
6.01.01.04	Juros sobre empréstimos e financiamentos	97.889	106.380
6.01.01.07	Provisão para perdas em ativos	360.144	248.511
6.01.01.08	Provisão para contingências	47.821	16.840
6.01.01.09	Baixa do ativo imobilizado, líquido de ganho na alienação	4.269	−10.133
6.01.01.10	Apropriação da receita diferida	−44.947	−27.665
6.01.01.12	Rendimento de fundo de investimento exclusivo	−10.884	−17.537
6.01.01.13	Despesas com plano de opções de ações	2.820	0
6.01.02	Variações nos ativos e passivos	−576.200	−673.512
6.01.02.01	Contas a receber	−507.534	−638.781
6.01.02.02	Títulos e valores mobiliários	−105.227	−12.665
6.01.02.03	Estoques	174.270	−418.438
6.01.02.04	Partes relacionadas	7.060	−25.003
6.01.02.05	Impostos a recuperar	−291.533	1.120
6.01.02.06	Outros ativos	−57.642	−35.541
6.01.02.07	Fornecedores	60.381	132.951
6.01.02.08	Depósitos interfinanceiros	8.543	124.753
6.01.02.09	Operações com cartões de crédito	130.534	215.900
6.01.02.10	Salários, férias e encargos sociais	17.941	5.071
6.01.02.11	Impostos a recolher	22.978	7.164
6.01.02.12	Partes relacionadas	497	5.826
6.01.02.13	Impostos parcelados	3.659	−42.428
6.01.02.14	Outras contas a pagar	−51.303	−5.063
6.01.02.15	Provisões técnicas de seguros	11.176	6.522
6.01.03	Outros	−14.493	−36.340
6.01.03.01	Imposto de Renda e Contribuição Social sobre o Lucro Líquido pagos	−14.493	−36.340
6.02	Caixa líquido atividades de investimento	−109.881	−270.386
6.02.01	Aquisição de imobilizado	−150.699	−179.980
6.02.02	Aquisição de ativo intangível	−24.182	−30.237
6.02.03	Venda de contrato de exclusividade e direito de exploração	65.000	24.000
6.02.05	Investimento em controlada	0	−106.955
6.02.07	Recebimento de venda de imobilizado	0	32.125
6.02.08	Aplicações em fundo de investimento exclusivo	0	−1.379.687

(Tabela 2.3 - conclusão)

DFs Consolidadas – Método Indireto Reais (Mil)			
Código da Conta	**Descrição da conta**	**Último exercício 01/01/2012 a 31/12/2012**	**Penúltimo exercício 01/01/2011 a 31/12/2011**
6.02.09	Resgate em fundo de investimento exclusivo	0	1.370.348
6.03	Caixa líquido atividades de financiamento	423.969	378.220
6.03.01	Captação de empréstimos e financiamentos	745.717	182.758
6.03.02	Pagamento de empréstimos e financiamentos	−227.717	−273.076
6.03.03	Pagamento de juros sobre empréstimos e financiamentos	−91.260	−84.455
6.03.04	Pagamento de dividendos	−2.771	0
6.03.05	Aumento de capital, por oferta pública de ações	0	552.993
6.05	Aumento (redução) de caixa e equivalentes	250.011	−155.748
6.05.01	Saldo inicial de caixa e equivalentes	173.117	328.865
6.05.02	Saldo final de caixa e equivalentes	423.128	173.117

Fonte: Adaptado de Magazine Luiza, 2013, p. 15-16.

Podemos observar que, nos dois modelos, as informações de Caixa e Equivalentes de Caixa inicial e final (que correspondem ao grupo *Disponível*) são oriundas do Balanço Patrimonial (BP) e que o aumento ou a redução de caixa deve ser igual à diferença de saldos entre os valores iniciais e finais da conta Caixa e Equivalentes de Caixa.

No método indireto, o lucro ou prejuízo do exercício é uma informação que vem da Demonstração do Resultado do Exercício (DRE).

2.2 Demonstração do Valor Adicionado (DVA)

A Demonstração do Valor Adicionado (DVA) tem previsão legal expressa no art. 176, inciso V, da Lei n. 6.404/1976 e é obrigatória para as companhias de capital aberto; com a edição da Lei n. 11.638/2007, foi incluída nas demonstrações de publicação obrigatória. O pronunciamento contábil CPC 09 – Demonstração do Valor Adicionado (DVA) (CPC, 2008) define os critérios para elaboração e apresentação da DVA, a qual é um dos elementos componentes do Balanço Social, conforme preconiza o referido pronunciamento técnico.

De acordo com a CPC 09, a DVA representa a riqueza criada pela empresa, de forma geral, medida pela diferença entre o valor das vendas e os insumos adquiridos de terceiros. Inclui também o valor adicionado recebido em transferência, ou seja, produzido por terceiros e transferido para a empresa. Segundo diversos autores, a DVA é calculada com base na diferença entre o valor de sua produção e o dos bens e serviços produzidos por terceiros utilizados no processo de produção da empresa.

A finalidade principal da DVA é identificar e evidenciar a riqueza criada por determinada entidade e sua respectiva distribuição. Segundo a Resolução CFC n. 1.138, de 21 de novembro de 2008 (CFC, 2008b), que aprova a NBC TG 09, as informações devem ser extraídas da contabilidade, e os valores informados precisam ter como base o princípio contábil da competência.

O valor agregado, ou adicionado, representa a diferença entre as receitas geradas e os custos dos bens e serviços adquiridos de terceiros. Sob uma análise econômica, podemos afirmar que ele constitui a contribuição da empresa à geração de valores para a sociedade, pelo resultado dos esforços de todos os seus fatores de produção. Sob o aspecto social, a DVA consiste em um demonstrativo da distribuição da riqueza da organização aos diversos agentes envolvidos (funcionários, governo, fornecedores, acionistas etc.) e permite uma análise do consumo da riqueza e os possíveis reflexos econômicos e sociais.

Para investidores e outros usuários da informação contábil, a DVA pode proporcionar o conhecimento de informações de natureza econômica e social e ainda oferecer a possibilidade de melhor avaliação das atividades da entidade dentro da sociedade na qual está inserida. Ela deve ser apresentada de forma comparativa entre períodos, e para sua elaboração são obtidos os dados da Demonstração do Resultado do Período (DRP).

Transcrevemos, no Quadro 2.2, a estrutura básica da DVA, conforme sugerido pela Resolução CFC n. 1.138/2008 e pelo Pronunciamento Técnico CPC 09.

Quadro 2.2 – Modelo de Demonstração do Valor Adicionado (DVA)

Demonstração do Valor Adicionado: descrição
1 – Receitas
1.1 – Vendas de mercadorias, produtos e serviços (inclui tributos)
1.2 – Provisão p/ devedores duvidosos – reversão/(constituição)
1.3 – Resultados não operacionais
2 – Insumos adquiridos de terceiros (inclui tributos)
2.1 – Custo das mercadorias, produtos e serviços vendidos
2.2 – Matérias-primas e insumos consumidos
2.3 – Materiais, energia, serviços de terceiros etc.
2.4 – (Perda)/recuperação de valores ativos
3 – Valor adicionado bruto (1 – 2)
4 – Retenções
4.1 – Depreciação, amortização e exaustão
5 – Valor adicionado líquido (3 – 4)
6 – Valor adicionado recebido em transferência
6.1 – Resultado de equivalência patrimonial e dividendos
6.2 – Receitas financeiras (juros, aluguéis etc.)
7 – Valor adicionado total a distribuir (5 + 6)
8 – Distribuição do valor adicionado (7 = 8)
8.1 – Remuneração do trabalho (pessoal e encargos)
8.2 – Remuneração do governo (impostos, taxas e contribuições)
8.3 – Remuneração do capital de terceiros (juros, aluguéis etc.)
8.4 – Remuneração dos acionistas (juros s/ cap. próprio e dividendos)
8.5 – Remuneração retida (lucros retidos/prejuízo do exercício)

Fonte: Elaborado com base em CPC, 2008; CFC, 2008b.

Para melhor compreensão inserimos (Tabela 2.4) uma DVA publicada por uma rede brasileira de venda de eletrodomésticos de varejo. Confira a seguir.

Tabela 2.4 – Exemplo de DVA de empresa do ramo varejista

DFs Individuais / Demonstração do Valor Adicionado Reais (Mil)			
Código da conta	**Descrição da conta**	**Último exercício 01/01/2012 a 31/12/2012**	**Penúltimo exercício 01/01/2011 a 31/12/2011**
7.01	Receitas	7.642.559	5.808.067
7.01.01	Vendas de Mercadorias, Produtos e Serviços	7.602.221	5.787.070
7.01.02	Outras Receitas	62.112	34.276
7.01.02.02	Outras Receitas Operacionais	62.112	34.276
7.01.04	Provisão/Reversão de Créds. Liquidação Duvidosa	−21.774	−13.279
7.02	Insumos Adquiridos de Terceiros	−5.902.585	−4.425.341
7.02.01	Custos Prods., Mercs. e Servs. Vendidos	−5.287.085	−3.951.735
7.02.02	Materiais, Energia, Servs. de Terceiros e Outros	−597.512	−464.413
7.02.03	Perda/Recuperação de Valores Ativos	−17.988	−9.193
7.03	Valor Adicionado Bruto	1.739.974	1.382.726
7.04	Retenções	−86.442	−71.061
7.04.01	Depreciação, Amortização e Exaustão	−86.442	−71.061
7.05	Valor Adicionado Líquido Produzido	1.653.532	1.311.665
7.06	Valor Adicionado Recebido em Transferência	50.050	50.839
7.06.01	Resultado de Equivalência Patrimonial	−7.031	13.119
7.06.02	Receitas Financeiras	57.081	37.720
7.07	Valor Adicionado Total a Distribuir	1.703.582	1.362.504
7.08	Distribuição do Valor Adicionado	1.703.582	1.362.504
7.08.01	Pessoal	756.897	606.026
7.08.01.01	Remuneração Direta	592.354	478.747
7.08.01.02	Benefícios	110.452	86.869
7.08.01.03	Fgts	54.091	40.410
7.08.02	Impostos, Taxas e Contribuições	524.686	411.768
7.08.02.01	Federais	252.034	234.882
7.08.02.02	Estaduais	249.302	156.654
7.08.02.03	Municipais	23.350	20.232
7.08.03	Remuneração de Capitais de Terceiros	428.744	333.044
7.08.03.01	Juros	211.144	187.229
7.08.03.02	Aluguéis	186.425	121.210
7.08.03.03	Outras	31.175	24.605
7.08.04	Remuneração de Capitais Próprios	−6.745	11.666
7.08.04.02	Dividendos	0	1.662
7.08.04.03	Lucros Retidos/Prejuízos do Período	−6.745	10.004

Fonte: Adaptado de Magazine Luiza, 2013, p. 19.

Podemos observar, no item 7.01 da tabela, a riqueza gerada (R$ 7.642.559 em 2012) e nos itens seguintes a forma como foi gasta ou aplicada. Percebemos que a DVA se constitui em importante índice de avaliação do desempenho social, na medida em que indica, na distribuição da riqueza gerada, a participação dos empregados, do governo, dos agentes financiadores e dos acionistas.

Síntese

Neste capítulo, foram abordados dois relatórios fundamentais para a evidenciação da situação patrimonial de uma entidade: a Demonstração do Fluxo de Caixa (DFC) e a Demonstração do Valor Adicionado (DVA). O primeiro é fundamental para visualizar a movimentação dos recursos financeiros que a entidade realizou, pois basicamente evidencia a movimentação do Ativo Circulante disponível, e, considerando o alto grau de liquidez dessas contas, o conhecimento dos fatores que alteraram esse grupo de contas, o qual pode dar ao usuário informações de como a empresa procede para financiar as operações.

Na DVA, o usuário pode visualizar a forma como a entidade distribuiu seus recursos aos diversos agentes envolvidos na operação. Essa demonstração pode vir a se constituir em referencial de um dos pilares da sustentabilidade, que é o aspecto social da empresa na sociedade em que está inserida.

Questões para revisão

1. (Auditor Fiscal da Receita Federal, 2000) As aplicações em investimentos temporários que apresentem características de liquidez imediata são classificadas no ativo como:
   a) Valores realizáveis.
   b) Investimentos.
   c) Não Circulante.
   d) Permanente.
   e) Disponível.
2. (Auditor Fiscal da Receita Federal, 2002-1) O valor de resgate referente a aplicações financeiras de longo prazo é classificado no Fluxo de Caixa como item:
   a) de Empreendimentos.
   b) de Financiamentos.
   c) de Operações.
   d) de Amortizações.
   e) de Investimentos.
3. (Auditor Fiscal Receita Federal, 2003) Representam operações que não afetam o Fluxo de Caixa:
   a) recebimento por doação de terrenos e depreciações lançadas no período.
   b) aquisição de bens não de uso e quitação de contrato de mútuo.
   c) alienação de participações societárias e depreciações lançadas no período.
   d) amortizações efetuadas no período de diferidos e venda de ações emitidas.
   e) repasse de recursos para empresas coligadas e aquisição de bens.

4. Com base nas informações da Demonstração do Resultado do Período (DRP) a seguir, elabore a Demonstração do Valor Adicionado.

+	Receita bruta na venda de mercadorias	930.000,00
–	Impostos incidentes sobre vendas	–139.500,00
=	**Receita líquida**	**790.500,00**
–	Custo das mercadorias vendidas	– 279.000,00
=	**Lucro bruto**	**511.500,00**
–	Despesas comerciais e administrativas	
–	Provisão para devedores duvidosos	– 27.900,00
–	Serviços de terceiros	– 15.000,00
–	Salários e encargos sociais	– 45.000,00
–	Despesas de depreciação	– 31.000,00
=	**Resultado antes do IR e da CSLL**	**392.600,00**
–	Imposto de Renda/Contribuição Social	– 94.224,00
=	**Lucro líquido do exercício**	**298.376,00**
	Dividendos propostos	149.188,00

Demonstração do Valor Adicionado	
1 – Receitas	
1.1 – Vendas de mercadorias, produtos e serviços (inclui tributos)	
1.2 – Provisão p/ devedores duvidosos – reversão/(constituição)	
1.3 – Resultados não operacionais	
2 – Insumos adquiridos de terceiros (inclui tributos)	
2.1 – Custo das mercadorias, produtos e serviços vendidos	
2.2 – Matérias-primas e insumos consumidos	
2.3 – Materiais, energia, serviços de terceiros etc.	
2.4 – (Perda)/recuperação de valores ativos	
3 – Valor adicionado bruto (1 – 2)	
4 – Retenções	
4.1 – Depreciação, amortização e exaustão	
4.2 – Despesas financeiras	
5 – Valor adicionado líquido (3 – 4)	
6 – Valor adicionado recebido em transferência	
6.1 – Resultado de equivalência patrimonial e dividendos	
6.2 – Receitas financeiras (juros, aluguéis etc.)	
7 – Valor adicionado total a distribuir (5 + 6)	
8 – Distribuição do valor adicionado (7 = 8)	
8.1 – Remuneração do trabalho (pessoal e encargos)	
8.2 – Remuneração do governo (impostos, taxas e contribuições)	
8.3 – Remuneração do capital de terceiros (juros, aluguéis etc.)	
8.4 – Remuneração dos acionistas (juros s/ capital próprio e dividendos)	
8.5 – Remuneração retida (lucros retidos/prejuízo do exercício)	

5. Qual o conceito econômico de valor agregado ?

Questão para reflexão

1. Relativamente à evidenciação das demonstrações contábeis, alguns pesquisadores alegam que a Demonstração do Valor Adicionado (DVA) pode ser expressa graficamente, o que permitiria melhor visualização da distribuição dos recursos aos diversos usuários. Pesquise nas demonstrações contábeis publicadas e verifique nelas a pertinência dessa forma de evidenciação, ou seja, se a forma gráfica seria suficiente para esclarecer ao usuário a geração e a respectiva distribuição do valor adicionado.

Exercícios resolvidos

1. (CFP, Assistente Técnico Administrativo, 2012) O lucro operacional da DRE representa:
   a) A geração de lucros decorrentes das operações próprias da empresa e investimentos financeiros.
   b) A geração de lucros após a absorção dos custos e impostos sobre vendas.
   c) A geração de lucros decorrentes das operações próprias da empresa e dos investimentos em participações em outras empresas.
   d) A geração de lucros decorrentes de decisões de financeiras e de eventos não recorrentes, antes do impacto fiscal.
   e) A geração de lucros após a absorção dos custos e despesas, antes dos impostos sobre as vendas.

Resolução:

Alternativa c. Lucro operacional é o resultado positivo produzido exclusivamente pela operação da empresa, subtraindo-se as despesas administrativas, comerciais e operacionais. Representado pela fórmula: Lucro operacional = Lucro Bruto – Despesas Operacionais + Receitas Operacionais

2. Considerando os dados da empresa K. Ramba, responda as questões abaixo:

Conta	Período	
	2014	2015
Fornecedores	450.000,00	380.000,00
Custo da Mercadoria Vendida	1.600.000,00	1.450.000,00
Compras do Período	350.000,00	750.000,00
Vendas do Período	2.800.000,00	2.500.000,00
Seguros Contratados	12.000,00	24.000,00
Total de despesas do ano	**650.000,00**	**850.000,00**
Total de depreciação	**120.000,00**	**125.000,00**

   a) Com base nas informações acima e presumindo que todas as compras foram efetuadas a prazo, qual é o valor pago pelas compras no ano de 2015?

Resolução:

Para resolução da questão, faz-se necessário o levantamento da variação da conta de fornecedores. Assim sendo, utiliza-se o saldo inicial acrescido das compras e deduzido do estoque final. Consequentemente, tem-se o valor de R$ 820.000,00.

b) Considerando que o estoque final é de R$ 250.000,00, qual será o valor do estoque inicial da empresa?

Resolução:

Para resolução, deve-se utilizar a fórmula de cálculo: "CMV = Ei + Compras - Estoque final". Assim sendo: 1.450.000 = Ei + 750.000 – 250.000 = R$ 950.000,00.

Saiba mais

Os leitores interessados em aprofundar os estudos sobre conceitos de contabilidade devem consultar:

Almeida, M. C. **Manual prático de interpretação contábil da lei societária**. 2. ed. São Paulo: Atlas, 2014.

Iudícibus, S. de et al. **Manual de contabilidade societária**: aplicável a todas as sociedades. 2. ed. São Paulo: Atlas, 2013.

Além disso, há as seguintes normas contábeis e pronunciamentos técnicos aplicáveis ao tema:

Cfc – Conselho federal de Contabilidade. **NBC TG 03 (R2)**: Demonstração dos Fluxos de Caixa. Disponível em: <http://www1.cfc.org.br/sisweb/SRE/docs/NBCTG03(R2).pdf>. Acesso em: 21 jun. 2017.

Cpc – Comitê de Pronunciamentos Contábeis. **CPC 03 (R2)**: Demonstração dos Fluxos de Caixa. Brasília, 3 set. 2010. Disponível em: <http://www.cpc.org.br/CPC/Documentos-Emitidos/Pronunciamentos/Pronunciamento?Id=34>. Acesso em: 21 jun. 2017.

Cpc – Comitê de Pronunciamentos Contábeis. **CPC 09**: Demonstração do Valor Adicionado (DVA). Brasília, 30 out. 2008. Disponível em: <http://www.cpc.org.br/CPC/Documentos-Emitidos/Pronunciamentos/Pronunciamento?Id=40#>. Acesso em: 21 jun. 2017.

Perguntas e respostas

1. **(Banpará, Contador, 2012) O Pronunciamento Técnico CPC 26 (R1) apresenta as demonstrações contábeis aprovadas pelo CVM n. 676/11.**

   I. **É a demonstração apresentada de forma dedutiva definindo o lucro ou o prejuízo.**

   II. **Demonstração que evidencia a mutação do patrimônio líquido em termos globais.**

   III. **Demonstração que visa mostrar como ocorrem as movimentações de disponibilidades.**

   IV. **Demonstração que tem por objetivo informar o valor da riqueza criada pela empresa e a forma de sua distribuição.**

Respectivamente, as definições são de quais demonstrações:

a) **DRE, DMPL, DVA e DFC.**

b) **DMPL, DFC, DRE e DVA.**

c) **DFC, DVA, DRE e DMPL.**

d) **DMPL, DFC, DVA e DRE.**

e) **DRE, DMPL, DFC e DVA.**

Alternativa e. São as definições que constam da norma.

2. **A DFC fornece um resumo dos fluxos de caixa da atividade operacional, da atividade de investimentos e da atividade de financiamentos. Permite aos diversos usuários interessados a visualização da mutação do caixa de um período e quais atividades mais contribuíram para isso, como o caixa se alterou de um período a outro, quais contas foram responsáveis por essa alteração e qual foi o resultado obtido com cada atividade desse fluxo. Anteriormente à DFC, a legislação obrigava as empresas a publicar a Demonstração de Origens e Aplicações de Recursos – Doar. A Lei 11.638/2007 a substituiu pela DFC. Quais as principais características da Doar e sua utilidade para a tomada de decisões?**

Em atendimento às normas internacionais, a DFC substituiu a Doar. A DFC tem como objetivo demonstrar as variações no Capital Circulante Líquido (CCL) que evidencia a capacidade da empresa de pagar suas obrigações no curto prazo. O CCL é definido como a diferença entre o Ativo Circulante e Passivo Circulante de uma empresa, a variação de um período pode evidenciar uma variação na capacidade de pagamento. Embora não obrigatória, essa demonstração pode se tornar uma importante ferramenta para o gestor ampliar seu horizonte no que se refere ao fornecimento de informações relevantes ao tomador de decisões.

Instrumentos financeiros e tópicos especiais

3

Conteúdos do capítulo:

- Instrumentos financeiros.
- Custos de transação e prêmios na emissão de títulos e valores mobiliários.
- Políticas contábeis, estimativas e erros.
- Eventos subsequentes à data do balanço.

Após o estudo deste capítulo, você será capaz de:

1. elencar os conceitos e os critérios de classificação e mensuração dos instrumentos financeiros;
2. identificar os aspectos que determinam as políticas contábeis e as estimativas visando ao seu melhor tratamento à luz das novas regras contábeis;
3. compreender o tratamento dos eventos subsequentes à data do balanço.

Neste capítulo, exporemos conceitos relativamente novos na contabilidade brasileira, embora já há algum tempo se discuta sobre eles. Destacaremos os instrumentos financeiros e as políticas contábeis, as estimativas e os erros, além do tratamento a ser dado aos eventos subsequentes à data do balanço. Compreender de forma adequada os instrumentos financeiros, notadamente seu reconhecimento, sua mensuração e sua apresentação, é condição essencial para que os relatórios contábeis possam expressar a essência desses elementos, cujo tratamento contábil foi aprimorado com as alterações na Lei n. 6.404, de 15 de dezembro de 1976 (Brasil, 1976), por meio das Leis n. 11.638, de 28 de dezembro de 2007 (Brasil, 2007), e n. 11.941, de 27 de maio de 2009 (Brasil, 2009). Os efeitos que esses instrumentos podem causar no patrimônio e no resultado empresarial justificam tal tratamento dispensado a eles.

Analisaremos a atenção a ser dada aos eventos subsequentes à data do balanço, pois numa economia dinâmica como a brasileira, a qualquer momento podemos ter de analisar eventos com possibilidade de comprometer o patrimônio divulgado, ainda que estejam ocorrendo fora do exercício social objeto de divulgação pelos relatórios contábeis. Outro aspecto muito importante e que requer um olhar atento são as políticas contábeis e os elementos que devem ser observados quanto às estimativas e aos erros que venham a pôr em risco a fidedignidade e a transparência das informações contantes dos relatórios.

3.1 Instrumentos financeiros

Instrumentos financeiros são contratos que dão origem a um ativo e a um passivo financeiro ou instrumento patrimonial para outra entidade. Denomina-se *instrumento*, portanto, o documento que formaliza a operação que gera um ativo financeiro. Vamos estudá-los a partir de agora.

3.1.1 Conceito e apresentação

O tratamento contábil dispensado aos instrumentos financeiros se aprimorou com a convergência da contabilidade brasileira às regras internacionais (os IFRS – *International Financial Reporting Standards*). Destacam-se nesses ativos e passivos financeiros e devem ser cuidadosamente estudados: a forma de reconhecimento, os critérios de mensuração e a consequente evidenciação nos relatórios contábeis.

A referência a instrumentos financeiros indica a existência de um contrato que dá origem a um ativo financeiro para uma entidade e, em contrapartida, gera um passivo financeiro ou um instrumento patrimonial para o outro contratante. O pronunciamento técnico do Comitê de Pronunciamentos Contábeis – CPC 39: Instrumentos financeiros – Apresentação (CPC, 2009h) – que trata da apresentação dos instrumentos financeiros informa:

> *Ativo financeiro* é qualquer ativo que seja:
>
> (a) caixa;
>
> (b) instrumento patrimonial de outra entidade;
>
> (c) direito contratual:
>
> (i) de receber caixa ou outro instrumento financeiro de outra entidade; ou
>
> (ii) de troca de ativos financeiros ou passivos financeiros com outra entidade sob condições potencialmente favoráveis para a entidade;
>
> (d) contrato que seja ou possa vir a ser liquidado por instrumentos patrimoniais da própria entidade, e que:
>
> (i) não é um derivativo no qual a entidade é ou pode ser obrigada a receber um número variável de instrumentos patrimoniais da própria entidade; ou
>
> (ii) um derivativo que será ou poderá ser liquidado de outra forma que não pela troca de um montante fixo de caixa ou outro ativo financeiro, por número fixo de instrumentos patrimoniais da própria entidade. Para esse propósito, os instrumentos patrimoniais da própria entidade não incluem os instrumentos financeiros com opção de venda classificados como instrumentos patrimoniais de acordo com os itens 16A e 16B, os instrumentos que imponham a obrigação a uma entidade de entregar à outra parte um pro rata como parte dos ativos líquidos da entidade apenas na liquidação e são classificados como instrumentos patrimoniais de acordo com os itens 16C e 16D, ou os instrumentos que são contratos para futuro recebimento ou entrega de instrumentos patrimoniais da entidade. (CPC, 2009h, p. 5, grifo do original)

Já um *passivo financeiro*, conforme mencionado no referido pronunciamento técnico:

> é qualquer passivo que seja:
>
> (a) uma obrigação contratual de:
>
> (i) entregar caixa ou outro ativo financeiro a uma entidade; ou
>
> (ii) trocar ativos financeiros ou passivos financeiros com outra entidade sob condições potencialmente desfavoráveis a entidade; ou
>
> (b) contrato que será ou poderá ser liquidado com instrumentos patrimoniais da própria entidade [...]. (CPC, 2009h, p. 6)

O mesmo pronunciamento define ainda *instrumento patrimonial* como "qualquer contrato que evidencie uma participação nos ativos de uma entidade após a dedução de todos os seus passivos" (CPC, 2009h, p. 6), ou seja, o Patrimônio Líquido.

Resumindo: *instrumento financeiro* diz respeito a determinado ativo ou passivo financeiro, ao passo que *instrumento patrimonial* é representado por quotas ou ações.

A maior dificuldade na compreensão e no tratamento dos instrumentos financeiros está relacionada aos derivativos, pois, embora não sejam tão comuns na maioria das empresas, é neles que reside grande parte das dúvidas. *Derivativo* é um instrumento financeiro ou outro contrato que contém as seguintes características:

a) Seu valor muda em função da alteração de alguma variável especificada na negociação, como taxa de juros, taxa de câmbio, preço de mercadoria ou outras estipuladas no contrato.

b) Não é necessário qualquer investimento inicial que seja inferior ao que seria exigido para outros tipos de contratos que se esperaria que tivessem resposta semelhante às alterações nos fatores de mercado.

c) Sua liquidação se dará em data futura.

3.1.2 Reconhecimento contábil

O reconhecimento de um instrumento financeiro ativo ou passivo será feito inicialmente em uma das categorias definidas no CPC 38[1] (CPC, 2009g), que são:

a) Ativo ou passivo financeiro mensurado pelo valor justo por meio do resultado – títulos de renda variável e derivativos são exemplos desses instrumentos.

b) Investimentos mantidos até o vencimento – aqui são classificados os ativos financeiros não derivativos com pagamentos fixos ou determináveis e cujo vencimento tem data definida e a intenção da entidade é mantê-los até o vencimento.

c) Empréstimos e recebíveis – também são ativos financeiros não derivativos com pagamentos fixos ou determináveis e que não têm cotação em mercado ativo; são os instrumentos mais relevantes e comuns do grupo.

1 O Pronunciamento CPC 38, como já citamos, perde seu valor no dia 1º de janeiro de 2018, sendo substituído pelo CPC 48 a partir dessa data. Não modifica, no entanto, os itens citados aqui.

d) Ativos financeiros disponíveis para a venda – são ativos financeiros não derivativos classificados como disponíveis para a venda ou que também não foram classificados como empréstimos e contas a receber, investimentos mantidos até o vencimento e ativos financeiros mensurados ao valor justo por meio do resultado.

3.1.3 Mensuração dos instrumentos financeiros

Devemos ter um cuidado especial quando do reconhecimento dos instrumentos financeiros, pois de sua classificação resultará o critério de mensuração a ser utilizado para a respectiva atribuição de valor. Então, após o reconhecimento inicial, serão adotados os seguintes critérios de mensuração:

a) Ativos e passivos financeiros mensurados ao valor justo por meio do resultado serão registrados pelos respectivos valores justos, sem dedução dos custos de transação que possam onerar a venda.

b) Empréstimos e recebíveis serão medidos pelo custo amortizado por meio da utilização de taxa de juros.

c) Ativos financeiros disponíveis para venda serão mensurados ao valor justo, sem qualquer dedução de eventuais custos de transação em que possam incorrer em venda ou baixa por outro motivo.

O Quadro 3.1 apresenta um resumo desses conceitos.

Quadro 3.1 – Ativos e respectivos critérios de mensuração

Classificação	**Mensuração subsequente**
Mensurado ao valor justo por meio do resultado	Valor justo sem custo de transação
Investimentos mantidos até o vencimento	Custo amortizado
Empréstimos e recebíveis	Custo amortizado
Disponíveis para a venda	Valor justo

Fonte: Lemes et al., 2014, p. 192.

Para melhor compreensão, vamos verificar um exemplo prático publicado por empresa de capital aberto, o qual esclarece os conceitos listados anteriormente.

3.1.3.1 Instrumentos financeiros por categoria

A companhia tem os seguintes instrumentos financeiros por categoria, determinados nas notas explicativas, conforme segue:

Consolidado		
	31/12/2013	31/12/2012
Ativo – empréstimos e recebíveis		
Caixa e equivalentes de caixa	2.729.872	2.517.312
Contas a receber de clientes (líquido de PCLD)	1.145.154	981.986
Outros ativos	348.000	329.244
	4.223.026	**3.828.542**
Ativo – disponível para venda		
Títulos e valores mobiliários	249.511	240.077
	249.511	**240.077**
Passivo – ao custo amortizado		
Empréstimos e financiamentos	6.963.597	6.035.104
Fornecedores	345.384	318.077
Demais contas a pagar	712.893	611.066
	8.021.874	**6.964.247**

EMPRÉSTIMOS E RECEBÍVEIS E OUTROS PASSIVOS FINANCEIROS AO CUSTO AMORTIZADO

Os instrumentos financeiros incluídos nesse grupo são saldos provenientes de transações comuns, como contas a receber, fornecedores, empréstimos e financiamentos, aplicações financeiras e caixa e equivalente de caixa mantido pela companhia. Todos estão registrados pelos valores nominais acrescidos, quando aplicável, de encargos e taxas de juros contratuais, cuja apropriação das despesas e receitas é reconhecida ao resultado do período.

ATIVOS FINANCEIROS DISPONÍVEIS PARA VENDA

A companhia classificou os títulos e valores mobiliários que são representados por Letras Financeiras do Tesouro (LFT) (nota explicativa 5) como ativos financeiros disponíveis para venda, pois poderão ser negociados no futuro, sendo contabilizados pelo valor aplicado acrescido dos juros reconhecidos no rendimento da operação. Devido à liquidez desse ativo, seu valor justo é próximo do custo amortizado e não gera efeito no seu Patrimônio Líquido. O saldo desses títulos, em 31 de dezembro de 2013, no balanço consolidado, corresponde a R$ 249.511 (R$ 240.077 em 31 de dezembro de 2012).

FONTE: Adaptado de Klabin, 2014

Note que a companhia não possui instrumentos financeiros de grande complexidade, porém observou em nota explicativa os detalhes relativos àqueles nos quais mantinha posição na data do balanço.

Os instrumentos financeiros requerem uma atenção considerável por parte da contabilidade, pela natureza e pelos riscos que podem representar. Portanto, uma análise criteriosa e um estudo técnico com relação aos critérios para seu reconhecimento, mensuração e evidenciação são sempre necessários.

3.2 Custos de transação e prêmios na emissão de títulos e valores mobiliários

Os custos de transação e prêmios na emissão de títulos e valores mobiliários abordam o tratamento contábil que deve ser dispensado nos casos em que a empresa capta recursos emitindo títulos patrimoniais (ações) ou instrumentos de dívidas (debêntures). Ressaltamos que referidos custos de transação são somente aqueles em que ela incorre para captar os recursos, e é certo que não existiriam se a operação de captação não existisse. Como exemplo, podem ser citados os gastos com elaboração de prospectos e relatórios, remuneração de serviços profissionais de terceiros (advogados, contadores, auditores, consultores, profissionais de bancos de investimento, corretores etc.), gastos com publicidade e outros. Esses custos não incluem as despesas financeiras e outros encargos financeiros incidentes sobre a operação.

A contabilização deve observar o que dispõe o CPC 08 (R1), que textualmente dita:

> Os custos de transação de que trata este Pronunciamento Técnico, enquanto não captados os recursos a que se referem, devem ser apropriados e mantidos em conta transitória e específica do ativo como pagamento antecipado. O saldo dessa conta transitória deve ser reclassificado para a conta específica, conforme a natureza da operação, tão logo seja concluído o processo de captação, ou baixado conforme determinado nos itens 7 e 17 se a operação não se concretizar. (CPC, 2010f, p. 9)

Após a captação dos recursos, o registro contábil deverá ser como ajuste no valor do passivo exigível em que será registrada a dívida, no caso de recursos de terceiros ou contabilizados, de forma destacada, em conta redutora de Patrimônio Líquido, deduzidos os eventuais efeitos fiscais. Se houver prêmios recebidos, eles devem ser reconhecidos em conta de Reserva de Capital.

3.3 Políticas contábeis, estimativas e erros

O tema *políticas contábeis, estimativas e erros* tem um tratamento específico por parte da Lei das Sociedades por Ações, em seu art. 186, que orienta:

> § 1º Como ajustes de exercícios anteriores serão considerados apenas os decorrentes de efeitos da mudança de critério contábil, ou da retificação de erro imputável a determinado exercício anterior, e que não possam ser atribuídos a fatos subsequentes. (Brasil, 1976)

A definição de políticas contábeis que formam base para reconhecimento, mensuração e evidenciação dos eventos econômicos é essencial para que os usuários possam se assegurar de que os relatórios contábeis foram estruturados de forma adequada e em conformidade com as normas contábeis. Políticas contábeis representam os princípios, as convenções, as regras em geral e as práticas específicas utilizados pela entidade na elaboração e na apresentação de demonstrações contábeis.

Mudanças em critérios de estimativas contábeis significam ajustes nos saldos contábeis de ativos e passivos. Possíveis alterações não representam ajustes por erros, mas sim decorrem de novos critérios, novas informações que justificam e requerem uma nova base de estimativa. Evidentemente essas alterações apenas irão ocorrer se os valores envolvidos na nova estimativa forem materiais, ou seja, se causarem influências na análise e na compreensão por parte dos usuários.

A entidade deve selecionar e aplicar suas políticas contábeis uniformemente para transações semelhantes, outros eventos e condições, a menos que o pronunciamento, a interpretação ou a orientação, especificamente, exijam ou permitam a classificação de itens para os quais possam ser aplicadas diferentes políticas. Eventuais mudanças nas estimativas contábeis são consequência das incertezas inerentes às atividades empresariais. Sabemos que determinados elementos componentes das demonstrações contábeis não podem ser mensurados com precisão e que permitem para seu reconhecimento apenas uma estimativa de valor; entretanto, a estimativa envolve julgamentos baseados na última informação disponível e confiável. Nesses casos, é grande a responsabilidade do contador.

Como exemplos mais comuns de itens que requerem estimativas, temos:

- créditos de liquidação duvidosa;
- obsolescência de estoque;
- valor justo de ativos financeiros ou passivos financeiros;
- vida útil de ativos depreciáveis;
- obrigações decorrentes de garantias.

Estimativas sempre foram necessárias no reconhecimento e mensuração de ativos e passivos, e sua utilização não compromete a confiabilidade dos relatórios contábeis. Vale destacar que o uso delas poderá requerer, o que é muito comum, revisões em determinados períodos, se ocorrerem alterações nas circunstâncias em que se basearam ou em consequência de novas informações ou de maior experiência. Essa revisão não configura correção de erro de período passado nem se relaciona com períodos anteriores, pois as novas circunstâncias (que provocam a mudança) têm efeitos para o futuro. A mudança na base de avaliação se dá na política contábil, e não na estimativa contábil. Por exemplo, atribuir aos itens do estoque, quando da baixa por venda, o valor das primeiras unidades (PEPS) em detrimento do custo médio é uma mudança na política contábil, e não de estimativa contábil.

O reconhecimento prospectivo do efeito de mudança na estimativa contábil significa que a alteração é aplicada a transações, a outros eventos e a condições, a partir da data em que ela ocorre. A mudança em uma estimativa contábil pode afetar apenas os resultados do período corrente, ou mesmo os resultados dele e dos períodos futuros. Por exemplo, a mudança na estimativa de créditos de liquidação duvidosa afeta apenas os resultados do período corrente, por isso é reconhecida em tal período. Porém, a mudança que ocorre na vida útil de ativo depreciável, ou no padrão esperado de consumo dos futuros benefícios desse tipo de ativo, afeta a depreciação do período corrente e de cada um dos futuros períodos, durante a vida útil remanescente do ativo. Em ambos os casos, o efeito da mudança relacionada com o período corrente é reconhecido como *receita ou despesa nesse período*. Caso exista o efeito em períodos futuros, é reconhecido como *receita ou despesa de períodos futuros*.

Erros podem ocorrer no registro, na mensuração, na apresentação ou na divulgação de elementos de demonstrações contábeis. Iudícibus et al. (2013, p. 472) afirmam que "a contabilidade não é isenta de erros e as demonstrações contábeis podem conter erros acidentais ou intencionais (que, na verdade, são fraudes)". As demonstrações contábeis não estarão em conformidade com as normas e procedimentos se contiverem erros materiais ou imateriais cometidos intencionalmente para alcançar determinada apresentação da posição patrimonial e financeira, do desempenho ou dos fluxos de caixa da entidade. Qual tratamento deve se dar que forem identificados? Os potenciais erros do período corrente, quando descobertos, devem ser corrigidos antes de as demonstrações contábeis serem autorizadas para publicação.

O Quadro 3.2 apresenta, de forma esquemática, um resumo daquilo que até aqui discutimos.

Quadro 3.2 – Quadro-resumo

	Políticas contábeis	**Estimativa contábil**	**Erro**
Conceito	São os princípios, as bases, as convenções, as regras e as práticas específicas aplicados pela entidade na elaboração e na apresentação de demonstrações contábeis.	Julgamento fundamentado na última informação disponível e grau razoável de confiabilidade para reconhecimento e mensuração de ativos e passivos, com reflexos também em componentes do resultado.	Equívocos quanto a registro, mensuração, apresentação ou evidenciação de elementos componentes das demonstrações, comprometendo a qualidade e a utilidade dessas demonstrações.
Alteração	Quando exigida por norma, pronunciamento, interpretação ou orientação, ou por alteração voluntária que resulte em informação mais confiável e mais relevante para melhor apresentação dos efeitos de transações.	Poderá ser necessária uma revisão na estimativa caso haja alterações nas circunstâncias em que ela se fundamentou, pela disponibilidade de novas informações ou por outros motivos.	Na retificação do erro, deverá ser observada a seguinte regra, conforme disposto no CPC 23: "a entidade deve corrigir os erros materiais de períodos anteriores retrospectivamente no primeiro conjunto de demonstrações contábeis cuja autorização para publicação ocorra após a descoberta de tais erros" (CPC, 2009b, p. 11), em consonância com o citado art. 186 da Lei n. 6.404/1976.
Exemplo	A entidade entende que deve migrar do critério PEPS (Primeiro que Entra, Primeiro que Sai) para o Custo Médio Ponderado, a fim de atribuir valor às unidades baixadas por venda.	A empresa tem a política de fazer provisões com vistas à garantia de seus produtos, porém resolve alterar os critérios utilizados para a quantificação dos valores, entendendo que os novos critérios refletem de forma mais realista o montante que presumivelmente será despendido.	A contabilidade encerrou o exercício anterior sem atentar para o fato de que alguns itens de valor relevante do imobilizado, em decorrência de uma falha no sistema de controle patrimonial, não foram depreciados. Disso decorre que o resultado do período passado, bem como o valor do imobilizado líquido, estavam incorretos. Houve no caso uma subavaliação das despesas, com superavaliação do lucro e também do imobilizado.

É importante que o contador e os usuários das demonstrações contábeis compreendam suficientemente os conceitos de política contábil, estimativa e erro, a fim de que possam se posicionar de forma adequada diante das situações que requeiram um posicionamento.

O que se recomenda é que as empresas formalizem suas políticas contábeis com vistas a padronizar os procedimentos de registro e mensuração de eventos pela contabilidade.

3.4 Eventos subsequentes à data do balanço

Um evento será subsequente à data das demonstrações contábeis se ocorrer entre a data final do período a que elas se referem e aquela na qual é autorizada sua emissão. Iudícibus et al. (2013, p. 475) informa que a "data na qual é autorizada a emissão das demonstrações contábeis é aquela na qual essas demonstrações são apresentadas, pela primeira vez, a algum órgão no qual pessoa(s) externa(s) à diretoria e ao corpo funcional da entidade participa(m)".

A empresa deverá fazer constar em nota explicativa, conforme o teor do CPC 24, a data em que houve a autorização para emissão das demonstrações. Esses eventos subsequentes são classificados em dois grupos:

a) **Aqueles que já existiam na data do balanço** – Eventos classificados nesse grupo deverão ser reconhecidos no balanço; por exemplo, após a divulgação, a empresa descobre uma possível perda de créditos de um cliente que entra em processo de falência.

b) **Aqueles que evidenciam condições surgidas subsequentemente à data do balanço** – Nesses casos, a empresa não poderá complementar a provisão já constituída, porém deverá fazer constar em nota explicativa; por exemplo, um cliente entra com o pedido de recuperação judicial em fevereiro e a data do balanço foi 31/12.

Veja a seguir um exemplo de eventos subsequentes de empresa real constante em publicação de suas demonstrações contábeis.

EVENTOS SUBSEQUENTES

Em 7 de janeiro de 2014, a Companhia publicou ao mercado em Fato Relevante a eficácia das deliberações aprovadas pela Assembleia Geral Extraordinária realizada em 28 de novembro de 2013, correspondentes a:

CONCLUSÃO DA 6ª EMISSÃO DE DEBÊNTURES

Foram subscritas e integralizadas a totalidade de 27.200.000 debêntures emitidas em colocação privada, de valor nominal unitário de R$ 62,50, totalizando R$ 1,7 bilhão. As debêntures emitidas, com vencimento no dia 8 de janeiro de 2019, são obrigatoriamente conversíveis em certificados de depósitos de ações ("Units") e serão remuneradas em 8% a.a., somada a variação monetária de Reais por Dólares Americanos, além de participar em qualquer distribuição de resultados aos acionistas da Companhia. A conversão poderá ser realizada a qualquer tempo durante a vigência das debêntures, após o período de *lock-up* de 18 meses da data de sua emissão.

Os recursos obtidos na emissão das debêntures serão destinados à construção da planta de celulose relacionada ao Projeto Puma.

Dada a natureza desses instrumentos, ele será contabilizado como instrumento híbrido, com parte no passivo, equivalente ao valor presente dos juros até a conversão, e o remanescente alocado ao patrimônio líquido.

LISTAGEM NO NÍVEL 2 DA BM&FBOVESPA

A partir do dia 9 de janeiro de 2014, comprometida com a transparência junto ao mercado e com o tratamento igualitário aos acionistas, a Klabin passou a integrar o Nível 2 de Governança Corporativa da Bolsa de Valores de São Paulo (BM&FBovespa), segmento que lista ações de empresas que adotam práticas diferenciadas de governança.

As ações da Companhia são negociadas na BM&FBovespa por mais de 30 anos. De acordo com o modelo de boas práticas de gestão, a Klabin garante aos titulares de ações preferenciais e ordinárias não integrantes do bloco de controle o direito a *tag along*, com recebimento de preço igual a 100% do valor pago por ação ordinária integrante do bloco de controle.

EMISSÃO DE NOVAS AÇÕES

Com a reestruturação societária dos acionistas controladores Klabin Irmãos & Cia ("KIC") e Niblak Participações ("Niblak"), foram emitidas 28.274.611 novas ações ordinárias da Companhia e cedidas aos acionistas controladores.

ALTERAÇÃO DO ESTATUTO SOCIAL

Foram aprovadas revisões e adequações do Estatuto Social por conta dos itens citados acima, além da mudança do capital autorizado passando para 1.120.000.000 de ações, eliminação do dividendo adicional de 10% aos acionistas preferencialistas e concessão de direito de voto aos mesmos, conforme aprovados na Assembleia Especial de Preferencialistas realizada em 29 de novembro de 2012.

Fonte: Klabin, 2014.

Podemos ver, no caso anterior, que os eventos publicados referem-se a uma data posterior à do balanço (07/01), portanto, foi necessária apenas sua indicação em nota explicativa.

Síntese

Neste capítulo, verificamos alguns conceitos que, mesmo não tão comuns no cotidiano dos contadores, são essenciais para termos uma contabilidade que expresse cada vez mais, com maior transparência e clareza, o valor do patrimônio e do resultado empresariais. O tratamento dos instrumentos financeiros que, em primeiro estudo, parece demasiadamente técnico e complexo, revela-se simples quando compreendemos a natureza desses ativos e passivos financeiros. Com base em sua natureza é que serão observadas a correta classificação, mensuração e evidenciação de seus valores.

As políticas contábeis são guias que orientam os contadores, oriundas especialmente das normas legais e técnicas que dão o necessário norte que devemos observar para apresentação fidedigna das demonstrações contábeis. As estimativas e os erros sempre fizeram parte da preocupação desses profissionais, pois especialmente as estimativas são necessárias para que a contabilidade possa reconhecer e mensurar eventos que, pela natureza ou circunstância, não têm valor objetivo para representá-los.

Finalmente, destacamos os eventos subsequentes, aos quais se recorre, por vezes, para esclarecer o usuário acerca de eventos que, embora não tenham ocorrido durante o transcurso do período contábil informado nas demonstrações, terão reflexo no patrimônio da entidade em períodos futuros e devem ser destacados, ao menos em notas explicativas.

Questões para revisão

1. O que são as políticas contábeis?
2. Podemos afirmar que um evento subsequente não tem causa reflexo nas demonstrações contábeis do exercício a que se refere? Justifique sua resposta.
3. (Instituto AOCP – 2013 – cargo de contador) De acordo com o CPC 26 (R1), item 9, qual das alternativas abaixo tem como objetivo proporcionar informação acerca da posição patrimonial e financeira, do desempenho e dos fluxos de caixa da entidade que seja útil a um grande número de usuários em suas avaliações e tomada de decisões econômicas?
   a) Relatórios financeiros.
   b) Índices econômicos.
   c) Método de controle de entrada e saída de recursos.
   d) Demonstrações contábeis.
   e) Mensuração de instrumentos financeiros.
4. (Instituto AOCP, Contador, 2013) De acordo com o CPC 26 (R1), item 9, qual das alternativas abaixo tem como objetivo proporcionar informação acerca da posição patrimonial e financeira, do desempenho e dos fluxos de caixa da entidade que seja útil a um grande número de usuários em suas avaliações e tomada de decisões econômicas?
   a) Relatórios financeiros.
   b) Índices econômicos.
   c) Método de controle de entrada e saída de recursos.
   d) Demonstrações contábeis.
   e) Mensuração de instrumentos financeiros.
5. (Cesgranrio, Administração, 2012) Ativos financeiros podem ser conceituados como títulos emitidos por unidades econômicas deficitárias que representam passivos para elas e que funcionam como instrumentos que canalizam a poupança das unidades econômicas superavitárias até o investimento. Os ativos financeiros classificados como primários podem ser divididos em grupos distintos. Tais ativos são os títulos:
   a) diretos e indiretos.
   b) públicos e privados.
   c) de renda fixa e de renda variável.

d) de dívidas, escriturais e patrimoniais.

e) de renda fixa, patrimoniais e derivativos.

Questões para reflexão

1. Quais são os tipos de instrumentos financeiros mais comuns?

2. De acordo com a Lei n. 11.638/2007, a conta Ajustes de Avaliação Patrimonial pertence ao Patrimônio Líquido. Que registros essa conta deverá evidenciar?

Exercícios resolvidos

1. A Empresa TapaFuru Comércio de Desfuradeiras comprou, em 31/01/2015, 450 desfuradeiras no valor de R$ 450.000,00. No final de 2015, quando estava encerrando seu exercício social, o valor de mercado das desfuradeiras era de R$ 400.000,00. Por se tratar de empresa optante pelo simples, não há a incidência de tributos na compra. Efetue os lançamentos contábeis de aquisição e de provisão para ajustes ao valor de mercado.

Resolução:

Para contabilizar estas operações, cabe ressaltar que o critério para avaliação dos estoques é o do custo ou valor líquido de realização, o que for menor, o qual consiste em utilizar o menor entre os valores do custo de aquisição ou produção e o valor líquido de venda.

a) Para registro da aquisição de desfuradeiras em 31/01/2015, o lançamento contábil seria:

Débito	Mercadorias (Ativo Circulante)
Crédito Bancos (Ativo Circulante)	450.000

b) Em 31/12/2015, deverá ser constituída uma Provisão para Ajustes ao Valor de Mercado que será calculada pela diferença entre o custo de aquisição e o valor de mercado (450.000 – 400.000). O lançamento contábil correspondente seria:

Débito	Despesas com Provisões (Resultado)
Crédito	Prov. para Ajuste a Valor de Mercado (Ativo Circ. – Retificadora) 50.000

2. A Resolução CFC n. 1.330/2011, que *Aprova a ITG 2000 sobre a Escrituração Contábil*, dispõe que a retificação de um lançamento contábil é o processo técnico de correção de registro realizado com erro na escrituração contábil da entidade, podendo ser efetuado nas formas de estorno, transferência ou complementação. Qual é a diferença entre essas formas?

Resolução:

Estorno: consiste em lançamento inverso àquele feito erroneamente, anulando-o totalmente. Na prática, o estorno de lançamento é utilizado quando ocorre a duplicidade de um mesmo lançamento contábil na escrituração das empresas. Base legal: Item 33 da Resolução CFC n. 1.330/2011.

Transferência: promove a regularização de conta indevidamente debitada ou creditada, por meio da transposição do registro para a conta correta. Base legal: Item 34 da Resolução CFC n. 1.330/2011.

Complementação: vem, posteriormente, complementar, aumentando ou reduzindo o valor anteriormente registrado. O lançamento complementar, aumentando valor anteriormente registrado, também é conhecido por *estorno parcial* pelos profissionais da contabilidade. Base legal: Item 35 da Resolução CFC n. 1.330/2011.

Saiba mais

Os leitores interessados em aprofundar os estudos sobre conceitos de contabilidade devem consultar:

ALMEIDA, M. C. Manual prático de interpretação contábil da lei societária. 2. ed. São Paulo: Atlas, 2014.

IUDÍCIBUS, S. de et al. **Manual de contabilidade societária**: aplicável a todas as sociedades. 2. ed. São Paulo: Atlas, 2013.

PADOVEZE, C. L.; BENEDICTO, G. C. de; LEITE, J. da S. J. **Manual de contabilidade internacional**. São Paulo: Cencage Learning, 2012.

Há ainda as normas contábeis e os pronunciamentos técnicos aplicáveis ao tema que merecem sua atenção:

CFC – Conselho Federal de Contabilidade. **NBC TG 38 (R3)**. Brasília, 21nov. 2014.Disponível em: <http://www1.cfc.org.br/sisweb/SRE/docs/NBCTG38(R3).pdf>. Acesso em: 21 jun. 2017.

_____. **NBC TG 39 (R3)**. Brasília, 21 nov. 2014. Disponível em: <http://www1.cfc.org.br/sisweb/SRE/docs/NBCTG39(R3).pdf>. Acesso em: 21 jun. 2017.

_____. **NBC TG 40 (R2)**. Brasília, 23 out. 2015. Disponível em: <http://www1.cfc.org.br/sisweb/SRE/docs/NBCTG40(R2).pdf>. Acesso em: 21 jun. 2017.

CPC – Comitê de Pronunciamentos Contábeis. **CPC 08 (R1)**: Custos de Transação e Prêmios na Emissão de Títulos e Valores Mobiliários. Brasília, 3 dez. 2010f. Disponível em: <http://www.cpc.org.br/CPC/Documentos-Emitidos/Pronunciamentos/Pronunciamento?Id=39>. Acesso em: 21 jun. 2017.

_____. **CPC 23 (R3)**: Políticas contábeis, mudança de estimativa e retificação de erro. Brasília, DF, 26 jun. 2009. Disponível em: <http://www.cpc.org.br/CPC/Documentos-Emitidos/Pronunciamentos/Pronunciamento?Id=54>. Acesso em: 21 jun. 2017.

_____. **CPC 38**: Instrumentos financeiros – reconhecimento e mensuração. Brasília, DF, 2 out. 2009g. Disponível em: <http://www.cpc.org.br/CPC/Documentos-Emitidos/Pronunciamentos/Pronunciamento?Id=69>. Acesso em: 21 jun. 2017.

_____. **CPC 39**: Instrumentos financeiros – apresentação. 2 out. 2009. Disponível em: <http://www.cpc.org.br/CPC/Documentos-Emitidos/Pronunciamentos/Pronunciamento?Id=70>. Acesso em: 21 jun. 2017.

_____. **CPC 40 (R1)**: Instrumentos financeiros: evidenciação. Brasília, 1º jun. 2012. Disponível em: <http://www.cpc.org.br/CPC/Documentos-Emitidos/Pronunciamentos/Pronunciamento?Id=71>. Acesso em: 21 jun. 2017.

Perguntas e respostas

1. **(CESPE, Analista Judiciário, 2008) Com relação à contabilização e avaliação de itens do patrimônio das empresas, o fundo de comércio adquirido será contabilizado em conta do Ativo Permanente Intangível, enquanto as aplicações em instrumentos financeiros derivativos serão contabilizadas em Ativo Circulante pelo seu valor justo, quando se tratar de aplicações destinadas a negociação ou disponíveis para venda imediata.**

   a) A afirmativa está correta.

   b) A afirmativa está errada.

   Alternativa a.

   A afirmativa é correta, pois o fundo de comércio inclui os bens e valores corpóreos (terrenos, benfeitorias, instalações etc.) e incorpóreos, indispensáveis à atividade comercial, abrangendo entre os incorpóreos: direitos de renovação do contrato de locação, ponto comercial e clientela, força atrativa, conceito e crédito, direitos autorais, nome do estabelecimento, sua insígnia, seu símbolo publicitário, marcas registradas, patentes, desenhos e modelos. Assim, o fundo de comércio devem ser contabilizados no Ativo Permanente Intangível, já que são bens incorpóreos do patrimônio da empresa. Já os derivativos devem ser medidos pelo valor justo e classificados como Ativo Circulante, uma vez que apresentam liquidez.

2. **Com base na Resolução CFC n. 1.330/2011, que disciplina a retificação de um lançamento contábil nas formas de estorno, transferência ou complementação, classifique os exemplos a seguir em cada uma dessas formas e a forma de retificar esses lançamentos:**

   a) A empresa Omar Telada vendeu, à vista, três martelos pneumáticos, com valor de cada um de R$ 2.500,00. No lançamento, o valor atribuído foi de R$ 2.000,00.

   b) A nota fiscal da aquisição de uma máquina desburacadeira foi lançada incorretamente na conta do Banco Dapra S/A. O correto seria o lançamento no Banco SDMF – Seu Dinheiro Minha Felicidade.

   c) A nota fiscal da compra de um computador, no valor de R$ 2.000,00, foi lançada em duplicidade.

   a) Trata-se de uma **complementação** e deverá ser contabilizada debitando-se a conta banco e creditando-se a conta de receita.

   b) Trata-se de uma **transferência** e deverá ser contabilizada debitando-se a conta Banco SDMF e creditando-se a conta Banco Dapra S/A.

   c) Trata-se de um **estorno** e deverá ser contabilizado debitando-se a conta Banco e creditando-se a conta Imobilizado.

4

Leasing, ativos especiais e contingências

Conteúdos do capítulo:

- Arrendamento mercantil.
- Propriedades para investimentos.
- Ativos biológicos.
- Ativos e passivos contingentes.
- Ativos intangíveis.

Após o estudo deste capítulo, você será capaz de:

1. dominar os fundamentos contábeis dos ativos intangíveis;
2. compreender a correta classificação e mensuração dos ativos biológicos;
3. identificar o conceito e as características das propriedades para investimentos;
4. aplicar o reconhecimento e a classificação dos ativos e passivos contingentes.

Neste capítulo, apresentaremos conceitos inerentes ao domínio de determinados ativos e passivos que, por sua importância e magnitude, merecem uma atenção diferenciada no texto. O tratamento contábil (reconhecimento, mensuração e evidenciação) a ser considerado para o arrendamento mercantil, para os ativos biológicos, bem como para os ativos e passivos contingentes e propriedades para investimentos, deve observar com bastante fidelidade o que as normas contábeis (pronunciamentos técnicos e Normas Brasileiras de Contabilidade – NBC) determinam. São conceitos trazidos pela convergência da contabilidade brasileira às regras internacionais (IRFS – *International Reporting Financial Standards*) e ainda pouco explorados pelos professores e profissionais, daí a importância de um estudo no qual sejam expostos os conceitos, os critérios de reconhecimento, as maneiras de realizar sua avaliação e de apresentá-los nos demonstrativos contábeis. É a isso que se propõe este capítulo.

4.1 Arrendamento mercantil

O pronunciamento técnico do Comitê de Pronunciamentos Contábeis – CPC 06 (R1) (CPC, 2010d) –, que trata das políticas contábeis e divulgações necessárias a serem aplicadas a arrendadores e arrendatárias relativamente ao arrendamento mercantil, define *arrendamento mercantil* como um acordo pelo qual o arrendador transmite ao arrendatário, em troca de um pagamento ou uma série de pagamentos, o direito de usar um ativo por um período de tempo acordado. Para compreender o tratamento contábil do arrendamento mercantil, é essencial classificarmos as operações de arrendamento (*leasing*) em duas categorias:

a) **Arrendamento mercantil financeiro** – Constitui-se numa operação de *leasing* em que há transferência substancial dos riscos e benefícios inerentes à propriedade de um ativo. O título de propriedade pode ou não vir a ser transferido ao arrendatário, o qual exerce, nesse caso, a opção de compra.

b) **Arrendamento mercantil operacional** – Difere do arrendamento mercantil financeiro por não conter as características daquele e que o qualificam como tal.

A dúvida para os contadores está relacionada às características específicas, especialmente do arrendamento financeiro, o que normalmente, pela própria definição do indicado pronunciamento técnico, está vinculado à transferência ou não, para o arrendatário, dos riscos e benefícios inerentes ao ativo arrendado.

Os riscos estão associados às possibilidades de perdas devido à capacidade ociosa ou à obsolescência tecnológica e de variações no retorno em função de alterações nas condições econômicas. Os benefícios, por sua vez, relacionam-se à expectativa de ganhos econômicos proporcionados à arrendatária durante a vida útil do ativo, que também podem resultar de aumentos de valor do bem ou de eventual realização financeira de seu valor residual.

Corroborando a classificação dada pelo CPC 06, o art. 179, inciso IV, da Lei n. 11.638, de 28 de dezembro de 2007, determina que serão classificados:

> Art. 179. As contas serão classificadas do seguinte modo:
>
> [...]
>
> IV. no ativo imobilizado: os direitos que tenham por objeto bens corpóreos destinados à manutenção das atividades da companhia ou da empresa ou exercidos com essa finalidade, inclusive os **decorrentes de operações que transfiram à companhia os benefícios, riscos e controle desses bens.** (Brasil, 2007, grifo nosso)

No ensinamento de Almeida (2014, p. 121), "um arrendamento mercantil é classificado como financeiro se ele transferir substancialmente todos os riscos e benefícios inerentes à propriedade, caso contrário o mesmo é classificado como operacional sendo a análise efetuada de acordo com a essência do contrato, e não sua forma legal".

Esse autor faz referência ao princípio da essência econômica sobre a forma jurídica que reveste o contrato, que mais do que uma orientação, no caso do *leasing*, é um imperativo legal. Alguns critérios deverão ser utilizados para classificar o arrendamento mercantil como financeiro, entre os quais se destacam:

a) Futura transferência de propriedade assegurada pelo contrato – o arrendamento mercantil transfere a propriedade do ativo para o arrendatário ao final do período de arrendamento.

b) Opção de compra assegurada ao arrendatário ao final do período de arrendamento, porém o valor residual de compra deve ser significativamente inferior ao do ativo na data do exercício da opção de compra.

c) O prazo de arrendamento compreende a maior parte da vida útil econômica do bem arrendado.

d) Os ativos têm natureza especial – como aeronaves, por exemplo –, o que faz com que apenas o arrendatário possa tirar deles a utilidade necessária.

4.1.1 Contabilização do arrendamento mercantil

Após a exposição do conceito e dos aspectos normativos das operações de arrendamento mercantil, tanto operacional quanto financeiro, vejamos agora a sugestão de contabilização dessas operações.

4.1.1.1 Arrendamento mercantil financeiro

Como visto anteriormente, a operação de arrendamento financeiro enseja o reconhecimento de uma compra financiada; portanto, na contabilidade do arrendador, a operação é tratada como uma venda a prazo.

Contabilidade do arrendador

A Tabela 4.1 demonstra o modo de contabilização dessa modalidade de arrendamento. A forma de reconhecimento contábil do arrendamento mercantil financeiro foi alterada desde a convergência da contabilidade brasileira às regras contábeis internacionais.

Tabela 4.1 – Contabilização da operação de arrendamento no arrendador

Contas contábeis	Débito	Crédito
Contas a Receber de Arrendamento Financeiro – AC	xxx	
Ativo Imobilizado		xx
Ganho no Arrendamento Financeiro – Resultado		x

O ganho na alienação reflete a diferença entre o custo do Ativo Imobilizado baixado (desreconhecido) e o valor de investimento líquido na locação.

Contabilidade do arrendatário

A Tabela 4.2 demonstra a contabilização da operação de arrendamento na contabilidade do arrendatário como uma compra financiada. Esse tratamento contábil está em consonância com as novas regras contábeis brasileiras.

Tabela 4.2 – Contabilização do arrendamento no arrendatário

Contas contábeis	Débito	Crédito
Ativo Imobilizado	xxx	
Passivo Financeiro – Financiamentos a Pagar		xxx

Reconhecimento da entrada de um ativo, adquirido na forma de *leasing* financeiro. Nos períodos subsequentes, o ativo será depreciado e o financiamento gerará despesas financeiras que serão reconhecidas no resultado.

4.1.1.2 Arrendamento mercantil operacional

O reconhecimento contábil da receita na contabilidade do arrendador se dá à medida que o arrendatário efetua os pagamentos mensais.

Contabilidade do arrendador

Na Tabela 4.3, podemos ver como se dará o registro na contabilidade do arrendador de um bem, pelo arrendamento mercantil operacional.

Tabela 4.3 – Contabilização da receita no arrendador

Contas contábeis	Débito	Crédito
Caixa	xxx	
Receita de Arrendamento Mercantil		xxx

Contabilidade do arrendatário

Da mesma forma que no arrendador, na contabilidade do arrendatário o reconhecimento das despesas se faz à medida que os pagamentos são efetuados, como contraprestação pelo uso do bem arrendado. Confira na Tabela 4.4 como fica a contabilidade da despesa do arrendatário.

Tabela 4.4 – Contabilização da despesa no arrendatário

Contas contábeis	Débito	Crédito
Despesas com Arrendamento Mercantil	xxx	
Caixa		xxx

Para concluir, não é demais ressaltarmos que, na modalidade de arrendamento financeiro, o ativo arrendado é transferido para a propriedade da arrendatária, ao passo que, no caso de arrendamento operacional, o bem, objeto do arrendamento, permanece como ativo da entidade arrendadora.

4.2 Propriedades para investimentos

As propriedades para investimentos ganharam destaque após a convergência das normas contábeis brasileiras às regras internacionais de relatórios financeiros (*International Financial Reporting Standards* – IFRS) e, como a própria denominação induz, são aquelas cujo uso ainda não foi totalmente definido (imóveis para valorização de capital) ou estão sendo utilizadas para geração de receitas de aluguel.

O Pronunciamento Técnico CPC 28 (CPC, 2009e) oferece o tratamento devido a que estão submetidas tais propriedades, classificadas no grupo Investimentos no Ativo não Circulante, e define que serão categorizadas como propriedades para investimentos os imóveis:

a) para aluguel, ou seja, geram uma receita incremental ao resultado da empresa;
b) adquiridos para valorização do capital;
c) adquiridos tanto para obtenção de receita de aluguel como para valorização de capital.

O conceito de propriedade para investimentos não se aplica a imóvel para uso na produção ou fornecimento de bens ou serviços ou como sede da empresa; também não caracteriza nenhum ativo imobilizado ou imóvel já definido para venda no curso normal dos negócios.

O mesmo Pronunciamento Técnico CPC 28, que trata do tema, elenca uma série de exemplos de imóveis que deverão ser classificados como propriedades para investimentos, quais sejam:

> (a) terrenos mantidos para valorização de capital a longo prazo e não para venda em curto prazo no curso ordinário dos negócios;
> (b) terrenos mantidos para futuro uso correntemente indeterminado [...];
> (c) edifício que seja propriedade da entidade (ou mantido por ela em arrendamento financeiro) e que seja arrendado sob um ou mais arrendamentos operacionais;
> (d) edifício que esteja desocupado, mas mantido para ser arrendado sob um ou mais arrendamentos operacionais;
> (e) propriedade que esteja sendo construída ou desenvolvida para futura utilização como propriedade para investimento. (CPC, 2009e, p. 3)

Concluímos que o raciocínio que pode ser utilizado para classificar ou não um imóvel como propriedade para investimento é o de que ele gere um Fluxo de Caixa no momento presente (imóvel para aluguel), ou não lhe foi dada ainda uma destinação específica (valorização de capital), ou ainda esteja destinado ou sendo utilizado para arrendamento mercantil. Claramente, podemos considerar que a classificação levará sempre em conta a não utilização do imóvel na atividade operacional da empresa. Necessariamente, os fluxos presentes ou futuros de caixa estão vinculados diretamente a essas propriedades.

O reconhecimento inicial de uma propriedade para investimentos deve se dar pelo seu valor de custo de aquisição, e as mensurações subsequentes poderão ser pelo valor justo ou de custo, à escolha da organização.

4.3 Ativos biológicos

O que são ativos biológicos? São investimentos efetuados em atividades agrícolas e definidos, conforme o Pronunciamento Técnico CPC 29, como "um animal ou uma planta, vivos" (CPC, 2009f). O Quadro 4.1 apresenta alguns exemplos e serve para orientar na compreensão sobre a correta classificação desses ativos.

Figura 4.1 – Exemplos de ativos biológicos

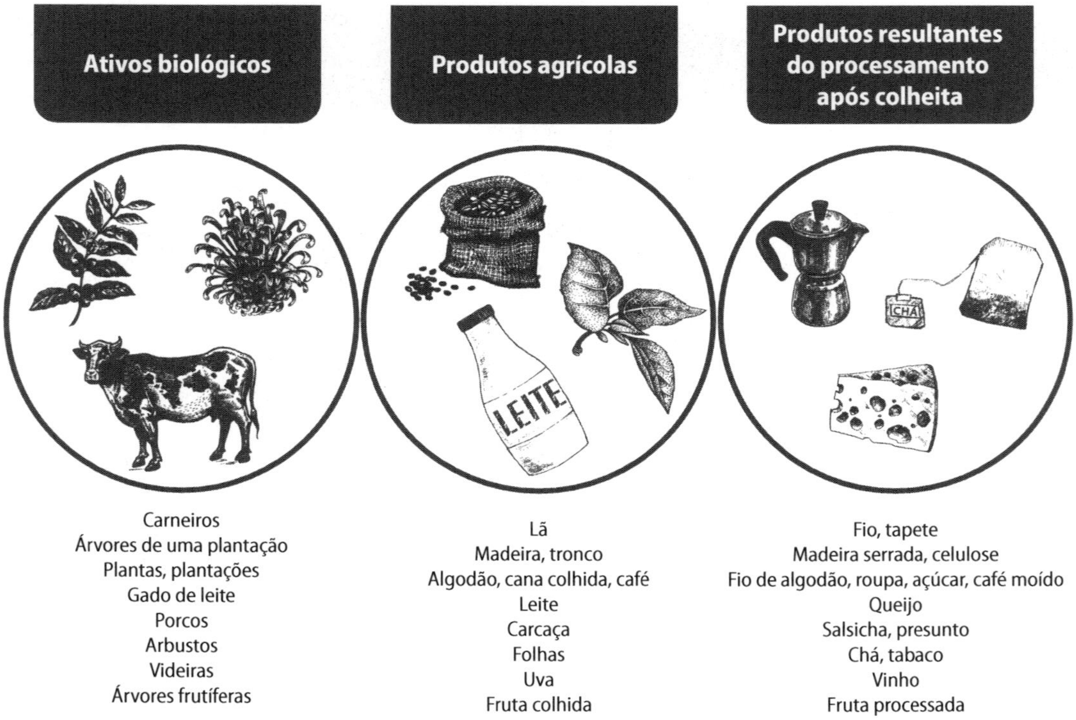

mamita, Helena-art/Shutterstock

Fonte: CPC, 2009c, p. 3.

Veja que o reconhecimento contábil de um ativo biológico deve ser efetuado considerando-se a classificação indicada no quadro. Porém, sua classificação correta deve ser acompanhada de uma análise cuidadosa dos critérios que serão utilizados para sua mensuração, que veremos no próximo tópico.

4.3.1 Reconhecimento e mensuração dos ativos biológicos

Para se enquadrar como ativo biológico, é necessário que o bem seja um elemento componente da atividade rural, agrícola ou pecuária, além de prestar uma utilidade que se prolonga no tempo, ou seja, seus benefícios econômicos são consumidos em mais de um período contábil.

Conforme determina o Pronunciamento Técnico CPC 29, um elemento classificado como ativo biológico deve ser mensurado "ao valor justo menos a despesa de venda no momento do reconhecimento inicial e no final de cada período de competência, exceto para itens cujo valor justo não pode ser mensurado de forma confiável" (CPC, 2009f, p. 6). O produto agrícola colhido de ativos biológicos da entidade – como uva, por exemplo – deve ser mensurado ao valor justo, menos a despesa de venda, no momento da colheita.

Por orientação da NBC TG 29 (R2), do Conselho Federal de Contabilidade (CFC), aprovada pela Resolução CFC n. 1.186/2009 e alterada em 2015, a classificação dos elementos em ativos biológicos será feita conforme eles se enquadrem como:

a) **Ativos biológicos consumíveis** – Qualidade daqueles ativos passíveis de ser colhidos como produto agrícola ou vendidos como ativos biológicos. Como exemplo, podem ser indicados os rebanhos de animais mantidos para a produção de carne ou para a venda, a produção de peixe, as plantações de milho, cana-de-açúcar, café, soja, laranja e trigo e árvores para produção de madeira. Esses ativos são classificados e mantidos como estoques (CFC, 2013).

b) **Ativos biológicos de produção** – A característica principal desses ativos é que são autorrenováveis, ou seja, geram outros produtos, que serão classificados como estoques. Como exemplos, podemos citar os rebanhos de animais para produção de leite, vinhas, árvores frutíferas e árvores das quais se produz lenha por desbaste, mas com sua manutenção. Eles não se realizam no primeiro uso, mas mantêm-se em atividade, gerando benefícios econômicos durante uma série de períodos (CFC, 2013).

Confira, na Tabela 4.5, o tratamento dado em notas explicativas aos ativos biológicos em caso real sobre demonstrações contábeis publicadas.

Tabela 4.5 – Exemplo de ativos biológicos

DFs Individuais/Balanço Patrimonial Ativo Reais (Mil)			
Código da Conta	**Descrição da Conta**	**Último Exercício 31/12/2013**	**Penúltimo Exercício 31/12/2012**
1.02.02.01.02	Participações em Controladas	1.134.094	1.267.255
1.01.08.03	Outros	56.972	60.465
1.02.03	Imobilizado	5.670.990	5.003.707
1.02.01.05	Ativos Biológicos	2.819.598	2.944.187
1.02.04.01	Intangíveis	9.133	8.486
1.02	Total do Ativo não Circulante	10.027.105	9.602.821

Fonte: Adaptado de Klabin, 2014.

Os ativos biológicos da Companhia compreendem o cultivo e plantio de florestas de *pinus* e eucalipto para abastecimento de matéria-prima na produção de celulose utilizada no processo de produção de papel e vendas de toras de madeira para terceiros. Em 31 de dezembro de 2013, considerando sua participação na área florestal da sua controlada em conjunto Florestal Vale do Corisco, a Companhia possui 242 mil hectares (em 31 de dezembro de 2012) de florestas plantadas, desconsiderando as áreas de preservação permanente e reserva legal que devem ser mantidas para atendimento à legislação ambiental brasileira.

O saldo dos ativos biológicos da Companhia é composto pelo custo de formação das florestas e do diferencial do valor justo sobre o custo de formação, menos os custos necessários para colocação dos ativos em condição de uso ou venda, para que o saldo de ativos biológicos como um todo seja registrado a valor justo, da seguinte forma:

Tabela 4.6 – Ajuste a valor justo dos ativos biológicos

	Controladora		Consolidado	
	31/12/2013	31/12/2012	31/12/2013	31/12/2012
Custo de formação dos ativos biológicos	863.304	870.671	1.064.325	1.051.887
Ajuste a valor justo dos ativos biológicos	1.956.294	2.073.516	2.257.660	2.389.608
Total	**2.819.598**	**2.944.187**	**3.321.985**	**3.441.495**

A avaliação dos ativos biológicos por seu valor justo considera certas estimativas, tais como: preço de madeira, taxa de desconto, plano de colheita das florestas e volume de produtividade, as quais estão sujeitas a incertezas, podendo gerar efeitos nos resultados futuros em decorrência de suas variações.

Não existem ativos biológicos dados em garantia de operações firmadas pela Companhia e as informações acerca do seguro dos ativos biológicos e riscos financeiros das operações florestais se encontram descritas na nota explicativa 26.

Fonte: Adaptado de Klabin, 2014.

Observe que a empresa apresenta em seu Ativo não Circulante um valor expressivo de ativos biológicos, detalhados no texto da nota explicativa. Pelo que é possível perceber, a contabilidade considerou os parâmetros de classificação e mensuração de tais ativos, conforme orientado pelo CPC 29, que trata do tema.

4.4 Ativos e passivos contingentes

As contingências, tanto ativas como passivas, são uma constante preocupação para os contadores e demais envolvidos com a gestão das organizações. Sabemos que os riscos são próprios de qualquer empreendimento e deverão ser mensurados para reconhecimento de eventuais provisões.

4.4.1 Conceito de contingência

Contingências são as possibilidades de algo ocorrer ou não, eventualidades. São acontecimentos de ocorrência futura e possível que devem ser observados e, se julgados prováveis, reconhecidos pela contabilidade. Nessa área da contabilidade, cabe reconhecer os fatos contábeis, mensurá-los e registrá-los. Porém, certos eventos ainda não se realizaram totalmente. Apesar de apresentarem razoável grau de certeza de sua ocorrência, vão se completando, algumas vezes, ao longo do tempo; em situações como essa, o impacto econômico ainda não foi definitivamente efetivado. Filosoficamente, a *contingência* "passou a ser sinônimo de 'não determinado', isto é, de livre e imprevisível; designa especialmente o que de livre, nesse sentido, se encontra ou age no mundo natural" (Abbagnano, 1998, p. 201) Por seu turno, "um acontecimento qualquer do mundo é **contingente** no sentido de que: 1º considerado de *per si*, poderia verificar-se ou não; 2º verifica-se necessariamente pela sua causa" (Abbagnano, 1998, p. 201, grifo nosso), ou seja, algo que pode ocorrer ou não e pode ser verificado por suas causas.

O termo *contingência* também se baseia em uma condição ou evento cujo resultado final – seja favorável, seja desfavorável – depende de comportamentos futuros incertos. Sob o ponto de vista contábil, essa definição se limita às situações existentes à data das demonstrações e informações contábeis, e o seu efeito financeiro será determinado por eventos futuros, que podem acontecer ou não.

De acordo com Zanluca (2015), a perda contingente deve ser identificada todas as vezes em que as duas situações a seguir ocorrerem:

1. for provável que eventos futuros ou a experiência passada confirmem a diminuição do valor de realização ou de recuperação de um ativo ou a existência de um passivo; e
2. [se] a perda puder ser razoavelmente estimada.

Esse autor chama a atenção para o fato de que há possibilidade de que ocorram eventos futuros, que podem ser previstos de modo estimativo no presente. Se a estimativa não é possível de ser identificada, mesmo que a ocorrência dela seja provável, não se contabiliza qualquer contingência. Porém, se o valor envolvido não puder ser minimamente estimado, as informações relevantes precisam ser divulgadas, pelo menos, em nota explicativa (Zanluca, 2015).

4.4.2 Ativos contingentes

Para chegarmos à definição do que se consideram *ativos contingentes*, precisamos renovar o conceito já visto de *ativo*, que é o elemento mais importante em um negócio, pois determina a estrutura e o potencial que a empresa tem. Trata-se do potencial atendimento às demandas do mercado e de se buscarem oportunidades para realizar suas atividades.

De acordo com Oliveira e Luz (2012), dependendo de sua finalidade, podemos dividir o ativo em dois grandes grupos: *ativos de realização* e *ativos de uso*. Os primeiros compõem o Ativo Circulante e se realizam integral e diretamente em dinheiro, em menor ou maior prazo, como os estoques e as duplicatas a receber, entre outros. Os ativos de uso, por sua vez, correspondem à estrutura que a empresa necessita para poder efetivar sua atividade e não são realizados diretamente em dinheiro, mas oferecem à organização a condição requerida para exercer sua atividade. São exemplos desse ativo as máquinas, as participações de capital em outras sociedades etc.

A propriedade de um bem é um dos requisitos para que ele seja caracterizado como *ativo*, o que implica os direitos de uso, gozo e disposição desse bem (é a definição jurídica). Para Oliveira e Luz (2012), a posse não é suficiente, já que configura a mera detenção de determinado objeto. É o caso, por exemplo, em que certa empresa, para realizar qualquer trabalho, aluga uma máquina: apesar de se encontrar em sua posse, a empresa não pode dispor do bem, pois não detém a propriedade do equipamento, não podendo vende-lo ou dá-lo em garantia, por exemplo.

A segunda condição basilar para qualificar um bem como *ativo* é a possibilidade que ele tem de ser calculado monetariamente; em outras palavras, o bem é calculável em moeda, assim, precisa-se atribuir objetivamente um valor monetário a ele. Um exemplo dessa situação é a **marca**, considerada um dos ativos mais importantes de propriedade da empresa, mas cuja avaliação monetária é difícil, já que os critérios utilizados são subjetivos e não atendem ao que determinam os princípios contábeis da objetividade. A mensuração monetária carece de uma dose significativa de objetividade, difícil de ser alcançada em avaliações de ativos imateriais, como é o caso da marca.

A terceira característica do bem como *ativo* é sua potencialidade como mecanismo de geração de benefícios presentes e futuros. Oliveira e Luz (2012, p. 50) ensinam:

> Cada bem e direito deve ser constantemente analisado para se medir sua potencialidade de satisfação das necessidades da empresa. Caso se perceba que será muito difícil ou quase impossível a obtenção desses benefícios, pode ser o caso de se proceder sua baixa. Um exemplo seria um valor a receber de um cliente que teve esgotadas as possibilidades de cobrança.

Conforme sinalizam os mesmos autores, a eventual entrada de benefícios econômicos futuros caracteriza a existência de um ativo contingente. Também Iudícibus et al. (2013, p. 337) corroboram essa visão, segundo os quais "os ativos contingentes surgem da possibilidade de entrada de benefícios econômicos futuros para a entidade de eventos não esperados ou não planejados". Entretanto, enquanto os ganhos associados a tais ativos não estiverem totalmente assegurados, não podem ser inseridos nas demonstrações contábeis. A certeza da realização é o bastante para afastar a condição de contingente de um elemento ativo.

Oliveira e Luz (2012) recorrem a Iudícibus et al. (2013), que apresentam as várias fases que podem qualificar um elemento do ativo como *efetivo* ou *contingente*. É o que mostra o Quadro 4.2.

Quadro 4.2 – Critérios para reconhecimento de contingências

Probabilidade da ocorrência de entrada de recursos	Tratamento contábil
Praticamente certa	O ativo não é contingente, um ativo é reconhecido.
Provável, mas não praticamente certa	Nenhum ativo é reconhecido, mas existe divulgação em nota explicativa.
Não é provável	Nenhum ativo é reconhecido, não divulga em notas explicativas.

Fonte: Adaptado de Iudícibus et al., 2013, p. 337.

Contudo, reconhecem os autores (Oliveira; Luz, 2012), com base no quadro anterior, que, diante da contingência vinculada a um benefício econômico futuro, tal informação precisa ser destacada, ainda que em nota explicativa. Havendo probabilidade futura de ocorrência da entrada de recursos, pode ser o bem contabilizado nas notas.

O Pronunciamento Técnico CPC 25 (CPC, 2009c) estabelece critérios para reconhecer e calcular as provisões, os ativos e os passivos contingentes. No caso das contingências ativas, o comitê sinaliza na direção de que o reconhecimento de um ativo contingente ocorre quando a iminência de benefícios é provável, mas não totalmente assegurada, pois depende de um evento externo fora do controle da empresa.

Todavia, essa evidenciação em relatórios contábeis deverá constar tão somente em nota explicativa. Tal recomendação vai ao encontro do enunciado da convenção, quanto à prudência ou ao conservadorismo no reconhecimento e na mensuração de qualquer ativo: ela determina que se adote o menor valor para o ativo e o maior para o passivo todas as vezes em que se apresentarem alternativas igualmente válidas para quantificar as mutações patrimoniais.

O Pronunciamento CPC 25 continua, em seus itens 31 a 35, a tratar do reconhecimento dos ativos contingentes. De acordo com esse documento: "31. a entidade não deve reconhecer um ativo contingente", além de esclarecer que "32. Os ativos contingentes surgem normalmente de evento não planejado ou de outros não esperados que dão origem à possibilidade de entrada de benefícios econômicos para a entidade" (CPC, 2009c, p. 8-9). É o caso de ações judiciais em que a empresa é autora (recuperações tributárias, por exemplo) cujo desfecho seja incerto. Ainda de acordo com Oliveira e Luz (2012), citando o CPC 25, essa questão pode ser resumida da seguinte forma. "Os ativos contingentes não são reconhecidos nas demonstrações contábeis, uma vez que pode tratar-se de resultado que nunca venha a ser realizado. Porém, quando a realização do ganho é praticamente certa, então o ativo relacionado não é um ativo contingente e o seu reconhecimento é adequado" (CPC, 2009c, p. 8-9).

O ativo contingente é divulgado quando for provável a entrada de benefícios econômicos. Porém tal divulgação se dará conforme dispõe o item 89 do CPC 25, o qual define que, "quando for provável a entrada de benefícios econômicos, a entidade deve divulgar breve descrição da natureza dos ativos contingentes na data do balanço e, **quando praticável, uma estimativa dos seus efeitos financeiros**" (CPC, 2009c, p. 16, grifo nosso).

Então, os dois autores recorrem a um esquema (Figura 4.1) elaborado por Almeida (2010, p. 88) e que resume a compreensão a respeito do reconhecimento contábil ou não dos ativos contingentes, chamando atenção para o fato de que tais ativos não são contabilizados, no máximo devem estar presentes em notas explicativas.

Figura 4.2 – Critérios para análise de reconhecimento de contingências

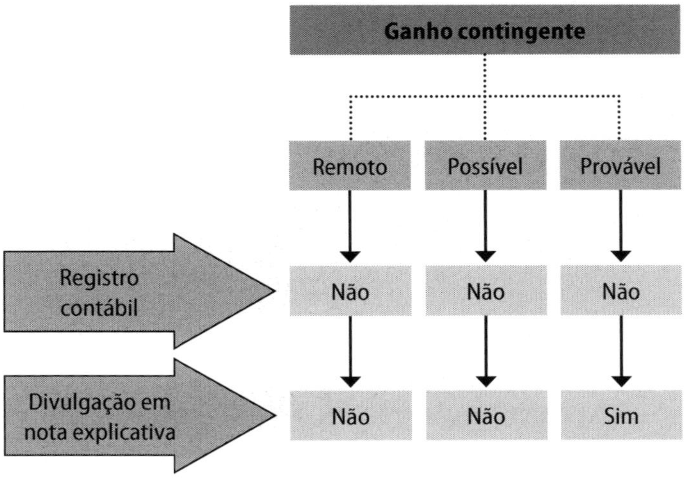

Fonte: Adaptado de Almeida, 2010, p. 88.

4.4.3 Passivos contingentes

No passivo, as obrigações da companhia, conhecidas ou prováveis, são classificadas, desde que adequadamente mensuradas. A referência, para esta circunstância, é a Lei das Sociedades por Ações – Lei n. 6.404, de 15 de dezembro de 1976 –, que, no art. 184, dispõe quanto aos critérios de avaliação dos elementos do passivo:

> Art. 184. No balanço, os elementos do passivo serão avaliados de acordo com os seguintes critérios:
>
> I. as obrigações, encargos e riscos, conhecidos ou calculáveis, inclusive Imposto sobre a Renda a pagar com base no resultado do exercício, serão computados pelo valor atualizado até a data do balanço;
>
> II. as obrigações em moeda estrangeira, com cláusula de paridade cambial, serão convertidas em moeda nacional à taxa de câmbio em vigor na data do balanço;
>
> III. as obrigações, os encargos e os riscos classificados no passivo não circulante serão ajustados ao seu valor presente, sendo os demais ajustados quando houver efeito relevante. (Brasil, 1976)

De acordo com a definição da legislação, as contingências passivas precisam estar reconhecidas no Balanço Patrimonial (BP) – acompanhadas do efeito no resultado empresarial – se representarem riscos e forem calculáveis. O rigor imposto pela lei no reconhecimento de riscos e contingências está em sintonia com a convenção do conservadorismo (ou *prudência*), já que as perdas, quando são conhecidas, precisam ser imediatamente registradas contabilmente.

Conforme apontou o CFC, na Resolução n. 1.121, de 28 de março de 2008 (Brasil, 2008a), que aprovou a *NBC TG: Estrutura conceitual para a elaboração e apresentação das demonstrações contábeis*, que dispõe a respeito da estrutura conceitual para se elaborarem e se apresentarem as demonstrações contábeis, uma característica fundamental para a existência de um passivo é que a empresa tenha uma obrigação presente, isto é, um dever ou uma responsabilidade de agir ou fazer de determinado modo. Porém, segundo Oliveira e Luz (2012, p. 53) avaliam, "por uma questão de boa técnica contábil é necessário distinguir da maneira mais clara possível uma obrigação presente e um compromisso futuro". Isso corrobora o que explana a mesma Resolução do CFC (2008a, p. 16): "A decisão da Administração de uma entidade de adquirir ativos no futuro não constitui, por si só, uma obrigação presente. A obrigação normalmente surge somente quando o ativo é recebido ou a entidade assina um acordo irrevogável de aquisição do ativo".

Essa norma determina que a liquidação de uma obrigação presente significará, em princípio, a entrega, por parte da empresa, de recursos capazes de gerar benefícios econômicos com a finalidade de atender ao direito da outra parte. Há diversas formas de uma obrigação presente ser extinta; citamos algumas:

a) pagamento em dinheiro, via entrega de numerários aos credores da entidade;
b) transferência de outros ativos, como a entrega de imobilizados ou estoques;
c) prestação de serviços, no caso de recebimento antecipado de valores relativos a contratos de serviços que serão executados no futuro;
d) substituição da obrigação por outra, casos de renegociação de dívidas; e
e) conversão da obrigação em capital, caso em que o credor passa a ser sócio ou acionista da entidade.

Apesar de os passivos serem originados em eventos passados – como a aquisição de bens e o uso de serviços de terceiros –, reconhecidos de forma objetiva e suportados por documentos, alguns deles somente podem ser reconhecidos e mensurados com o emprego de um elevado grau de estimativa – estes devem ser reconhecidos, no contexto da contabilidade, como *provisões*.

O pronunciamento CPC 25 trata como *provisão* aquela reconhecida apenas nas situações em que um evento passado tiver gerado uma obrigação legal ou implícita e for ao menos provável que haverá o desembolso de recursos no futuro, a fim de que tal obrigação seja liquidada, definindo: "36. O valor reconhecido como provisão deve ser a melhor estimativa do desembolso exigido para liquidar a obrigação presente na data do balanço" (CFC, 2009c).

Em se tratando de passivos contingentes, o CPC esclarece que serão apenas divulgados, porém sem reconhecimento contábil. Oliveira e Luz (2012) citam como exemplo de provisão o que diz respeito às férias e aos valores relativos ao 13º salário. Isso porque conforme os empregados vão adquirindo o direito a essas verbas pelo trabalho que desenvolvem, a empresa deve ir reconhecendo contabilmente a obrigação que vai sendo gerada concomitantemente. Além dessa situação, uma ação fiscal ou trabalhista intentada contra a entidade pode sinalizar a necessidade de uma provisão.

Veja-se que, nesses casos, o fato gerador da provisão já ocorreu, porém a entidade não sabe claramente o valor a ser despendido e a data que deverá desembolsar os recursos para quitar essas obrigações. Ressalte-se que as provisões passivas afetam, em contrapartida, o resultado do período.

Da mesma maneira, Iudícibus et al. (2013, p. 337, grifo do original) tratam a ideia: "na situação em que a saída de recursos é julgada provável em exercício futuro deve ser registrada contabilmente por meio de uma provisão, **quando baseada em estimativa confiável**". Como exemplos de provisões, além das já nominadas anteriormente, podem-se considerar, também de acordo com Iudícibus et al. (2013, p. 338):

- provisão para garantias de produtos, mercadorias e serviços;
- provisão para riscos fiscais, trabalhistas e cíveis;
- provisão para reestruturação;
- provisão para danos ambientais causados pela entidade;
- provisão para compensações ou penalidades por quebra de contratos (contratos onerosos);
- provisão para benefícios a empregados [...];
- outras provisões.

Se a empresa perceber que é necessário que se constitua a provisão, deverá fazer o reconhecimento contábil debitando uma despesa, com o crédito correspondente na conta de provisão do passivo. É assim que Almeida (2010, p. 88) resume graficamente (Figura 4.2) as características das contingências.

Figura 4.3 – Critérios para análise das perdas contingentes

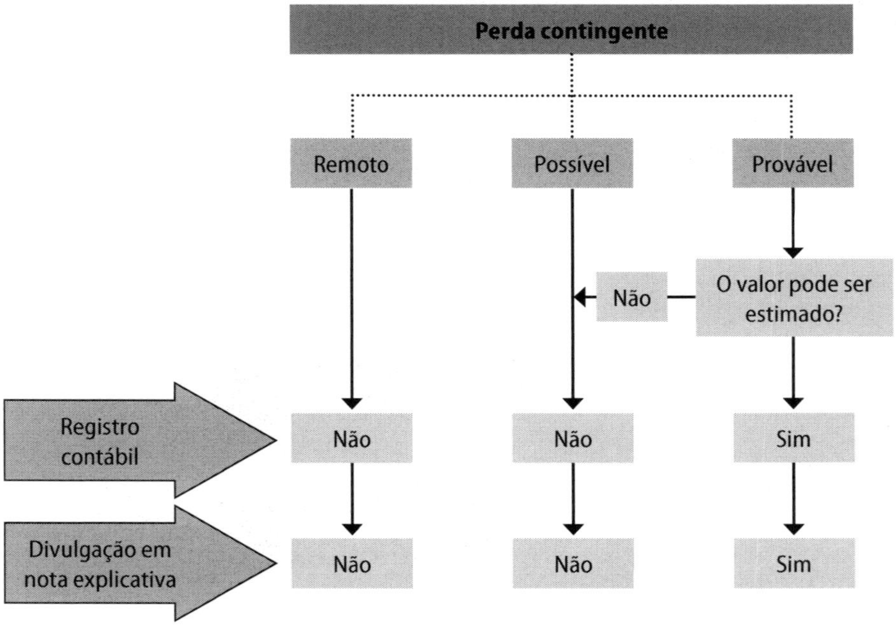

Fonte: Almeida, 2010, p. 88.

A figura sinaliza que uma provisão deve ser constituída quando a saída de recursos for provável. Já quando tal saída for possível, um passivo contingente deve ser divulgado em nota explicativa. Entretanto, nos casos em que essa possibilidade é remota, sequer é necessário divulgar um passivo contingente.

4.5 Ativos Intangíveis

Nesse subgrupo de contas, classificam-se os direitos que tenham por objeto bens incorpóreos (intangíveis) destinados a manter a atividade da companhia ou aqueles que serão exercidos com essa finalidade. A Lei n. 6.404/1976 determina que se inclua nele o fundo de comércio adquirido. Podemos citar, como exemplos, as marcas e as patentes adquiridas pela empresa e os gastos com desenvolvimento de novos produtos classificados como *ativos diferidos*.

O Ativo Intangível foi inserido na legislação contábil brasileira por força de dispositivo da Lei n. 11.941, de 27 de maio de 2009 (Brasil, 2009), que incluiu esse subgrupo no grupo do Ativo não Circulante, suprimindo o Ativo Diferido, existente até então. O Pronunciamento Técnico CPC 04 define que um Ativo Intangível deve ser reconhecido apenas se: "(a) for provável que os benefícios econômicos futuros esperados atribuíveis ao ativo serão gerados em favor da entidade; e (b) o custo do ativo puder ser mensurado com confiabilidade" (CPC, 2010d, p. 9).

Determina, ainda, o referido pronunciamento que a entidade deve avaliar a probabilidade de geração de benefícios econômicos futuros, utilizando premissas razoáveis e comprováveis. Essas premissas precisam representar a melhor estimativa da administração em relação ao conjunto de condições econômicas que persistirão durante a vida útil do ativo, utilizando seu julgamento para avaliar o grau de certeza relacionado ao fluxo de benefícios econômicos futuros atribuíveis ao uso do ativo, com base nas evidências disponíveis no momento do reconhecimento inicial, dando maior peso às evidências externas.

Os conteúdos classificados como ativos intangíveis devem ser mensurados inicialmente ao valor de custo de formação ou aquisição; ou seja, o critério de avaliação dos elementos do Ativo Intangível é o valor original dos recursos aplicados.

Iudícibus et al. (2013) indicam alguns exemplos de ativos intangíveis, como marcas, *softwares*, licenças e franquias, receitas, fórmulas, modelos, protótipos, gastos com desenvolvimento de novos produtos e serviços que atendam aos critérios de reconhecimento, que eram classificados no Ativo Diferido ou Imobilizado. Notamos que, quando a Lei n. 6.404/1976 descreve em seu art. 179, inciso VI, que se inclui no intangível o "fundo de comércio adquirido" (Brasil, 1976), está se referindo ao ágio por expectativa de rentabilidade futura (*goodwill*).

Quanto à amortização do intangível, a posição das normas contábeis é no sentido de que, se o elemento identificado e classificado como intangível tem vida útil finita, definida no tempo – como os gastos para desenvolvimento de novos produtos –, deve haver a respectiva amortização. Entretanto, para aqueles intangíveis com vida útil não definida, infinita, não haverá o reconhecimento da amortização, mas deve ser objeto de teste de recuperabilidade ao menos uma vez ao ano.

Iudícibus et al. (2013, p. 321), em representação visual bastante explicativa, esclarecem os critérios de contabilização do intangível, conforme ilustra a Figura 4.3.

Figura 4.4 – Análise do *impairment*

Fonte: Adaptado de Iudícibus et al., 2013, p. 321.

Não existe um prazo definido para amortização, porém normalmente se utiliza um máximo de cinco anos para que ela ocorra.

Síntese

Neste capítulo, apresentamos os conceitos e aspectos importantes de alguns ativos especiais que causam certa apreensão primeiro aos contadores, no momento do reconhecimento e da mensuração, e posteriormente aos usuários, ao analisarem as demonstrações contábeis. O arrendamento mercantil é uma operação que exige atenção em sua contabilização, pois há que se ter o domínio do tipo de operação que a entidade está executando (se o arrendamento será operacional ou financeiro). O impacto no patrimônio e no resultado será diferente, dependendo do tratamento contábil que se dê.

Com relação aos ativos biológicos, embora sejam específicos de atividades agrícolas e pecuárias, merecem cuidados em sua análise, pois envolvem muitos detalhes no reconhecimento e na mensuração. Quanto aos ativos e passivos contingentes, visamos reconhecer principalmente os critérios de quando considerá-los, executando o devido reconhecimento contábil. Por fim, vimos os ativos intangíveis, aqueles itens sem natureza física, que surgiram em decorrência das alterações da Lei n. 6.404/1976 (por força das Leis n. 11.638/2007 e n. 11.941/2009) e que, por enquanto, têm impacto menor na estrutura dos balanços patrimoniais analisados.

Todos esses elementos precisam de atenção e estudo para que tenhamos segurança ao reconhecê-los e para que sejam tratados contabilmente como determinam as normas contábeis brasileiras.

Questões para revisão

1. No que se constitui a operação de *leasing* financeiro e qual o seu reflexo na contabilidade?
2. Pode-se dizer que o Intangível apenas substituiu o extinto grupo do Ativo Diferido? Justifique sua resposta.

3. (CFC, 2014) Uma sociedade empresária é arrendatária em um contrato de arrendamento mercantil financeiro. O valor presente das contraprestações é de R$ 280.000,00 e o valor justo do bem arrendado é de R$ 285.000,00. O contrato estabelece o pagamento de 36 parcelas mensais de R$ 10.000,00. O reconhecimento inicial da operação de arrendamento resultará em:
   a) aumento de R$ 280.000,00 no Ativo, e de R$ 280.000,00 no Passivo.
   b) aumento de R$ 285.000,00 no Ativo, e de R$ 285.000,00 no Passivo.
   c) reconhecimento de R$ 280.000,00 como Despesa, e de R$ 280.000,00 no Passivo.
   d) reconhecimento de R$ 360.000,00 como Despesa, e de R$ 360.000,00 no Passivo.
   e) aumento de R$ 285.000,00 no Ativo, e de R$ 280.000,00 no Passivo.

4. (CFC, 2014) Uma sociedade empresária adquiriu um ativo imobilizado por meio de arrendamento mercantil financeiro em 60 parcelas mensais de R$ 1.000,00 cada. O valor presente das prestações equivale ao valor justo do ativo arrendado, que é de R$ 43.500,00. No momento da aquisição, a sociedade empresária deve reconhecer:
   a) um ativo de R$ 43.500,00 e uma despesa financeira de R$ 16.500,00.
   b) um ativo de R$ 43.500,00.
   c) um ativo de R$ 60.000,00 e uma despesa financeira de R$ 16.500,00.
   d) um ativo de R$ 60.000,00.
   e) um ativo de R$ 16.500,00.

5. Com relação à contabilização e à avaliação de itens do patrimônio das empresas, pode-se afirmar que o fundo de comércio adquirido será contabilizado em conta do:
   a) Ativo Circulante Disponível.
   b) Ativo Circulante – Direitos de Curto Prazo.
   c) Ativo Circulante – Investimentos.
   d) Ativo Circulante – Imobilizado.
   e) Ativo Circulante – Intangível.

Questão para reflexão

1. Quais são as principais dificuldades para mensuração do fundo de comércio e a importância desse item para mensuração do valor das empresas?

Exercícios resolvidos

1. (ESAF, Analista de Comércio Exterior-MDIC, 2012) A empresa "X", em 31 de dezembro, tem créditos normais, sem garantias específicas de recebimento, no montante de R$ 60.000,00. Deve, portanto, constituir uma provisão para risco de crédito. No seu livro Razão há um saldo remanescente da Provisão para Devedores Duvidosos no valor de R$ 1.000,00. A nova provisão deverá ser contabilizada à razão de 3% dos créditos sob risco, o que, neste balanço, fará a empresa suportar uma despesa no valor de:

a) R$ 770,00.
b) R$ 800,00.
c) R$ 1.770,00.
d) R$ 1.800,00.
e) R$ 2.800,00.

Resolução:

Alternativa b. Considerando que a provisão total (3% de 60.000) equivale a R$ 1.800,00 e que existe um saldo de R$ 1.000,00, a empresa deverá complementar a provisão no valor de R$ 800,00.

2. (Analisa-MF, ESAF, 2013) A companhia empresária Hélvia & Pélvia Limitada costuma precaver-se de prejuízos no recebimento de seus créditos, provisionando as perdas prováveis. Em 2012, com créditos a receber no montante de R$ 400.000,00, ela mandou fazer provisão de R$ 12.000,00, mas, durante o exercício, contabilizou perdas de apenas R$ 7.000,00. Agora, no fim do exercício de 2013, a empresa pretende fazer provisão nos mesmos moldes anteriores. Por isto, como tem no balanço R$ 300.000,00 a receber, vai contabilizar em 2013 uma despesa com devedores duvidosos no valor de:

a) R$ 12.000,00.
b) R$ 9.000,00.
c) R$ 7.000,00.
d) R$ 5.250,00.
e) R$ 4.000,00.

Resolução:

Alternativa e. Considerando que o percentual utilizado no ano de 2012 foi de 3% (R$ 12.000/400.000) e que a conta ainda possui um saldo de R$ 5.000 (R$ 12.000 – R$ 7.000), a provisão deverá ser complementada em R$ 4.000 (R$ 300.000 × 3% = R$ 9.000).

3. A empresa Thor Martelos está questionando judicialmente a incidência de Cofins sobre suas aplicações financeiras. Ela entende que não é devida a incidência. Considerando que a alíquota é de 7,6% e o total de receitas financeiras no mês foi de R$ 300.000,00, como a empresa deverá contabilizar esta contingência, se tiver obtido uma liminar condicionada ao depósito judicial da quantia questionada?

Resolução:

A Thor Martelos deverá, após os registros, apresentar a evidenciação em uma conta de Ativo e em uma conta de Passivo. Entretanto, a contrapartida para os lançamentos nessas contas patrimoniais deverá ocorrer conforme abaixo:

Considerando que o julgamento ainda não ocorreu, a empresa deverá contabilizar:

D – Cofins sobre Receitas Financeiras (Conta de Resultado): R$ 22.800,00

C – Cofins a Recolher – Receitas Financeiras (Passivo Circulante): R$ 22.800,00

Se a Thor Martelos depositou em juízo o valor devido, o lançamento deverá ser:

D – Depósitos Judiciais – Cofins sobre Receitas Financeiras (Realizável a Longo Prazo): R$ 22.800,00

C – Banco Conta Movimento (Ativo Circulante): R$ 22.800,00.

Saiba mais

Os interessados em aprofundar os estudos sobre conceitos de contabilidade devem consultar:

Almeida, M. C. **Manual prático de interpretação contábil da lei societária**. 2. ed. São Paulo: Atlas, 2014.

Iudícibus, S. de et al. **Manual de contabilidade societária**: aplicável a todas as sociedades. 2. ed. São Paulo: Atlas, 2013.

Padoveze, C. L.; Benedicto, G. C. de; Leite, J. da S. J. **Manual de contabilidade internacional**. São Paulo: Cencage Learning, 2012.

Vale a pena também conhecer e examinar normas contábeis e pronunciamentos técnicos aplicáveis ao tema:

Cfc – Conselho Federal de Contabilidade. **NBC TG 04 (R3)**. Brasília, 1º dez. 2014. Disponível em: <http://www1.cfc.org.br/sisweb/SRE/docs/NBCTG04(R3).pdf>. Acesso em: 21 jun. 2017.

_____. **NBC TG 06 (R1)**. Brasília, 20 dez. 2013. Disponível em: <http://www1.cfc.org.br/sisweb/SRE/docs/NBCTG06(R1).pdf>. Acesso em: 21 jun. 2017.

_____. **NBC TG 25 (R1)**. Brasília, 1º dez. 2014. Disponível em: <http://www1.cfc.org.br/sisweb/SRE/docs/NBCTG25(R1).pdf>. Acesso em: 21 jun. 2017.

_____. **NBC TG 28 (R1)**. Brasília, 20 dez. 2013. Disponível em: <http://www1.cfc.org.br/sisweb/SRE/docs/NBCTG28(R1).pdf>. Acesso em: 21 jun. 2017.

_____. **NBC TG 29 (R1)**. Brasília, 20 dez. 2013. Disponível em: <http://www1.cfc.org.br/sisweb/SRE/docs/NBCTG29(R1).pdf>. Acesso em: 21 jun. 2017.

Cpc – Comitê de Pronunciamentos Contábeis. **CPC 04 (R1)**: Ativo intangível. Brasília, 5 nov. 2010. Disponível em: <http://www.cpc.org.br/CPC/Documentos-Emitidos/Pronunciamentos/Pronunciamento?Id=35>. Acesso em: 21 jun. 2017.

_____. **CPC 06 (R1)**: Operações de arrendamento mercantil. Brasília, 5 nov. 2010. Disponível em: <http://www.cpc.org.br/CPC/Documentos-Emitidos/Pronunciamentos/Pronunciamento?Id=37>. Acesso em: 21 jun. 2017.

_____. **CPC 25**: Provisões, passivos contingentes e ativos contingentes. Brasília, 26 jun. 2009. Disponível em: <http://www.cpc.org.br/CPC/Documentos-Emitidos/Pronunciamentos/Pronunciamento?Id=56>. Acesso em: 21 jun. 2017.

_____. **CPC 28**: Propriedade para investimento. Brasília, 26 jun. 2009e. Disponível em: <http://www.cpc.org.br/CPC/Documentos-Emitidos/Pronunciamentos/Pronunciamento?Id=59>. Acesso em: 21 jun. 2017.

_____. **CPC 29**: Ativo biológico e produto agrícola. Brasília, 7 ago. 2009f. Disponível em: <http://www.cpc.org.br/CPC/Documentos-Emitidos/Pronunciamentos/Pronunciamento?Id=60>. Acesso em: 21 jun. 2017.

Perguntas e respostas

1. **Com base no exemplo da empresa Thor Martelos, como deveria ser contabilizada a ação se a empresa obtivesse decisão favorável do Judiciário? E em caso de julgamento a favor do fisco? Considere ainda que houve a incidência de juros sobre o valor depositado.**

   a) Saque do valor, mediante autorização judicial:
   D – Banco Conta Movimento (Ativo Circulante)

   C – Depósitos judiciais – Cofins sobre Receitas Financeiras (Realizável a Longo Prazo)

   b) Baixa da conta que registrou o passivo questionado judicialmente:
   D – Cofins sobre Receitas Financeiras – Questionamento Judicial (Passivo não Circulante)

   C – Cofins sobre Receitas Financeiras Recuperado (Resultado)

   c) Na hipótese de transferência à Fazenda Pública, do depósito convertido em renda (Perda da causa), a contabilização seria:
   D – Cofins sobre Receitas Financeiras – Questionamento Judicial (Passivo não Circulante)

   C – Depósitos Judiciais – Cofins sobre Receitas Financeiras (Realizável a Longo Prazo)

   d) Reconhecimento dos juros sobre os depósitos efetuados:
   D – Depósitos judiciais – Cofins sobre Receitas Financeiras (Realizável a Longo Prazo)

   C – Juros sobre Depósitos Judiciais (Conta de Resultado)

2. **De acordo com a CPC 25, item 70, quais são os exemplos de eventos que podem se enquadrar na definição *reestruturação*?**

   Os exemplos fornecidos pela referida CPC são:

   > (a) venda ou extinção de linha de negócios;
   >
   > (b) fechamento de locais de negócios de um país ou região ou a realocação das atividades de negócios de um país ou região para outro;
   >
   > (c) mudanças na estrutura da administração, por exemplo, eliminação de um nível de gerência; e
   >
   > (d) reorganizações fundamentais que tenham efeito material na natureza e no foco das operações da entidade. (CPC, 2009c)

5

Critérios de mensuração de ativos: casos especiais

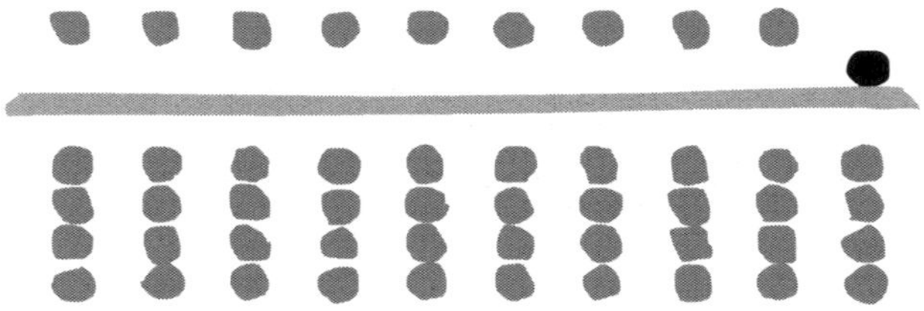

Conteúdos do capítulo:

- Valor justo (*fair value*).
- Ajuste a valor presente.
- Efeitos nas alterações das taxas de câmbio.
- Redução ao valor recuperável de ativos.

Após o estudo deste capítulo, você será capaz de:

1. indicar o conceito de valor justo e sua utilização como critério de avaliação;
2. analisar e aplicar o conceito de ajuste a valor presente;
3. compreender a técnica de redução ao valor recuperável de ativos e o momento de sua constituição.

Neste capítulo, você terá contato com alguns conceitos contábeis que são genuínas inovações na contabilidade brasileira, no que diz respeito a critérios de mensuração e reconhecimento de ativos e passivos. A convergência aos preceitos próprios das regras contábeis internacionais implicou a necessidade de aplicarmos no contexto brasileiro critérios como valor justo, ajuste a valor presente e redução ao valor recuperável de ativos. Embora sejam tecnicamente sofisticados, não são de difícil compreensão e aplicação e requerem apenas uma leitura atenta dos pronunciamentos técnicos e da literatura que tratam desses temas.

É possível compreender que o uso desses critérios na avaliação de ativos e passivos (no caso do valor justo, ajuste a valor presente e efeitos nas alterações das taxas de câmbio) tornam os relatórios contábeis mais transparentes, pois evidenciam esses ativos e passivos pelos seus valores mais consentâneos, com uma perspectiva de realização e liquidação. Igualmente, o cálculo e o reconhecimento das possíveis perdas por redução ao valor recuperável de ativos proporcionam a certeza de que os riscos de perdas na realização e na recuperação de ativos são reconhecidos na contabilidade. Tudo isso possibilita que a contabilidade brasileira possa cada vez mais se posicionar como uma ferramenta efetiva de evidenciação da riqueza.

Os critérios de avaliação que abordaremos a seguir não representam novidades como indicadores de mensuração de ativos e passivos, porém, como foram incorporados à contabilidade há relativamente pouco tempo, por vezes causam muitas dúvidas a contadores e usuários das informações contábeis.

Atribuir valor monetário a ativos e passivos implica a escolha de um critério que permita refletir o mais fidedignamente o valor desse elemento. O que será escolhido na entrada do ativo ou passivo para o patrimônio e sua permanência (em avaliações subsequentes) poderá se dar por opção da política contábil da entidade ou por imposição de alguma norma da contabilidade.

5.1 Valor justo (*fair value*)

O valor justo está regulado no CPC 46, do Comitê de Pronunciamentos Contábeis (CPC, 2012d), que o definiu e forneceu as bases para sua mensuração, além de divulgar os critérios usados para calculá-lo. Numa transação comercial, o comprador busca um ativo que apresente a necessária utilidade para satisfazer a determinada necessidade, e o vendedor procura convencer o cliente de que o valor de venda do ativo reflete o potencial de utilidade que o ativo tem. Portanto, em uma negociação, há sempre uma relação entre necessidade e utilidade econômica. Em transações efetuadas num mercado estável, podemos esperar que haja sempre um equilíbrio de forças entre os negociadores.

Ao estudarmos o conceito de valor justo, é importante também analisarmos os conceitos de **valor de troca** e **valor de uso** – o primeiro é o preço do produto ou serviço ajustado entre as partes, ao passo que o segundo diz respeito à mensuração não monetária que deve representar o potencial de benefícios econômicos que o ativo proporciona ao comprador. A contabilidade enfatiza o valor de troca, que se transforma em valor histórico no momento seguinte à transação.

Nesse sentido, o valor justo é uma extraordinária evolução na mensuração de ativos e passivos, tanto para a etapa inicial dos registros quanto para as subsequentes. O Pronunciamento Técnico CPC 46 define o valor justo como "o preço que seria recebido pela venda de um ativo ou pago pela transferência de um passivo em uma transação não forçada entre participantes do mercado na data de mensuração" (CPC, 2012d, p. 3). É como se estivéssemos constantemente atribuindo aos ativos e passivos sujeitos ao valor justo o valor de mercado ou valor de troca.

A mensuração do valor justo se destina a um ativo ou passivo em particular. A entidade, ao aplicar o critério a tal ativo ou passivo, deve considerar as características específicas desse ativo, dentre as quais as mais comuns e que devem ser consideradas são: "(a) a condição e a localização do ativo; e (b) restrições, se houver, para a venda ou o uso do ativo" (CPC, 2012d, p. 3).

O referido pronunciamento adverte que a mensuração do valor justo de um ativo não financeiro leva em conta a capacidade do participante do mercado de gerar benefícios econômicos utilizando o ativo em seu melhor uso possível (ativo imobilizado, propriedades para investimentos, ativos biológicos) ou vendendo-o a outro participante que o utilizaria em seu melhor uso (estoques ou outro ativo disponível para venda).

Para definirmos contabilmente o valor justo, será necessário analisar as potencialidades físicas do ativo, considerando, entre outros, a localização ou o tamanho de um bem ou se ele gera receita ou fluxos de caixa adequados para produzir o retorno do investimento exigido pelos participantes do mercado.

Para melhor esclarecer acerca da definição de valor justo, o item 38 do CPC 46 dispõe que pode ser utilizado o preço cotado em mercado ativo para o item idêntico mantido por outra parte como um , se esse preço estiver disponível ou indisponível, utilizando outros dados observáveis, como aquele cotado em mercado que não seja ativo para o item idêntico mantido por outra parte como um ativo. Se os preços não estiverem disponíveis, recomenda-se utilizar outra técnica de avaliação, como, por exemplo:

> (i) abordagem de receita (por exemplo, técnica de valor presente que leve em conta o fluxo de caixa futuro que um participante do mercado esperaria receber por deter o passivo ou o instrumento patrimonial como ativo [...];
>
> (ii) abordagem de mercado (por exemplo, utilizando preços cotados para passivos ou instrumentos patrimoniais similares mantidos por outras partes como ativos [...]. (CPC, 2012d, p. 8)

Quando o critério deve ser utilizado? O CPC 46 (CPC, 2012d) não dispõe sobre quais elementos devem ser mensurados pelo valor justo, então podemos entender que isso ocorrerá quando outro CPC requer ou autoriza a mensuração utilizando-o como base, lembrando que é aplicado na mensuração inicial e nas subsequentes. Para corroborar o entendimento do conceito, Almeida (2014, p. 170) ensina que "valor justo é preço de saída, em uma transação ordenada entre participantes do mercado na data da transação". Para o ativo, defende o mesmo autor, é o preço que seria recebido na venda deste, e quanto ao passivo, o que seria pago em sua liquidação.

Vejamos, no Quadro 5.1, como foi o tratamento do conceito de valor justo por uma empresa de capital aberto, em nota explicativa, relativamente aos ativos biológicos.

Quadro 5.1 – Valor justo de ativos biológicos

a) Premissas para o reconhecimento do valor justo dos ativos biológicos

   Com base no CPC 29 (equivalente ao IAS 41) – Ativo Biológico e Produto Agrícola, a Companhia reconhece seus ativos biológicos a valor justo adotando as seguintes premissas em sua apuração:

   (i) Serão mantidas a custo histórico as florestas de eucalipto até o terceiro ano de plantio e florestas de pinus até o quinto ano de plantio, em decorrência do entendimento da Administração de que durante esse período o custo histórico dos ativos biológicos se aproxima de seu valor justo;

   (ii) As florestas, após o terceiro e quinto ano de plantio, de eucalipto e pinus respectivamente, são valorizadas por seu valor justo, o qual reflete o preço de venda do ativo menos os custos necessários para colocação do produto em condições de venda ou consumo;

(iii) A metodologia utilizada na mensuração do valor justo dos ativos biológicos corresponde à projeção dos fluxos de caixa futuros descontados de acordo com o ciclo de produtividade projetado das florestas, levando-se em consideração as variações de preço e crescimento dos ativos biológicos;

(iv) A taxa de desconto utilizada nos fluxos de caixa corresponde ao custo médio de capital ponderado da Companhia, o qual é revisado periodicamente;

(v) Os volumes de produtividade projetados das florestas são definidos com base em uma estratificação em função de cada espécie, material genético, regime de manejo florestal, potencial produtivo, rotação e idade das florestas. O conjunto dessas características compõe um índice denominado IMA (Incremento Médio Anual), expresso em metros cúbicos por hectare/ano utilizado como base na projeção de produtividade. O plano de corte das culturas mantidas pela Companhia é variável entre 6 e 7 anos para eucalipto e entre 14 e 15 anos para pinus;

(vi) Os preços dos ativos biológicos, denominados em R$/metro cúbico, são obtidos através de pesquisas de preço de mercado, divulgados por empresas especializadas, além dos preços praticados pela Companhia em vendas para terceiros. Os preços obtidos são ajustados deduzindo-se os custos de capital referente a terras, em decorrência de tratar-se de ativos contribuintes para o plantio das florestas e demais custos necessários para colocação dos ativos em condição de venda ou consumo;

(vii) Os gastos com plantio referem-se aos custos de formação dos ativos biológicos;

(viii) A apuração da exaustão dos ativos biológicos é realizada com base no valor justo dos ativos biológicos colhidos no período;

(ix) A Companhia definiu por efetuar a reavaliação do valor justo de seus ativos biológicos trimestralmente, sob o entendimento de que esse intervalo é suficiente para que não haja defasagem significativa do saldo de valor justo dos ativos biológicos registrado em suas informações trimestrais.

Fonte: Klabin, 2014, p. 68-69.

Analisando essa nota explicativa, percebemos que constam os critérios e fundamentos que estabelecem a aplicação do valor justo, o que é extremamente esclarecedor no sentido de proporcionar melhor compreensão do conceito.

Como destacado na nota explicativa, os ativos biológicos são itens de natureza especial que, por força das novas regras contábeis, ganharam destaque no Balanço Patrimonial (BP). Seu conceito e seus critérios de avaliação devem ser adequados, estudados e tratados contabilmente para que sejam corretamente evidenciados nos relatórios contábeis. Vale destacar que são ativos próprios de algumas atividades, notadamente aquelas de natureza rural ou reflorestamento.

5.2 Ajuste a valor presente

O art. 183, da Lei n. 6.404, de 15 de dezembro de 1976, no inciso VIII, determina que: "Os elementos do ativo decorrentes de operações de longo prazo serão ajustados a valor presente, sendo os demais ajustados quando houver efeito relevante" (Brasil, 1976).

Normalmente, os ativos realizáveis e os passivos exigíveis carregam determinado custo financeiro incluído, notadamente aqueles cujo prazo é superior a um ano. Isso é compreensível, pois o vendedor normalmente aplica nos preços uma taxa de juros para compensar o tempo de financiamento concedido na operação. Dessa forma, sabemos que os valores desses ativos e passivos não estão em moeda da data de fechamento das demonstrações contábeis; ao contrário, expressam a moeda da data da realização futura do ativo ou liquidação futura do passivo.

O sentido do ajuste a valor presente, portanto, é o de permitir trazer esses ativos (recebíveis) e passivos (contas a pagar) na moeda da data da demonstração, aplicando sobre seus valores um índice que reflita minimamente a média dos juros implícitos nas transações.

É o que determina o CPC 12 (CPC, 2008b), que trata do tema quando dispõe que os elementos componentes do Ativo e do Passivo decorrentes de operações de longo prazo – ou de curto prazo, quando houver efeito relevante – devem ser ajustados a valor presente com base em taxas de desconto que reflitam as melhores avaliações do mercado quanto ao valor do dinheiro no tempo e aos riscos específicos do ativo e do passivo em suas datas originais.

O pronunciamento esclarece também que as reversões dos ajustes a valor presente dos ativos e passivos monetários qualificáveis devem ser apropriadas como receitas ou despesas financeiras, a não ser que a entidade possa devidamente fundamentar que o financiamento feito aos clientes faça parte de suas atividades operacionais, quando então as reversões serão apropriadas como receita operacional. É o que ocorre, por exemplo, quando a entidade opera em dois segmentos distintos – venda de produtos e serviços e financiamento das vendas a prazo –, e desde que sejam relevantes esse ajuste e os efeitos de sua evidenciação.

Critérios que devem ser utilizados para se reconhecer o ajuste a valor presente são representados pelo prazo dos ativos e passivos (todos os de longo prazo) e relevância do valor (no caso dos ativos e passivos circulantes).

5.2.1 Contabilização do ajuste a valor presente

O reconhecimento contábil do ajuste a valor presente (AVP) observa o critério de separação entre receita comercial e receita financeira, com a apropriação desta última à medida que o tempo transcorre.

5.2.1.1 Pela transação de venda

A Tabela 5.1, a seguir, mostra o reconhecimento contábil da venda. Observe que nessa etapa a receita é considerada pelo valor constante da nota fiscal, com a inclusão dos juros eventualmente cobrados dos clientes.

Tabela 5.1 – Reconhecimento contábil da venda

Contas contábeis	Débito	Crédito
Contas a Receber de Longo Prazo	xxx	
Receita Bruta de Vendas		xxx

5.2.1.2 Pela contabilização do AVP no momento da venda

A Tabela 5.2 demonstra a contabilização da receita financeira, separando-a da receita comercial. Perceba que a receita financeira identificada inicialmente compõe a receita bruta de vendas, por isso é denominada *receita financeira comercial*.

Tabela 5.2 – Reconhecimento contábil do ajuste a valor presente (AVP)

Contas contábeis	Débito	Crédito
Receita Bruta de Vendas	x	
AVP – Receita Financeira Comercial a Apropriar – Conta Redutora de Clientes		x

5.2.1.3 Pela apropriação mensal pró-rata do valor do AVP transferido para resultado

A Tabela 5.3 demonstra a apropriação da receita financeira, destacada da receita bruta ao se calcular o AVP, ao resultado da empresa pelo critério *pro-rata die*.

Tabela 5.3 – Reconhecimento contábil da receita financeira incorrida

Contas contábeis	Débito	Crédito
AVP – Receita Financeira Comercial – Conta Redutora de Clientes	x	
Receita Financeira Comercial		x

5.3 Efeitos nas alterações das taxas de câmbio – CPC 02

O Pronunciamento Técnico CPC 02 orienta a aplicação de taxas de câmbio a operações com moedas estrangeiras, descrevendo que, nos casos de ativos e passivos vinculados, tais operações devem ser convertidas segundo os seguintes critérios (CPC, 2010b):

a) os itens monetários (ativos e passivos realizáveis exigíveis em moeda), como duplicatas a receber e fornecedores, devem ser convertidos usando-se a taxa de câmbio de fechamento;

b) os itens não monetários (ativos e passivos não realizáveis ou exigíveis em moeda, mas em outros ativos), como adiantamento a fornecedores e adiantamento de clientes, devem ser convertidos usando-se a taxa de câmbio vigente na data da transação.

Se os elementos forem mensurados ao valor justo, utilizam-se as taxas de câmbio vigentes nas datas em que o valor justo for determinado. Os itens não monetários mensurados pelo valor justo em moeda estrangeira devem ser convertidos usando-se as taxas de câmbio vigentes nas datas em que tiverem sido mensurados.

5.4 Redução ao valor recuperável de ativos

A Lei n. 11.638, de 28 de dezembro de 2007 – com redação alterada pela Lei n. 11.941, de 27 de maio de 2009 (Brasil, 2009) –, incluiu o parágrafo 3º no art. 183 da Lei n. 6.404/1976, disciplinando a aplicação da redução ao valor recuperável de ativos quando expressa:

> Art. 183. [...]
>
> § 3º A companhia deverá efetuar, periodicamente, análise sobre a recuperação dos valores registrados no imobilizado e no intangível, a fim de que sejam:
>
> I. registradas as perdas de valor do capital aplicado quando houver decisão de interromper os empreendimentos ou atividades a que se destinavam ou quando comprovado que não poderão produzir resultados suficientes para recuperação desse valor; ou
>
> II. revisados e ajustados os critérios utilizados para determinação da vida útil econômica estimada e para cálculo da depreciação, exaustão e amortização. (Brasil, 2007)

Um ativo não deve estar representado por um valor que exceda os valores de recuperação, pois quando isso ocorre o ativo está superdimensionado e pode criar falsas expectativas ao mercado. O Pronunciamento Técnico CPC 01 (CPC, 2010a) trata do assunto e estabelece procedimentos que devem ser aplicados pelas empresas com o objetivo de assegurar que seus ativos não estejam registrados por valores que ultrapassem os de recuperação, casos em que valor contábil do ativo excede o montante a ser recuperado pelo uso (imobilizado, por exemplo) ou pela venda do ativo (estoques). Se isso acontecer, a entidade terá de reconhecer um ajuste para perdas por desvalorização. O valor recuperável de um ativo é considerado o resultante da diferença entre o valor líquido de venda do ativo (valor de venda descontado das despesas necessárias para a venda) e aquele em uso desse ativo (valor presente nos futuros fluxos de caixa estimados, ou seja, os benefícios econômicos futuros esperados).

Para calcular o valor de redução ao valor recuperável, é necessário o domínio de alguns conceitos trazidos pelo pronunciamento técnico:

> *Valor contábil* é o montante pelo qual o ativo está reconhecido no balanço depois da dedução de toda respectiva depreciação, amortização ou exaustão acumulada e ajuste para perdas.
>
> *Unidade geradora de caixa* é o menor grupo identificável de ativos que gera entradas de caixa, entradas essas que são em grande parte independentes das entradas de caixa de outros ativos ou outros grupos de ativos.
>
> *Ativos corporativos* são ativos, exceto ágio por expectativa de rentabilidade futura (*goodwill*), que contribuem, mesmo que indiretamente, para os fluxos de caixa futuros tanto da unidade geradora de caixa sob revisão quanto de outras unidades geradoras de caixa.
>
> *Despesas de venda ou de baixa* são despesas incrementais diretamente atribuíveis à venda ou à baixa de um ativo ou de uma unidade geradora de caixa, excluindo as despesas financeiras e de impostos sobre o resultado gerado.
>
> *Valor depreciável, amortizável e exaurível* é o custo de um ativo ou outra base que substitua o custo nas demonstrações contábeis, menos seu valor residual. (CPC, 2010a, p. 5, grifo do original)

Ao final de cada período contábil, a entidade é obrigada a proceder a uma análise para verificar se algum ativo sofreu desvalorização. Com relação ao Ativo Intangível, mesmo que não haja indícios de possível desvalorização, a empresa deve testar, no mínimo anualmente, a redução ao valor recuperável dos que tenham vida útil indefinida ou de um ativo intangível ainda não disponível para uso, comparando o valor contábil com o recuperável.

5.4.1 Modelo de registro contábil do *impairment*

Com a implantação da sistemática de apuração do valor recuperável, pela Lei n. 11.638/2007 (com redação alterada pela Lei n. 11.941/2009), houve muitas discussões acerca da correta evidenciação contábil do ajuste a ser efetuado. Apontamos, a seguir, a forma de contabilização correta para o reconhecimento da perda no valor recuperável. Vamos conferir juntos?

5.4.1.1 Pelo reconhecimento da possível perda no valor recuperável

A correta contabilização do reconhecimento da perda no valor recuperável deverá ser evidenciada conforme a Tabela 5.4. A contabilização do *impairment* é feita com o registro numa conta redutora do ativo que gerou a perda.

Tabela 5.4 – Registro contábil do *impairment*

Contas contábeis	Débito	Crédito
Perdas do Valor Recuperável de Ativos (Resultado)	x	
Provisão para Perdas (Conta Redutora do Ativo Imobilizado)		x

Confira, no exemplo a seguir, como uma empresa explica a aplicação do valor recuperável e divulga outras informações sobre o procedimento.

i) Redução do valor recuperável de ativos (*impairment*)

O saldo de imobilizado e outros ativos são revistos anualmente para se identificarem evidências de perdas não recuperáveis, ou ainda, sempre que eventos ou alterações nas circunstâncias indicarem que o valor contábil pode não ser recuperável. Quando este for o caso, o valor recuperável é calculado para verificar se há perda nestes ativos.

O valor recuperável corresponde ao maior valor entre o valor líquido de venda e o valor em uso de um ativo ou de sua unidade geradora de caixa, sendo determinado individualmente para cada ativo, a menos que o ativo não gere entradas de fluxo de caixa que sejam independentes daqueles de outros ativos ou grupos de ativos. Na estimativa do valor em uso, os fluxos de caixa futuros estimados são descontados ao seu valor presente, utilizando uma taxa de desconto que reflita as avaliações de mercado atuais do valor temporal do dinheiro e riscos específicos inerentes ao ativo.

Quando houver perda identificada, ela é reconhecida no resultado do período pelo montante em que o valor contábil do ativo ultrapassa o valor recuperável, que é o maior entre o preço líquido de venda e o valor em uso de um ativo.

Fonte: Klabin, 2014, p. 54.

É importante ressaltarmos que o Pronunciamento CPC 01 não se aplica a:

- estoques;
- ativos originários de contratos de construção;
- ativos fiscais diferidos;
- ativos que surgem de benefícios a empregados;
- ativos financeiros;
- propriedades para investimento mensuradas a valor justo;
- ativos biológicos mensurados ao valor justo líquido do custo das vendas;
- ativos que surgem de contratos de seguros;
- ativos mantidos para venda.

Dessa maneira, registram-se os corretos valores, sejam por valores justos, sejam por valores presentes, dos ativos e passivos.

Síntese

Neste capítulo, destacamos assuntos que refletem novidades e inovações na legislação contábil brasileira após sua convergência às normas internacionais (IFRS). Os temas aqui tratados devem ser compreendidos e adequadamente aplicados, para que os ativos e passivos das entidades sejam representados por valores que se aproximem de suas essências econômicas. Essa é a razão da importância do ajuste a valor presente (AVP), da provisão para perdas por recuperação de ativos, da definição e do uso de moedas para conversão de ativos e passivos quando necessários e do valor justo.

Em um passado recente, a preocupação dos contadores e auditores, quando da mensuração de ativos e passivos, era com relação ao uso do valor de custo ou de mercado, dos dois o menor. Essa premissa não foi abandonada, afinal uma contabilidade baseada no fundamento de valor de mercado compromete a objetividade dos critérios utilizados e perde confiabilidade e credibilidade. Porém, a aplicação de outros critérios de mensuração, quando é possível utilizar parâmetros objetivos e informações necessárias para cálculo e registro, será sempre recomendável e bem-vinda.

Está certo que a contabilidade registra os fatos ocorridos no passado, porém os valores a realizar e a vencer terão impacto no futuro. Se conseguirmos fazer com que as demonstrações contábeis estejam efetivamente em moeda da data de elaboração delas, será um avanço significativo, sem perdermos a noção de segurança que devemos transmitir aos usuários. Nesse contexto, inserem-se os conceitos estudados neste capítulo.

Questões para revisão

1. No que se constitui o ajuste a valor presente (AVP)?

2. Com a utilização do critério de avaliação pelo valor justo, podemos afirmar que as demonstrações contábeis passaram a demonstrar o valor de mercado da empresa? Justifique sua resposta.

3. A perda do valor dos elementos do Ativo decorrentes de operações de longo prazo deverá ser ajustada como:

   a) exaustão.
   b) ajuste a valor presente.
   c) ajuste a valor de mercado.
   d) amortização.
   e) depreciação.

4. A contabilização de uma transação de vendas ajustada a valor presente terá como lançamento a débito a conta Valores a Receber, do Passivo. A contrapartida desse lançamento deverá ser efetuada na conta de:

   a) Ativo.
   b) Passivo.
   c) Patrimônio Líquido.
   d) Despesas.
   e) Receitas.

5. Um ativo não deve estar representado por um valor que exceda os valores de recuperação, pois quando isso ocorre ele está superdimensionado e pode criar falsas expectativas ao mercado. Para calcular o valor de redução ao valor recuperável, é necessário o domínio de alguns conceitos trazidos pelo pronunciamento técnico. Com base nisso, identifique as afirmativas verdadeiras (V) e as falsas (F).

   ( ) Valor contábil é o montante pelo qual o Ativo está reconhecido no balanço antes da dedução de toda respectiva depreciação, amortização ou exaustão acumulada e ajuste para perdas.

   ( ) Unidade geradora de caixa é o menor grupo identificável de ativos que gera entradas de caixa, as quais são, em grande parte, independentes das entradas de caixa de outros ativos ou outros grupos de ativos.

   ( ) Ativos corporativos são ativos, exceto ágio por expectativa de rentabilidade futura (*goodwill*), que contribuem, mesmo que indiretamente, para os fluxos de caixa futuros tanto da unidade geradora de caixa sob revisão quanto de outras unidades geradoras de caixa.

   ( ) Despesas de venda ou de baixa são despesas incrementais diretamente atribuíveis à venda ou à baixa de um ativo ou de uma unidade geradora de caixa, excluindo todas as despesas financeiras e de impostos sobre o resultado gerado.

( ) Valor depreciável, amortizável e exaurível é o custo de um ativo ou outra base que substitua o custo nas demonstrações contábeis, menos seu valor residual.

Assinale a alternativa que apresenta a sequência correta:

a) F, V, V, F, V.
b) V, F, F, V, V.
c) F, F, V, V, V.
d) V, V, V, F, F.
e) V, F, V, F, V.

Questões para reflexão

1. Para realização dos testes de *impairment*, são necessários conhecimentos técnicos não abrangidos pela contabilidade. Nesse sentido, que contribuição as áreas de economia, direito e engenharia podem dar para a mensuração dos ativos sujeitos a essa metodologia?
2. A conta de Ajustes de Avaliação Patrimonial serve para evidenciar todas as variações de preços de mercado dos instrumentos financeiros, aqueles destinados à venda futura e outros eventuais ajustes de ativos a seu valor de mercado. Em que contas devem ser classificados esses ajustes e qual o tratamento contábil com o passar do tempo?

Exercícios resolvidos

1. Analise as afirmativas a seguir:
   I. Com base nas normas de contabilidade aplicáveis às demonstrações financeiras, são denominados *Equivalentes de Caixa* os investimentos conversíveis em moeda e que apresentam alto risco de alteração de valor, sendo necessária a exposição, no relatório de administração, dos critérios adotados para identificar as aplicações em equivalente de caixa conforme a CPC 03 (CPC, 2010c).
   II. Se fosse aplicável a reavaliação positiva de ativos tangíveis, após a elaboração e aprovação do laudo de avaliação dos itens de mesma natureza, a contabilização da reavaliação desses itens aumentaria o resultado do exercício pela diferença entre o valor contábil líquido registrado anteriormente e o novo valor avaliado, conforme dito na CPC 27 (CPC, 2009c).
   III. O saldo relativo à reavaliação acumulada do item do Ativo Imobilizado incluído no Patrimônio Líquido somente pode ser transferido para Lucros Acumulados quando a reserva é realizada. O valor pode ser realizado com a depreciação, baixa ou a alienação do ativo, conforme a CPC 27 (CPC, 2009c).

   Com base no que foi estudado no capítulo, é correto dizer:

   a) Somente a afirmativa I é verdadeira.
   b) Somente a afirmativa II é verdadeira.
   c) Somente a afirmativa III é verdadeira.

d) Todas as afirmativas são verdadeiras.
e) Todas as afirmativas são falsas.

Resolução:

Alternativa c.

Somente a afirmativa III é verdadeira. O saldo relativo à reavaliação acumulada do item do Ativo Imobilizado incluído no Patrimônio Líquido somente pode ser transferido para Lucros Acumulados quando a reserva é realizada. O valor total pode ser realizado com a baixa ou a alienação do ativo; entretanto, parte da reserva pode ser transferida enquanto o ativo é usado pela entidade. Nesse caso, o valor da reserva a ser transferido é a diferença entre a depreciação baseada no valor contábil do ativo e a depreciação que teria sido reconhecida com base no custo histórico do ativo. As transferências para Lucros Acumulados não transitam pelo resultado (CPC 27, Item 41).

2. De acordo com a CPC 27, qual dos exemplos de custos a seguir não pode ser diretamente atribuível ao Ativo Imobilizado:

a) Custos de preparação do local.
b) Custos de frete e de manuseio (para recebimento e instalação).
c) Custos de instalação e montagem.
d) Honorários profissionais.
e) Custos incorridos na introdução de novo produto ou serviço.

Resolução:

Alternativa e.

De acordo com a CPC 27, item 19:

Exemplos que não são custos de um item do ativo imobilizado são: (a) custos de abertura de nova instalação; (b) custos incorridos na introdução de novo produto ou serviço (incluindo propaganda e atividades promocionais); (c) custos da transferência das atividades para novo local ou para nova categoria de clientes (incluindo custos de treinamento); e (d) custos administrativos e outros custos indiretos. (CPC, 2009d)

Saiba mais

Os leitores interessados em aprofundar os estudos sobre conceitos de contabilidade devem consultar, entre outros, os seguintes materiais:

ALMEIDA, M. C. Manual prático de interpretação contábil da lei societária. 2. ed. São Paulo: Atlas, 2014.

IUDÍCIBUS, S. de et al. **Manual de contabilidade societária**: aplicável a todas as sociedades. 2. ed. São Paulo: Atlas, 2013.

PADOVEZE, C. L.; Benedicto, G. C. de; LEITE, J. da S. J. **Manual de contabilidade internacional**. São Paulo: Cencage Learning, 2012.

Há também normas contábeis e pronunciamentos técnicos aplicáveis ao tema que merecem ser observados. Confira alguns deles a seguir:

CFC – Conselho Federal de Contabilidade. **NBC TG 01 (R2)**. Brasília, 17 abr. 2014.Disponível em: <http://www1.cfc.org.br/sisweb/SRE/docs/NBCTG01(R1).pdf>. Acesso em: 21 jun. 2017.

_____. **NBC TG 02 (R1)**. Brasília, 20 dez. 2013. Disponível em: <http://www1.cfc.org.br/sisweb/SRE/docs/NBCTG02(R1).pdf>. Acesso em: 21 jun. 2017.

_____. **NBC TG 12**. Brasília, 27 jan. 2009. Disponível em: <http://www1.cfc.org.br/sisweb/SRE/docs/RES_1151.pdf>. Acesso em: 21 jun. 2017.

_____. **NBC TG 46**. Brasília, 30 jan. 2013. Disponível em: <http://www1.cfc.org.br/sisweb/SRE/docs/RES_1428.pdf>. Acesso em: 21 jun. 2017.

CPC – Comitê de Pronunciamentos Contábeis. **CPC 01**: Redução ao valor recuperável de ativos. Brasília, DF, 6 ago. 2010. Disponível em: <http://www.cpc.org.br/CPC/Documentos-Emitidos/Pronunciamentos/Pronunciamento?Id=2>. Acesso em: 21 jun. 2017.

_____. **CPC 02 (R2)**: Efeitos das mudanças nas taxas de câmbio e conversão de demonstrações contábeis. Brasília, 3 set. 2010. Disponível em: <http://www.cpc.org.br/CPC/Documentos-Emitidos/Pronunciamentos/Pronunciamento?Id=9>. Acesso em: 21 jun. 2017.

_____. **CPC 12**: Ajuste a valor presente. Brasília, DF, 5 dez. 2008. Disponível em: <http://www.cpc.org.br/CPC/Documentos-Emitidos/Pronunciamentos/Pronunciamento?Id=43>. Acesso em: 21 jun. 2017.

_____. **CPC 46**: Mensuração do valor justo. Brasília, 7 dez. 2012. Disponível em: <http://www.cpc.org.br/CPC/Documentos-Emitidos/Pronunciamentos/Pronunciamento?Id=78>. Acesso em: 21 jun. 2017.

Perguntas e respostas

1. **(FCC, Analista Previdenciário, 2015) A Cia. Sofitel possuía, em 31/12/2014, em seu Ativo Intangível, uma patente com vida útil indefinida, com as seguintes informações em reais:**

Custo de aquisição	1.200.000,00
(–) Perda por *impairment*	200.000,00
(=) Valor contábil do ativo	1.000.000,00

Ao realizar o Teste de Recuperabilidade do Ativo (teste de *impairment*) em 31/12/2014, a companhia obteve as seguintes informações em reais:

Valor em uso do ativo	1.050.000,00
Valor justo líquido das despesas de venda	900.000,00

Com base nessas informações, em 31/12/2014, a Cia. Sofitel reconheceu:

a) um ganho por reavaliação de R$ 50.000,00.

b) uma perda por *impairment* de R$ 150.000,00.

c) uma reversão da perda por *impairment* de R$ 50.000,00.

d) uma perda por *impairment* de R$ 100.000,00.

e) uma reversão da perda por *impairment* de R$ 200.000,00.

Alternativa c. O valor contábil é de R$ 100.000.

O valor em uso e valor justo líquido de despesas de venda, dos dois o maior, que é de R$ 1.050.000,00 (considera-se o valor em uso do Ativo). Se o valor recuperável for superior ao valor contábil, não há registro contábil. Deve-se apenas reverter a perda, caso exista, até o limite do valor de custo. Se o valor recuperável for inferior ao valor contábil, deve-se registrar a perda; como o valor contábil é menor que o valor justo, a perda deve ser revertida no valor de R$ 50.000,00. Deve-se atentar ainda para o fato de que o limite máximo de reversão seria de R$ 200.000,00. Como o máximo valor recuperável é igual a R$ 1.050.000,00, devemos fazer uma reversão da perda por *impairment* referente a R$ 50.000,00, assim podemos encontrar o máximo valor recuperável.

O Pronunciamento CPC 01 (CPC, 2010a), que trata da redução ao valor recuperável de ativos, traz, com relação à reversão de perda para ativo individual, em seu bojo:

> 117. O aumento do valor contábil de um ativo, exceto o ágio por expectativa de rentabilidade futura (*goodwill*), atribuível à reversão de perda por desvalorização não deve exceder o valor contábil que teria sido determinado (líquido de depreciação, amortização ou exaustão), caso nenhuma perda por desvalorização tivesse sido reconhecida para o ativo em anos anteriores.
>
> 118. Qualquer aumento no valor contábil de um ativo, exceto o ágio por expectativa de rentabilidade futura (*goodwill*), acima do seu valor contábil que teria sido determinado (líquido de depreciação, amortização ou exaustão), caso a perda por desvalorização para o ativo não tivesse sido reconhecida em anos anteriores é considerado uma reavaliação. Se e nas situações em que a legislação brasileira permitir, a entidade deve aplicar os Pronunciamentos específicos voltados à matéria.
>
> 119. A reversão de perda por desvalorização de um ativo, exceto o ágio por expectativa de rentabilidade futura (*goodwill*), deve ser reconhecida imediatamente no resultado do período, a menos que o ativo esteja registrado por valor reavaliado de acordo com outro Pronunciamento. Qualquer reversão de perda por desvalorização sobre ativo reavaliado deve ser tratada como aumento de reavaliação conforme tal Pronunciamento.
>
> 120. A reversão de perda por desvalorização sobre ativo reavaliado deve ser reconhecida em outros resultados abrangentes sob o título de reserva de reavaliação. Entretanto, na extensão em que a perda por desvalorização para o mesmo ativo reavaliado tenha sido anteriormente reconhecida no resultado do período, a reversão dessa desvalorização deve ser também reconhecida no resultado do período.
>
> 121. Depois que a reversão de perda por desvalorização é reconhecida, a despesa de depreciação, amortização ou exaustão para o ativo deve ser ajustada em períodos futuros para alocar o valor contábil revisado do ativo menos seu valor residual (se houver) em base sistemática sobre sua vida útil remanescente. (CPC, 2010a, grifo do original)

6 Consolidação e equivalência patrimonial

Conteúdos do capítulo:

- Consolidação.
- Investimentos em coligadas.
- Equivalência patrimonial.
- Relatório por segmento.
- Divulgação de partes relacionadas.

Após o estudo deste capítulo, você será capaz de:

1. identificar a técnica da consolidação, seus fundamentos legais e aplicações a casos concretos;
2. determinar o conceito, o cálculo e a classificação contábil da equivalência patrimonial;
3. compreender a evidenciação dos relatórios por segmento e os aspectos relativos às partes relacionadas.

Vamos analisar, neste capítulo, alguns conceitos avançados da contabilidade, como a consolidação de demonstrações contábeis, o método de equivalência patrimonial para avaliação de investimentos permanentes e coligadas e controladas. Com a leitura, poderemos ter a exata dimensão do que significa a contabilidade aplicada a um grupo de empresas, pois o assunto tratará precipuamente desse aspecto.

A consolidação é um procedimento utilizado para saber o valor do patrimônio, o resultado empresarial e a geração de caixa, entre outros, de um grupo de empresas, embora não represente uma nova entidade juridicamente formalizada, mas tão somente uma entidade contábil. Já a equivalência patrimonial é um critério de avaliação dos investimentos da empresa classificados no Ativo não Circulante e que o tornam mais representativo que se fosse utilizado o conceito de custo de aquisição.

Também veremos neste capítulo aspectos relacionados aos relatórios por segmento e à divulgação das partes relacionadas, dois conjuntos de informações que fazem parte da nova estrutura conceitual contábil brasileira, na esteira da adesão do país às regras contábeis internacionais.

6.1 Consolidação das demonstrações contábeis

Nesta seção, tratamos da consolidação, uma técnica contábil de grande utilidade para se compreender o valor do patrimônio, o resultado e a geração de caixa de um grupo de empreendimentos. Os conceitos, obrigatoriedade e técnicas que devem ser adotadas para se proceder a uma consolidação serão vistos a seguir.

6.1.1 Conceito e objetivo

Demonstrações financeiras consolidadas são resultantes da agregação das demonstrações contábeis de duas ou mais entidades, das quais uma entidade investidora possui o controle direto ou indireto sobre a outra, ou outras, investidas. Trata-se da apresentação da posição patrimonial e financeira de várias empresas relacionadas por participação acionária como se fossem uma única.

A consolidação reúne as demonstrações financeiras de diversas pessoas jurídicas interligadas entre si, entretanto não representam uma pessoa jurídica, pois tal consolidação é um processo efetuado extracontabilmente. Seu objetivo é evidenciar aos usuários das informações os resultados das operações, a posição financeira da sociedade controladora e de suas controladas, como se fossem uma só entidade. Isso permite que se tenha uma visão mais abrangente de um conjunto de sociedades, pois a análise individual das demonstrações financeiras compromete a visão do conjunto.

Para melhor entendimento deste capítulo, alguns conceitos são importantes. O primeiro deles se refere a **sociedades coligadas**, e nesse sentido a Lei n. 6.404, de 15 de dezembro de 1976 (Brasil, 1976), no art. 243, parágrafo 1º, as caracteriza como tal sempre que a investidora tenha influência **significativa**. A definição do termo *significativa* está descrita no parágrafo 4º, que esclarece que haverá influência significativa quando a investidora detém ou exerce o poder de participar nas decisões das políticas financeira ou operacional da investida, sem controlá-la. Considera-se que tal influência será presumida quando a investidora for titular de um percentual de 20% ou mais do capital votante da investida, sem controlá-la.

O Pronunciamento Técnico CPC 36, do Comitê de Pronunciamentos Contábeis (CPC, 2012c), complementa o tema quando aponta que, se o investidor mantiver, direta ou indiretamente, 20% ou mais do poder de voto da investida, presume-se que ele tenha influência significativa, a menos que possa ser claramente demonstrado o contrário. Uma participação com percentuais menores que 20% também pode apontar a influência significativa; se esta for claramente demonstrada, pode ser considerada como tal.

A existência de influência significativa por investidor geralmente é evidenciada por uma, ou mais, das seguintes maneiras:

> (a) representação no conselho de administração ou na diretoria da investida;
> (b) participação nos processos de elaboração de políticas, inclusive em decisões sobre dividendos e outras distribuições;
> (c) operações materiais entre o investidor e a investida;
> (d) intercâmbio de diretores ou gerentes;
> (e) fornecimento de informação técnica essencial. (CPC, 2012a, p. 3)

Outro conceito que deve ser abordado diz respeito à **controlada**. Conforme o art. 243, parágrafo 2º, da Lei n. 6.404/1976, ela é a sociedade na qual uma controladora, direta ou indiretamente, é titular de direitos de sócio que lhe assegurem, de modo permanente, preponderância nas deliberações sociais e poder de eleger a maioria dos administradores.

Relativamente à obrigatoriedade da consolidação, o art. 249 da mesma lei estabelece:

> Art. 249. A companhia aberta que tiver mais de 30% (trinta por cento) do valor do seu patrimônio líquido representado por investimentos em sociedades controladas deverá elaborar e divulgar, juntamente com suas demonstrações financeiras, demonstrações consolidadas nos termos do artigo 250. (Brasil, 1976)

Cabe ressaltar que a consolidação também é obrigatória para grupos empresariais que se constituírem formalmente em grupos de sociedades, conforme determinado pelo art. 275 da Lei n. 6.404/1976, que dispõe:

> Art. 275. O grupo de sociedades publicará, além das demonstrações financeiras referentes a cada uma das companhias que o compõem, demonstrações consolidadas, compreendendo todas as sociedades do grupo, elaboradas com observância do disposto no artigo 250. (Brasil, 1976)

O entendimento dos legisladores sobre a aplicabilidade desse artigo é o de que ele se destina aos grupos de sociedades, de capital aberto ou não, e ainda que a sociedade de comando não seja uma sociedade anônima.

Os princípios que regem a consolidação das demonstrações contábeis são tratados no Pronunciamento Técnico CPC 36, que determina: "Este Pronunciamento deve ser aplicado na elaboração e apresentação de demonstrações contábeis consolidadas de grupo econômico de entidades sob o controle de controladora" (CPC, 2012c, p. 2).

6.1.2 Diferença na data de encerramento do exercício

A técnica de consolidação requer uma série de procedimentos a ser executados previamente, a fim de que as demonstrações contábeis consolidadas reflitam adequadamente os valores econômicos do grupo de entidades. A eliminação de saldos de contas que registram operações entre as empresas e os ajustes de lucros ainda não realizados entre elas são requisitos exigidos ao se executar o processo de consolidação (Oliveira; Luz, 2012).

Relativamente à data da consolidação, a controladora deverá fazê-lo a partir da data em que assume seu controle, seja de forma individual, seja conjunta. Para a consolidação, cabe observar ainda que as datas de emissão das demonstrações (controlada e controladora) devem ser iguais, para que os valores tenham a mesma correspondência no tempo. O parágrafo 4º, do art. 250, da Lei n. 6.404/1976 possibilita a consolidação de demonstrações geradas com uma diferença de até 60 dias da data do fechamento da controladora e das controladas. Caso o período seja superior a esse prazo, devem ser apuradas demonstrações extraordinárias, observando os seguintes aspectos:

- Deve-se manter a uniformidade de períodos de um exercício para o outro entre a controladora e as controladas.
- Cabem esclarecimentos nas notas explicativas sobre a defasagem existente nas datas de fechamento, citando o período de diferença.
- É importante verificar possíveis eventos na controlada com efeitos relevantes na consolidação e, caso sejam verificados, devem constar em nota explicativa.
- É de vital importância a elaboração de um manual de consolidação para permitir a clareza e a objetividade na elaboração das demonstrações consolidadas e, ainda, a confiabilidade dos valores apresentados aos diversos usuários, como, por exemplo, a auditoria independente.

Os ajustes efetuados para consolidação são de natureza extracontábil e devem ser realizados em documentos auxiliares e que não incorram em nenhum tipo de lançamento na escrituração das entidades que formam a unidade de consolidação.

6.1.3 Técnicas de consolidação

O objetivo mais fundamental da consolidação é apresentar a posição financeira e os resultados das operações das diversas empresas do grupo como se fossem uma única, como já vimos. Assim, a primeira técnica a ser utilizada é a soma dos saldos das contas que não sofrem influência. É o caso, por exemplo, das contas Estoques, Imobilizado, Fornecedores etc.

Outro aspecto que devemos considerar refere-se às transações realizadas entre as empresas do grupo. O art. 250 da Lei das Sociedades por Ações (Lei n. 6.404/1976) estabelece:

> Art. 250. Das demonstrações financeiras consolidadas serão excluídas:
>
> I. as participações de uma sociedade em outra;
>
> II. os saldos de quaisquer contas entre as sociedades;
>
> III. as parcelas dos resultados do exercício, dos lucros ou prejuízos acumulados e do custo de estoques ou do ativo não circulante que corresponderem a resultados, ainda não realizados, de negócios entre as sociedades. (Redação dada pela Lei nº 11.941, de 2009)
>
> § 1º A participação dos acionistas não controladores no patrimônio líquido e no lucro do exercício será destacada, respectivamente, no balanço patrimonial e na demonstração do resultado do exercício. (Redação dada pela Lei nº 9.457, de 1997)
>
> § 2º A parcela do custo de aquisição do investimento em controlada, que não for absorvida na consolidação, deverá ser mantida no ativo não circulante, com dedução da provisão adequada para perdas já comprovadas, e será objeto de nota explicativa. (Redação dada pela Lei nº 11.941, de 2009)
>
> § 3º O valor da participação que exceder do custo de aquisição constituirá parcela destacada dos resultados de exercícios futuros até que fique comprovada a existência de ganho efetivo.
>
> § 4º Para fins deste artigo, as sociedades controladas, cujo exercício social termine mais de 60 (sessenta) dias antes da data do encerramento do exercício da companhia, elaborarão, com observância das normas desta Lei, demonstrações financeiras extraordinárias em data compreendida nesse prazo. (Brasil, 1976)

Oliveira e Luz (2012, p. 86-87) destacam alguns exemplos de eliminações necessárias:

- **Duplicatas a receber**: caso tenha havido operações de compra e venda entre empresas do conjunto, os valores das duplicatas aparecerão no balanço de ambas. Em uma delas, haverá o lançamento a débito na conta Fornecedores e na outra a crédito na conta Duplicatas a receber. [...]
- **Contas correntes**: entre as empresas do grupo podem ocorrer operações que são debitadas ou creditadas em conta corrente. Sendo assim, [...] ambos deverão ser eliminados na consolidação [...].
- **Investimentos**: a participação acionária, representada pela conta de Investimentos que uma empresa tiver na outra, será também eliminada contra as diversas contas do patrimônio líquido da controlada pelos valores proporcionais aos que a empresa de comando tiver de participação. [...]
- **Operações em congêneres** – as operações entre as companhias que gerem lançamentos em contas de resultado também devem ser eliminadas.

Dessa forma, eliminam-se registros em duplicidade e contabilidade errada.

6.2 Equivalência patrimonial

A equivalência patrimonial é um método de avaliação dos investimentos permanentes da empresa em que a investidora reconhece contabilmente em seu valor as variações ocorridas no Patrimônio Líquido das investidas, no momento em que eles ocorrem, ou seja, observando-se o regime da competência. Os efeitos dessas variações, que podem ser oriundas dos resultados (lucro ou prejuízo) obtidos pelas investidas ou de outras naturezas (aportes de capital, por exemplo), serão reconhecidos como perdas ou ganhos de capital na investidora.

Oliveira e Luz (2012) destacam que esse é um critério de avaliação dos investimentos da empresa em que há o reconhecimento dos resultados obtidos pela empresa investida no valor do investimento da sociedade investidora, no momento em que esses resultados são gerados. A legislação pertinente sobre o tema (Lei n. 6.404/1976) determina:

> Art. 248. No Balanço Patrimonial da companhia, os investimentos em coligadas ou em controladas e em outras sociedades que façam parte de um mesmo grupo ou estejam sob controle comum serão avaliados pelo método da equivalência patrimonial [...]. (Brasil, 1976)

Iudícibus et al. (2013, p. 139) complementam que o conceito do método se baseia no fato de que "os resultados e quaisquer variações patrimoniais de uma controlada ou coligada devem ser reconhecidos (contabilizados) no momento de sua geração, independentemente de serem ou não distribuídos". Assim sendo, diferentemente da mensuração pelo valor de custo histórico, acompanha o fato econômico, ou seja, a geração do resultado, e não sua distribuição efetiva.

De forma bem simplista, imaginemos, hipoteticamente, que o Banco do Brasil seja acionista com uma participação do Patrimônio Líquido de 10% da Petrobras. Considerando que esse Patrimônio Líquido, no início do ano, seja de R$ 1.000.000,00, o Banco do Brasil deveria ter registrado em sua conta de investimento o valor de R$ 100.000,00. Decorridos 12 meses, a Petrobras, com a incorporação de lucros, teve seu Patrimônio Líquido aumentado para R$ 1.500.000,00. Levando-se em conta que o Banco do Brasil é detentor de 10% da Petrobras, a sua conta de investimentos deveria ter o saldo de R$ 150.000,00 (10%). Nesse momento, o Banco do Brasil "ajusta" o saldo de sua conta de investimentos em R$ 50.000,00, para adequar seu patrimônio ao investimento que detém. A contrapartida do aumento da conta de investimentos será em Receita (resultado positivo da equivalência patrimonial). Entenda que o Patrimônio Líquido da Petrobras poderá ser inferior a R$ 1.000.000,00 e, nesse caso, o ajuste no Banco do Brasil será menor e, consequentemente, o ajuste na conta de resultado será resultado negativo da Equivalência Patrimonial.

Como sugestão de contabilização de equivalência patrimonial, no caso de geração de lucro na investida, a investidora deverá reconhecer contabilmente a parte que lhe cabe, contabilizando uma receita de equivalência, no momento em que o resultado é gerado, independentemente de distribuição. Quando a investida auferir o lucro, o registro na investidora será efetuado, conforme mostra a Tabela 6.1.

Tabela 6.1 – Registro da equivalência patrimonial

Conta contábil	Débito (R$)	Crédito (R$)
Ativo não Circulante – Investimentos	50.000,00	
DRE – Resultado Positivo Equivalência Patrimonial		50.000,00

Quando a investida distribuir o lucro (pagar os dividendos propostos), o registro na investidora será efetuado conforme ilustrado na Tabela 6.2.

Tabela 6.2 – Registro dos pagamentos de dividendos

Conta contábil	Débito (R$)	Crédito (R$)
Ativo Circulante – Disponível – Bancos	50.000,00	
Ativo não Circulante – Investimentos		50.000,00

No que se refere ao registro da equivalência patrimonial, cabem ainda algumas considerações sobre o aspecto tributário do registro em contas de resultado, pois observa-se que a empresa não obteve a receita pela simples adequação de sua conta de investimento e, ainda que quando do recebimento de dividendos (que são lucros distribuídos), a controlada já ofereceu a receita à tributação. Assim sendo, o resultado positivo da equivalência patrimonial não é oferecido à tributação na investidora.

Outro aspecto relevante sobre a equivalência patrimonial diz respeito ao enquadramento, como coligada ou controlada. Para efeitos de avaliação dos investimentos pelo método de equivalência patrimonial, e também para se determinar a obrigatoriedade de emissão de demonstrações contábeis consolidadas, esse enquadramento não está relacionado aos percentuais de participação de uma sociedade em outra, e sim ao fato de propocionarem à sociedade investidora uma influência significativa (no caso de sociedade coligada) ou a predominância, de forma permanente, nas deliberações sociais e ao poder de eleger a maioria dos administradores (no caso de sociedade controlada).

6.3 Juros sobre o capital próprio

Podemos definir *juros sobre o capital próprio* como uma forma de remunerar o capital investido pelos acionistas ou quotistas. É a remuneração que a pessoa jurídica investida poderá reverter aos sócios ou acionistas, pelo investimento efetuado. A principal vantagem nessa forma de remuneração reside no aspecto tributário: as empresas que apurarem o Imposto de Renda e a Contribuição Social sobre o Lucro Real poderão lançar como despesas financeiras dedutíveis os valores pagos calculados sobre as contas do Patrimônio Líquido e limitados à variação, *pro rata die*, da Taxa de Juros de Longo Prazo (TJLP). É o que dispõe o Regulamento do Imposto de Renda (RIR/99) – Decreto n. 3.000, de 26 de março de 1999:

> Art. 347. A pessoa jurídica poderá deduzir, para efeitos de apuração do lucro real, os juros pagos ou creditados individualizadamente a titular, sócios ou acionistas, a título de remuneração do capital próprio, calculados sobre as contas do patrimônio líquido e limitados à variação, pro rata dia, da Taxa de Juros de Longo Prazo – TJLP (Lei nº 9.249, de 1995, art. 9º). (Brasil, 1999)

A Lei n. 9.249, de 26 de dezembro de 1995, também regulamenta o tema e impõe limites à dedutibilidade do pagamento, ao afirmar:

> Art. 9º [...]
> § 1º O efetivo pagamento ou crédito dos juros fica condicionado à existência de lucros, computados antes da dedução dos juros, ou de lucros acumulados e reservas de lucros, em montante igual ou superior ao valor de duas vezes os juros a serem pagos ou creditados. (Brasil, 1995)

Outro aspecto relevante da tributação refere-se à fonte recebedora dos juros. Haverá incidência do Imposto de Renda na fonte, à alíquota de 15%, na data do pagamento ou crédito ao beneficiário. Esse imposto retido será considerado *antecipação do devido* na declaração de ajuste anual, se o beneficiário for pessoa física, ou como receita isenta para a pessoa jurídica tributada pelo lucro real, ou será tido como tributação definitiva, para casos de beneficiários ou pessoas jurídicas não tributadas com base no lucro real.

> Art. 9º [...]
> § 2º Os juros ficarão sujeitos à incidência do imposto na forma prevista no art. 668.
> [...]
> § 7º O valor dos juros pagos ou creditados pela pessoa jurídica, a título de remuneração do capital próprio, poderá ser imputado ao valor dos dividendos de que trata o art. 202 da Lei nº 6.404, de 1976, sem prejuízo do disposto no § 2º. (Brasil, 1995)

Vamos exemplificar. Suponhamos que a empresa Cia. Nureto:

- é composta por dois sócios (Omar Telão e Casa das Marretas Comércio de Martelos);
- em 31/12/2014 apurou um lucro;
- irá creditar na conta de seus sócios o valor de R$ 100.000,00 a título de juros sobre o capital próprio;
- irá efetuar a retenção do Imposto de Renda na fonte à alíquota de 15%, que deverá ser recolhido aos cofres públicos.

A contabilização dos juros sobre o capital próprio deverá ser feita conforme mostra a Tabela 6.3.

Tabela 6.3 – Contabilização dos juros sobre o capital próprio

Conta contábil	**Débito (R$)**	**Crédito (R$)**
Despesas financeiras – Juros sobre o Capital Próprio	100.000	
Passivo Circulante – Juros sobre o Capital Próprio a Pagar		85.000,00
Passivo Circulante – IRRF a Recolher		15.000,00

O sócio Omar Telão irá declarar o valor devido em sua declaração de ajuste como rendimentos recebidos de pessoa jurídica, e o imposto que foi pago antecipadamente poderá ser compensado. No caso do outro sócio, a Casa das Marretas Comércio de Martelos, que é tributada com base no lucro real, o valor recebido será considerado receita isenta e excluído do lucro contábil para fins de apuração do Imposto de Renda e da contribuição social.

Assim sendo, entendemos que a tributação na pessoa jurídica tributada com base no lucro real ocorre entre 24% e 34% (dependendo do adicional) e o benefício fiscal obtido situa-se na diferença entre o que foi retido (15%); o que deveria ser tributado (24% ou 34%) está exatamente na diferença entre essa faixa de percentuais e os 15%.

Vamos a mais um exemplo: se uma empresa pagar R$ 10 mil de juros sobre o capital próprio, poderá deduzir esse valor como despesa financeira, o que reduzirá a sua carga de tributos em até 34%, ou seja, R$ 3.400,00. Por outro lado, o sócio que recebeu esse valor foi tributado em 15% (R$ 1.500,00). A diferença entre os dois valores pode constituir um bom planejamento tributário a ser realizado.

Síntese

Neste capítulo, abordamos alguns conceitos avançados da contabilidade relativos à forma como se realiza uma consolidação das demonstrações contábeis de um grupo de empresas e os principais cuidados e critérios a serem adotados para sua realização.

O registro do aumento ou da diminuição dos investimentos efetuados em empresas coligadas ou controladas pelo método de equivalência patrimonial representa também importante ferramenta para evidenciação e demonstração da situação patrimonial de uma empresa, e seus aspectos fiscais são de suma relevância para a gestão empresarial. A leitura deste capítulo permitiu ver a dimensão da contabilidade aplicada a um grupo de empresas.

Verificamos, por fim, os aspectos relacionados ao registro e ao pagamento dos juros sobre capital próprio, e a importância e a relação desse pagamento com a tributação das diversas partes relacionadas.

Questões para revisão

1. Se uma empresa apresentar Patrimônio Líquido, é possível calcular os juros sobre o capital próprio? Explique.

2. Como deve ser tratada a provisão para pagamento dos juros sobre o capital próprio, caso a empresa que irá pagar seja tributada com base no lucro real?

3. Analise as afirmativas a seguir:

   I. Os juros pagos a titular, sócios ou acionistas, a título de remuneração do capital próprio, poderão ser deduzidos na Demonstração do Resultado do Exercício (DRE), sendo seu cálculo realizado sobre as contas do Patrimônio Líquido ajustado e limitado à variação, *pro rata die*, da Taxa de Juros de Longo Prazo (TJLP).
   II. Os juros pagos a titular, sócios ou acionistas, a título de remuneração do capital próprio, poderão ser deduzidos na Demonstração do Resultado do Exercício (DRE), sendo seu cálculo realizado sobre as contas de Receitas e limitado à variação, *pro rata die*, da Taxa de Juros de Longo Prazo (TJLP).
   III. Os juros pagos a titular, sócios ou acionistas, a título de remuneração do capital próprio, poderão ser deduzidos na Demonstração do Resultado do Exercício (DRE), sendo seu cálculo realizado sobre as contas do Capital Social, ajustado e limitado à variação, *pro rata die*, da Taxa de Juros de longo prazo (TJLP).

   Com base nessas informações, pode-se afirmar:
   a) Somente a I está correta.
   b) Somente a II está correta.
   c) Somente a III está correta.
   d) Todas as afirmativas estão corretas.
   e) Todas as afirmativas estão incorretas.

4. Considere uma empresa cujo Imposto de Renda e Contribuição Social sobre o Lucro Líquido (CSLL), por meio do regime tributário conhecido como *lucro real*, incidem sobre seu resultado a uma alíquota de 25% ao ano. Essa empresa decidiu passar a utilizar uma linha de financiamento de longo prazo em sua estrutura de capital, a partir do próximo ano. Dessa maneira, é correto afirmar que seu custo médio ponderado de capital para o próximo ano deverá:
   a) diminuir, caso o custo de financiamento antes do benefício fiscal seja 40% maior que o custo de capital próprio.
   b) diminuir, caso o custo de financiamento antes do benefício fiscal seja 25% maior que o custo de capital próprio.

c) aumentar, caso o custo de financiamento antes do benefício fiscal seja 30% maior que o custo de capital próprio.
d) aumentar, caso o custo de financiamento antes do benefício fiscal seja 20% maior que o custo de capital próprio.
e) aumentar, caso o custo de financiamento antes do benefício fiscal seja 10% maior que o custo de capital próprio.

5. Os juros sobre capital próprio (JCP) representam uma modalidade de remuneração dos sócios que tem no Patrimônio Líquido dos empreendimentos sua base de cálculo. Uma das alternativas a seguir apresenta um grupo de contas, que é excluído do cálculo do JCP. Identifique-a:
   a) Reservas de Lucros.
   b) Reservas de Capital.
   c) Ajuste de Avaliação Patrimonial.
   d) Prejuízos Acumulados.
   e) Reserva Legal.

Questão para reflexão

1. A legislação brasileira não permite a correção monetária das contas do balanço desde o ano de 1995 (Lei n. 9.249/1995). Esse fato fez com que as empresas deixassem de reconhecer os efeitos da inflação sobre o patrimônio e seus resultados. Assim sendo, quais os possíveis impactos no resultado com a evidenciação da correção das contas do Ativo Permanente e do Patrimônio Líquido?

Exercícios resolvidos

1. (Finep/Cesgranrio, Analista de Contabilidade, 2011) A consolidação de balanços implica:
   a) apresentar em um único balanço o conjunto de balanços elaborados por todas as sociedades coligadas.
   b) conjugar a situação financeira e econômica de um conjunto de sociedades sob um mesmo controle financeiro.
   c) evidenciar a situação financeira de todas as empresas investidas de um mesmo conglomerado financeiro.
   d) informar a situação econômica de empresas coligadas e não coligadas como se fosse um balanço único.
   e) levantar um balanço único pela soma de todos os balanços individuais específicos das subsidiárias integrais de um mesmo grupo financeiro.

   Resposta:

Alternativa b. A consolidação de balanços é, para empresas em relação de controladora e controlada, a técnica contábil disponível para apresentar a situação econômico-financeira de todo o grupo como se fosse uma única empresa, reunida numa demonstração contábil.

2. A empresa Omar Retada Indústrias de Marretas possui 30% do capital social da empresa Mar Telus Indústria de Martelos pneumáticos. O valor registrado na conta de investimentos da Omar Retada é de R$ 150.000,00. Considerando que a empresa Mar Telus obteve o lucro de R$ 1.500.000,00 no ano quando deverá ser calculado e contabilizado a título de equivalência patrimonial?

Resposta:

Considerando os valores acima, deve-se efetuar os cálculos conforme a seguir:

- Investimento da Omar Retada R$ 150.000,00 (30% da empresa Mar Telus).
- R$ 150.000,00 ÷ 0,30 = R$ 500.000,00 (valor do Patrimônio Líquido da Mar Telus).
- O Patrimônio Líquido da Mar Telus no final do período será de R$ 2.000.000 (R$ 500.000 + R$ 1.500.000 de lucro no período).
- Se a Empresa Omar Retada possui 30%, deverá ter em sua conta de investimento o valor de R$ 600.000,00.
- Considerando que o valor contabilizado a título de Investimentos é de R$ 150.000,00, a Omar Retada deverá contabilizar um resultado positivo de equivalência patrimonial de R$ 450.000.

3. Considere que a companhia "X" tenha adquirido 100% da companhia "Y". Nessa situação, na elaboração da demonstração consolidada, deverá ser efetuado um lançamento de ajuste que retifica totalmente o Patrimônio Líquido de "Y". Além disso, o valor correspondente ao investimento, registrado no balanço da companhia "X", não deverá ser objeto de ajuste para efeitos de consolidação. O que se pode dizer sobre essa informação?

Resposta:

Na verdade, para a consolidação, a controladora deve levar em conta seu investimento e o Patrimônio Líquido da investida, registrando da seguinte maneira o investimento:

Conta contábil	**Débito**	**Crédito**
Patrimônio Líquido da Controlada	XXX	
Conta Investimentos da Controladora		XXX

Saiba mais

Quem estiver interessado em aprofundar os estudos sobre conceitos de contabilidade deve consultar:

ALMEIDA, M. C. **Contabilidade avançada**. São Paulo: Atlas, 2012.

_____. **Manual prático de interpretação contábil da lei societária**. 2. ed. São Paulo: Atlas, 2014.

IUDÍCIBUS, S. de et al. **Manual de contabilidade societária**: aplicável a todas as sociedades. 2. ed. São Paulo: Atlas, 2013.

Vale a pena também pesquisar as normas contábeis e pronunciamentos técnicos aplicáveis ao tema:

CFC – Conselho Federal de Contabilidade. **NBC TG 05 (R3)**. Brasília, 1º dez. 2014. Disponível em: <http://www1.cfc.org.br/sisweb/SRE/docs/NBCTG05(R3).pdf>. Acesso em: 21 jun. 2017.

_____. **NBC TG 18**. Brasília, 4 dez. 2009. Disponível em: <http://www1.cfc.org.br/sisweb/SRE/docs/RES_1241.pdf>. Acesso em: 21 jun. 2017.

_____. **NBC TG 22**. Brasília, 4 ago. 2009. Disponível em: <http://www1.cfc.org.br/sisweb/SRE/docs/RES_1176.pdf>. Acesso em: 21 jun. 2017.

_____. **NBC TG 36 (R2)**. Brasília, 17 abr. 2014. Disponível em: <http://www1.cfc.org.br/sisweb/SRE/docs/NBCTG36(R2).pdf>. Acesso em: 21 jun. 2017.

CPC – Comitê de Pronunciamentos Contábeis. **CPC 05 (R1)**: Divulgação sobre partes relacionadas. Brasília, 3 set. 2010. Disponível em: <http://static.cpc.mediagroup.com.br/Documentos/159_CPC_05_R1_rev%2006.pdf>. Acesso em: 21 jun. 2017.

_____. **CPC 18 (R2)**: Investimento em coligada, em controlada e em empreendimento controlado em conjunto. Brasília, 7 dez. 2012. Disponível em: <http://static.cpc.mediagroup.com.br/Documentos/171_CPC08_R1.pdf>. Acesso em: 21 jun. 2017.

_____. **CPC 22**: Informações por segmento. Brasília, 26 jun. 2009. Disponível em: <http://static.cpc.mediagroup.com.br/Documentos/292_CPC_22_rev%2008.pdf>. Acesso em: 21 jun. 2017.

_____. **CPC 36 (R3)**: Demonstrações consolidadas. Brasília, 7 dez. 2012. Disponível em: <http://static.cpc.mediagroup.com.br/Documentos/448_CPC_36_R3_rev%2008.pdf>. Acesso em: 21 jun. 2017.

Perguntas & respostas

1. **Pode-se afirmar que a adoção da consolidação das demonstrações permite uma avaliação criteriosa e transparente do grupo como um todo. Assim sendo, sob a ótica dos diversos credores e investidores, é possível realizar uma análise de todo o grupo empresarial. Em que situações a consolidação pode ser vista sob uma ótica negativa?**

A consolidação pode apresentar informações não muito interessantes ao grupo quando uma das empresa apresenta uma situação financeira e econômica favorável, mas o grupo (como um todo) apresenta dificuldades financeiras e operacionais. Outro exemplo é a realização de operações entre as empresas, que permite ao fisco a detecção de operações que visem à redução da carga tributária de forma mais fácil. Quaisquer dos motivos geram informações negativas aos olhos dos diversos interessados nas empresas (credores, fisco, investidores).

Estudo de caso

Determinada empresa, de grande porte, atua num setor que produz uma quantidade expressiva de resíduos tóxicos. O descarte deles requer uma estrutura física considerável e um processo complexo para movimentação e tratamento.

Nos últimos anos, a diretoria foi alertada pelo Departamento de Engenharia e Qualidade de que havia riscos de rompimento de uma barragem que fazia a contenção desses resíduos A empresa não tomou nenhuma providência, a despeito dos laudos que atestavam a fragilidade da barragem. Em dado momento, houve o rompimento da contenção, e os danos físicos e ambientais atingiram uma cidade inteira.

Porém, a empresa possui um valor considerável de créditos tributários que poderiam ser utilizados para redução dos valores a pagar sobre lucros futuros. Você é chamado para gerenciar essa situação e emitir uma opinião técnica. A empresa deve reconhecer um ativo contingente sobre os créditos tributários?

Você também é convocado para compor a equipe que irá analisar o caso e recomendar os procedimentos administrativos e financeiros para equacionar a situação. A seu ver, a empresa já deve constituir um passivo, visto que provavelmente serão exigidos recursos dela em virtude de indenizações e outros gastos?

Ao estudar detidamente a situação, recomendaria uma provisão contábil de natureza passiva para reconhecimento, por parte da empresa, de que haverá necessidade de desembolso futuro? Sua equipe quer convencê-lo de que basta a constituição de uma reserva de lucros – no caso, uma reserva para contingências –, tendo em vista que o caso ainda está muito recente e não há nada que indique que a empresa terá de fazer indenizações.

Considerações:

Inicialmente, não há necessidade de se efetuar o reconhecimento contábil de uma dívida, até porque ainda não se sabe quais serão as pessoas que, ao se sentirem prejudicadas, buscarão um ressarcimento financeiro da empresa. Nesse caso, não estão presentes ainda os requisitos para que se justifique o reconhecimento contábil de uma obrigação líquida e certa.

Lembre-se de que as provisões passivas têm exatamente esse papel, ou seja, formalizam contabilmente situações que, já ocorridas, ainda não têm um valor determinado e uma data certa de liquidação. Porém, o fato gerador da provisão (o evento que poderá causar a perda financeira) já ocorreu.

Também não é mais o caso de se constituir uma reserva, pois essa conta serve para registrar valores que significam destinações do lucro do exercício, como a reserva para investimentos ou para contingência, situações em que os sócios deliberam pela constituição da reserva para um fim específico.

Nesse caso, a reserva representaria uma retenção do lucro do exercício para considerar os investimentos necessários no sentido de evitar a tragédia. Depois da ocorrência do evento (no caso, o rompimento da barragem), não há por que se falar em reserva, e sim em provisão, pois a perda já ocorreu.

Para concluir...

Colocamos você em contato, neste livro, com os conceitos mais avançados da contabilidade brasileira. Ao desenvolver o texto, preocupamo-nos – sem perder o rigor técnico exigido na sua exposição – em retratá-los de forma prática e objetiva, visando a uma compreensão segura e facilitando sua aplicação a situações reais. Cumpre esclarecer que a contabilidade societária abarca uma série de conteúdos que não necessariamente estão vinculados ou se situam numa ordem de apresentação natural, como ocorre em outras disciplinas que também instrumentalizam o estudante ou contador já atuante no mercado, como a contabilidade comercial.

Os exemplos inseridos, de empresas reais, procuram proporcionar uma associação direta aos conceitos expostos em cada capítulo. Afinal, a assimilação dos conteúdos, de natureza um tanto avançada, será enormemente facilitada pela análise e compreensão dos exemplos retratados. E esta é nossa missão: que você, leitor, possa compreender os conceitos de forma a poder aplicá-los, pois esse é o perfil de contador que as organizações buscam – ou seja, um profissional que sabe extrair da doutrina o melhor uso dos conceitos contábeis.

No entanto, a obra é uma singela contribuição ao estudo da contabilidade societária. Sugerimos que você realize leituras constantes de outros textos, como o *Manual de Contabilidade Societária* da equipe de professores da Universidade de São Paulo (USP), sob a coordenação de Sérgio de Iudícibus, e também os pronunciamentos técnicos que tratam de cada tópico exposto neste livro. Enfim, estude. Sempre! A ciência contábil e as empresas agradecem.

Sucesso a você!

Referências

ABBAGNANO, N. **Dicionário de filosofia**. Tradução de Alfredo Bosi. 2. ed. São Paulo: Martins Fontes, 1998.

ALMEIDA, M. C. **Contabilidade avançada**. São Paulo: Atlas, 2012a.

_____. **IFRS na prática**: perguntas e respostas com exemplos. São Paulo: Atlas, 2012b.

_____. **Manual prático de interpretação contábil da lei societária**. São Paulo: Atlas, 2010.

_____. **Manual prático de interpretação contábil da lei societária**. 2. ed. São Paulo: Atlas, 2014.

AZEVEDO, O. R. **Comentários às regras contábeis**: Brasil/CPC/Internacional/IFRS. São Paulo: IOB Sage, 2014.

BRASIL. Decreto n. 3.000, de 26 de março de 1999. **Diário Oficial da União**, Poder Executivo, Brasília, DF, 17 jun. 1999. Disponível em: <http://www.planalto.gov.br/ccivil_03/decreto/d3000.htm>. Acesso em: 21 jun. 2017.

BRASIL. Lei n. 6.404, de 15 de dezembro de 1976. **Diário Oficial da União**, Poder Legislativo, Brasília, DF, 17 dez. 1976. Disponível em: <http://www.planalto.gov.br/ccivil_03/leis/l6404compilada.htm>. Acesso em: 21 jun. 2017.

_____. Lei n. 9.249, de 26 de dezembro de 1995. **Diário Oficial da União**, Poder Legislativo, Brasília, DF, 27 dez. 1995. Disponível em: <http://www.planalto.gov.br/ccivil_03/leis/L9249.htm>. Acesso em: 21 jun. 2017.

_____. Lei n. 11.638, de 28 de dezembro de 2007. **Diário Oficial da União**, Poder Legislativo, Brasília, DF, 28 dez. 2007. Disponível em: <http://www.planalto.gov.br/ccivil_03/_ato2007-2010/2007/lei/l11638.htm>. Acesso em: 21 jun. 2017.

BRASIL. Lei n. 11.941, de 27 de maio de 2009. **Diário Oficial da União**, Poder Legislativo, Brasília, DF, 28 maio 2009. Disponível em: <http://www.planalto.gov.br/ccivil_03/_ato2007-2010/2009/lei/l11941.htm>. Acesso em: 6 mar. 2016.

CFC – Conselho Federal de Contabilidade. **Manual de contabilidade do sistema CFC/CRCs**. Brasília, DF: CFC, 2009a. Disponível em: <http://www1.cfc.org.br/uparq/manual_cont.pdf>. Acesso em: 22 maio 2017.

_____. **NBC TG 29 (R1)**. Brasília, 20 dez. 2013. Disponível em: <http://www1.cfc.org.br/sisweb/SRE/docs/NBCTG29(R1).pdf>. Acesso em: 21 jun. 2017.

_____. Resolução n. 1.055, de 7 de outubro de 2005. **Diário Oficial da União**, Brasília, DF, 24 out. 2005. Disponível em: <http://www1.cfc.org.br/sisweb/SRE/docs/Res_1055.pdf>. Acesso em: 21 jun. 2017.

_____. Resolução n. 1.121, de 28 de março de 2008. **Diário Oficial da União**, Brasília, DF, 1 abr. 2008a. Disponível em: <http://www1.cfc.org.br/sisweb/SRE/docs/Res_1121.pdf>. Acesso em: 21 jun. 2017.

_____. Resolução n. 1.138, de 21 de novembro de 2008. **Diário Oficial da União**, Brasília, DF, 28 nov. 2008b. Disponível em: <http://www1.cfc.org.br/sisweb/SRE/docs/Res_1138.pdf>. Acesso em: 7 mar. 2016.

_____. Resolução n. 1.185, de 28 de agosto de 2009. **Diário Oficial da União**, Brasília, DF, 15 set. 2009b. Disponível em: <http://www1.cfc.org.br/sisweb/SRE/docs/Res_1185.pdf>. Acesso em: 21 jun. 2017.

_____. Resolução n. 1.296, de 17 de setembro de 2010. **Diário Oficial da União**, Brasília, DF, 7 out. 2010. Disponível em: <http://www1.cfc.org.br/sisweb/SRE/docs/RES_1296.pdf>. Acesso em: 21 jun. 2017.

_____. Resolução n. 1.374, de 8 de dezembro de 2011. **Diário Oficial da União**, Brasília, DF, 16 dez. 2011. Disponível em: <http://www1.cfc.org.br/sisweb/SRE/docs/Res_1374.pdf>. Acesso em: 21 jun. 2017.

CPC – Comitê de Pronunciamentos Contábeis. **CPC 00 (R1)**: Estrutura conceitual para elaboração e divulgação de relatório contábil-financeiro. Brasília, DF, 2 dez. 2011a. Disponível em: <http://www.cpc.org.br/CPC/Documentos-Emitidos/Pronunciamentos/Pronunciamento?Id=80>. Acesso em: 24 maio 2017.

_____. **CPC 01**: Redução ao valor recuperável de ativos. Brasília, DF, 6 ago. 2010a. Disponível em: <http://static.cpc.mediagroup.com.br/Documentos/27_CPC_01_R1_revis%C3%A3o08.pdf>. Acesso em: 21 jun. 2017.

_____. **CPC 02 (R2)**: Efeitos das mudanças nas taxas de câmbio e conversão de demonstrações contábeis. Brasília, 3 set. 2010b. Disponível em: <http://static.cpc.mediagroup.com.br/Documentos/62_CPC_02_R2_rev%2009.pdf>. Acesso em: 21 jun. 2017.

_____. **CPC 03 (R2)**: Demonstração dos Fluxos de Caixa. Brasília, 3 set. 2010c. Disponível em: <http://static.cpc.mediagroup.com.br/Documentos/183_CPC_03_R2_rev%2010.pdf>. Acesso em: 21 jun. 2017.

_____. **CPC 04 (R1)**: Ativo intangível. Brasília, 5 nov. 2010d. Disponível em: <http://static.cpc.mediagroup.com.br/Documentos/187_CPC_04_R1_rev%2008.pdf>. Acesso em: 21 jun. 2017.

_____. **CPC 06 (R1)**: Operações de arrendamento mercantil. Brasília, 5 nov. 2010e. Disponível em: <http://static.cpc.mediagroup.com.br/Documentos/163_CPC_06_R1_rev%2008.pdf>. Acesso em: 21 jun. 2017.

_____. **CPC 08 (R1)**: Custos de Transação e Prêmios na Emissão de Títulos e Valores Mobiliários. Brasília, 3 dez. 2010f. Disponível em: <http://www.cpc.org.br/CPC/Documentos-Emitidos/Pronunciamentos/Pronunciamento?Id=39>. Acesso em: 21 jun. 2017.

CPC – Comitê de Pronunciamentos Contábeis. **CPC 09**: Demonstração do Valor Adicionado (DVA). Brasília, 30 out. 2008a. Disponível em: <http://static.cpc.mediagroup.com.br/Documentos/175_CPC_09.pdf>. Acesso em: 21 jun. 2017.

_____. **CPC 12**: Ajuste a valor presente. Brasília, DF, 5 dez. 2008b. Disponível em: <http://static.cpc.mediagroup.com.br/Documentos/219_CPC_12.pdf>. Acesso em: 21 jun. 2017.

_____. **CPC 15 (R1)**: Combinação de negócios. Brasília, DF, 3 jun. 2011b. Disponível em: <http://www.cpc.org.br/CPC/Documentos-Emitidos/Pronunciamentos/Pronunciamento?Id=46>. Acesso em: 21 jun. 2017.

_____. **CPC 16 (R1)**: Estoques. Brasília, DF, 8 maio 2009a. Disponível em: <http://static.cpc.mediagroup.com.br/Documentos/243_CPC_16_R1_rev%2003%20(2).pdf>. Acesso em: 21 jun. 2017.

_____. **CPC 18 (R2)**: Investimento em coligada, em controlada e em empreendimento controlado em conjunto. 7 dez. 2012a. Disponível em: <http://static.cpc.mediagroup.com.br/Documentos/171_CPC08_R1.pdf>. Acesso em: 21 jun. 2017.

_____. **CPC 23 (R3)**: Políticas contábeis, mudança de estimativa e retificação de erro. Brasília, DF, 26 jun. 2009b. Disponível em: <http://static.cpc.mediagroup.com.br/Documentos/296_CPC_23_rev%2003.pdf>. Acesso em: 21 jun. 2017.

_____. **CPC 25**: Provisões, passivos contingentes e ativos contingentes. Brasília, 26 jun. 2009c. Disponível em: <http://static.cpc.mediagroup.com.br/Documentos/304_CPC_25_rev%2006.pdf>. Acesso em: 21 jun. 2017.

_____. **CPC 26 (R1)**: Apresentação das demonstrações contábeis. Brasília, 2 dez. 2011c. Disponível em: <http://static.cpc.mediagroup.com.br/Documentos/312_CPC_26_R1_rev%2009.pdf>. Acesso em: 21 jun. 2017.

_____. **CPC 27**: Ativo Imobilizado. Brasília, 26 jun. 2009d. Brasília, 31 jul. 2009c. Disponível em: <http://static.cpc.mediagroup.com.br/Documentos/316_CPC_27_rev%2008.pdf>. Acesso em: 21 jun. 2017.

_____. **CPC 28**: Propriedade para investimento. Brasília, 26 jun. 2009e. Disponível em: <http://static.cpc.mediagroup.com.br/Documentos/320_CPC_28_rev%2008.pdf>. Acesso em: 21 jun. 2017.

_____. **CPC 29**: Ativo biológico e produto agrícola. Brasília, 7 ago. 2009f. Disponível em: <http://static.cpc.mediagroup.com.br/Documentos/324_CPC_29_rev%2008.pdf>. Acesso em: 21 jun. 2017.

_____. **CPC 30 (R1)**: Receitas. Brasília, 19 out. 2012b. Disponível em: <http://www.cpc.org.br/CPC/Documentos-Emitidos/Pronunciamentos/Pronunciamento?Id=61>. Acesso em: 21 jun. 2017.

_____. **CPC 36 (R3)**: Demonstrações consolidadas. Brasília, 7 dez. 2012c. Disponível em: <http://static.cpc.mediagroup.com.br/Documentos/365_CPC%2036%20final.pdf>. Acesso em: 21 jun. 2017.

_____. **CPC 38**: Instrumentos financeiros – reconhecimento e mensuração. Brasília, DF, 2 out. 2009g. Disponível em: <http://static.cpc.mediagroup.com.br/Documentos/406_CPC_38_rev%2006.pdf>. Acesso em: 21 jun. 2017.

_____. **CPC 39**: Instrumentos financeiros – apresentação. 2 out. 2009h. Disponível em: <http://static.cpc.mediagroup.com.br/Documentos/410_CPC_39_rev%2009.pdf>. Acesso em: 21 jun. 2017.

_____. **CPC 46**: Mensuração do valor justo. Brasília, 7 dez. 2012c. Disponível em: <http://static.cpc.mediagroup.com.br/Documentos/395_CPC_46_rev%2006.pdf>. Acesso em: 21 jun. 2017.

CVM – Comissão de Valores Mobiliários. Instrução CVM n. 59, de 22 de dezembro de 1986. **Diário Oficial da União**, 30 dez. 1986. Disponível em: <http://www.cvm.gov.br/legislacao/inst/inst059.html>. Acesso em: 21 jun. 2017.

HENDRIKSEN, E. S.; VAN BREDA, M. F. **Teoria da contabilidade**. Tradução de Antonio Zoratto Sanvicente. 5. ed. São Paulo: Atlas, 1999.

IUDÍCIBUS, S. de et al. **Contabilidade introdutória**. 11. ed. São Paulo: 2010.

IUDÍCIBUS, S. de et al. **Manual de contabilidade societária**: aplicável a todas as sociedades. 2. ed. São Paulo: Atlas, 2013.

KLABIN S. A. **DFP – Demonstrações Financeiras Padronizadas**. 31 dez. 2013. Disponível em: <http://klabin.infoinvest.com.br//ptb/2338/34485.pdf>. Acesso em: 21 jun. 2017.

LEMES, S. et al. **Casos para ensino em contabilidade societária**. São Paulo: Atlas, 2014.

MAGAZINE LUIZA S.A. **DFP – Demonstrações Financeiras Padronizadas**. Disponível em: <ri.magazineluiza.com.br/Download/ITR?=2T8yfWa7VyPhwGfvFwsZ5w==>. Acesso em: 21 jun. 2017.

MARION, J. C.; REIS, A. **Contabilidade avançada**. São Paulo: Saraiva, 2006.

OLIVEIRA, A. C. L. de; LUZ, É. E. da. **Contabilidade societária**. Curitiba: Iesde, 2012.

PADOVEZE, C. L.; BENEDICTO, G. C. de; LEITE, J. da S. J. **Manual de contabilidade internacional**: IFRS/US Gaap/BR Gaap – teoria e prática. São Paulo: Cencage Learning, 2012.

ROCHA JÚNIOR, A. L.; ARAÚJO, E. C. de; SOUZA, K. L. N. de. **Holding**: aspectos contábeis, societários e tributários. São Paulo: IOB; Sage, 2014.

ZANLUCA, J. C. Provisão X reservas – diferenciação contábil. **Portal de Contabilidade**, 22 nov. 2015. Disponível em: <http://www.portaldecontabilidade.com.br/tematicas/provisoesxreservas.htm>. Acesso em: 21 jun. 2017.

Respostas

Capítulo 1

Questões para revisão

1. As características qualitativas fundamentais são relevância e representação fidedigna; já as características qualitativas de melhoria são comparabilidade, verificabilidade, tempestividade e compreensibilidade.
2. Sobre essa questão, o CPC 00 aponta: "A característica *prudência* (*conservadorismo*) foi também retirada da condição de aspecto da representação fidedigna por ser inconsistente com a *neutralidade*. Subavaliações de ativos e superavaliações de passivos, segundo os *Boards* mencionam nas Bases para Conclusões, com consequentes registros de desempenhos posteriores inflados, são incompatíveis com a informação que pretende ser neutra" (CPC, 2011a, grifo do original).
3. b
4. c
5. a

   Comentário: A NBC TG 16 dispõe que os estoques devem ser mensurados pelo valor de custo ou pelo valor realizável líquido, dos dois o menor. O conceito de Valor Realizável Líquido é o preço de venda estimado no curso normal dos negócios, deduzidos dos custos estimados para sua conclusão e dos gastos estimados necessários para se concretizar a venda", conforme a CPC 16 (CPC, 2009a).

Mercadoria	Custo	Preço de Venda	Gastos com vendas	Valor Realizável	Saldo Correto Estoque
A	420,00	500,00	100,00	500 – 100 = 400	400,00
B	650,00	900,00	130,00	900 – 130 = 770	650,00
C	900,00	850,00	170,00	850 – 170 = 680	680,00
Total					R$ 1.730,00

Questões para reflexão

1. Sim, elas podem ser aplicadas à contabilidade societária, entretanto, esta não fica limitada a esses relatórios; os profissionais podem valer-se de diversos outros relatórios que possibilitem a tomada de decisão e que satisfaçam as necessidades dos usuários.

   Entendemos que esta é a função primordial da contabilidade societária: a produção de informações para tomada de decisões. Tal posição é corroborada pelo CFC, quando dispõe: "A Contabilidade, entre outros aspectos, constitui-se em uma técnica de produzir, com oportunidade e fidedignidade, relatórios que sirvam à administração no processo de tomada de decisões e de controle de seus atos, demonstrando, por fim, os efeitos causados por esses atos de gestão no patrimônio da entidade" (CFC, 2009a).
2. O BP demonstra a situação da empresa em determinado momento e a DRP pode fornecer informações de como se comportou a empresa no período abrangido. Por exemplo: quanto ela teve de receita, quais os impostos incidentes, seus custos e as principais despesas da empresa no período abrangido e, finalmente, o lucro (ou prejuízo) restante de uma forma dinâmica.

Capítulo 2

Questões para revisão

1. e. A classificação no ativo circulante disponível é justificada pela liquidez imediata das aplicações, ou seja, as mesmas podem ser resgatadas a qualquer momento.
2. e. A classificação como investimentos é justificada por não se tratar de atividades geradoras de receita da entidade nem serem elas decorrentes da mudanças no tamanho e na composição do capital próprio e no capital de terceiros da entidade. As atividades de investimento são as referentes à aquisição e à venda de ativos de longo prazo e de outros investimentos não incluídos nos equivalentes de caixa.
3. a. O recebimento de doações e as depreciações não afetem o Fluxo de Caixa da empresa, pois a doação poderá ser contabilizada no Patrimônio Líquido e as depreciações em contas de resultado. Ambas representam contrapartidas de contas do Ativo.
4. Para resolução deste exercício, cabe estruturar a DVA conforme e legislação e classificar as contas de resultado conforme a tabela a seguir:

	Demonstração do Valor Adicionado	
1	Receitas	902.100,00
1.1	Vendas de mercadorias, produtos e serviços (inclui tributos)	930.000,00
1.2	Provisão p/ devedores duvidosos – reversão/ (constituição)	– 27.900,00
1.3	Resultados não operacionais	
2	Insumos adquiridos de terceiros (inclui tributos)	– 294.000,00
2.1	Custo das mercadorias, produtos e serviços vendidos	– 279.000,00
2.2	Matérias-primas e insumos consumidos	
2.3	Materiais, energia, serviços de terceiros etc.	– 15.000,00
2.4	(Perda)/ recuperação de valores ativos	
3	Valor adicionado bruto (1 – 2)	608.100,00
4	Retenções	– 31.000,00
4.1	Depreciação, amortização e exaustão	– 31.000,00
4.2	Despesas financeiras	
5	Valor adicionado líquido (3 – 4)	577.100,00
6	Valor adicionado recebido em transferência	
6.1	Resultado de equivalência patrimonial e dividendos	
6.2	Receitas financeiras (juros, aluguéis etc.)	
7	Valor adicionado total a distribuir (5 + 6)	577.100,00
8	Distribuição do valor adicionado (7 = 8)	19.552,00
8.1	Remuneração do trabalho (pessoal e encargos)	– 45.000,00
8.2	Remuneração do governo (impostos, taxas e contribuições)	– 233.724,00
8.3	Remuneração do capital de terceiros (juros, aluguéis etc.)	
8.4	Remuneração dos acionistas (juros s/ capital próprio e dividendos)	149.188,00
8.5	Remuneração retida (lucros retidos/prejuízo do exercício)	149.188,00

5. O conceito econômico de valor agregado é representado pela contribuição da empresa para geração de valores à sociedade pelo resultado dos esforços de todos os seus fatores de produção.

Questão para reflexão

1. Segundo Cosenza (2003), nos anos 1970, na Europa, as empresas britânicas começaram a divulgar a DVA com o intuito de melhorar a comunicação com seus empregados, esperando elevar a produtividade do pessoal. Considerando que não existia legislação específica que disciplinasse sua divulgação, muitas empresa optaram por fazê-lo de forma gráfica. Um estudo muito interessante e que pode contribuir para seu enriquecimento sobre o tema pode ser acessado no *link*: <http://dvl.ccn.ufsc.br/congresso_internacional/anais/6CCF/56_15.pdf>.

Capítulo 3

Questões para revisão

1. São os princípios, as bases, as convenções, as regras e as práticas específicas aplicados pela entidade na elaboração e na apresentação de demonstrações contábeis.

2. Não necessariamente. Podem ocorrer eventos entre a data do balanço e a da publicação, por isso é possível ainda um ajuste, desde que justificado pela relevância do evento.
3. d
4. d
5. e

Questões para reflexão

1. Os principais instrumentos financeiros são: Cédula de Crédito Imobiliário, Certificado de Cédula de Crédito Bancário, Cédula de Crédito Bancário, Certificado de Dívida Pública, Letras Hipotecárias, Você pode saber mais sobre instrumentos financeiros no *link*: <www.cetip.com.br/informacao_tecnica/regulamento_e_manuais/manuais_de_operacoes/Custodia/Cetip_WebHelp/Custodia.htm#Tipos_Instrumento_Financeiro.htm>.
2. Os saldos existentes na conta Ajustes de Avaliação Patrimonial, contabilizado no Patrimônio Líquido, deverão ser transferidos para a conta Resultado do Exercício à medida que aqueles valores registrados nos ativos ou passivos forem sendo realizados (venda, por exemplo), de acordo com o Pronunciamento Técnico CPC 14: Instrumentos Financeiros – Reconhecimento, Mensuração e Evidenciação.

Capítulo 4

Questões para revisão

1. O arrendamento mercantil, na modalidade de *leasing* financeiro, representa na essência uma compra financiada, pelas características intrínsecas da operação. Assim, deve ser reconhecido pela contabilidade como tal, com o registro contábil do Imobilizado, em contrapartida a uma conta de Financiamento no passivo.
2. Não necessariamente. O Intangível congrega outras possibilidades de reconhecimento de ativos, como o fundo de comércio. Seu objetivo é concentrar a classificação dos bens incorpóreos. O Diferido concentrava a classificação de gastos que beneficiariam mais de um exercício social e que estavam vinculados à geração de receitas futuras.
3. a. No começo do prazo de arrendamento mercantil, os arrendatários devem reconhecer, em contas específicas, os arrendamentos mercantis financeiros como ativos e passivos nos seus balanços, por quantias iguais ao valor justo da propriedade arrendada ou, se inferior, ao valor presente dos pagamentos mínimos do arrendamento mercantil, cada um determinado no início do arrendamento mercantil (Pronunciamento Técnico CPC 06 (R1)).
4. b. A resposta tem a mesma fundamentação da Questão 3, em que os arrendatários devem reconhecer, em contas específicas, os arrendamentos mercantis financeiros como ativos e passivos nos seus balanços por quantias iguais ao valor justo da propriedade arrendada (Pronunciamento Técnico CPC 06 (R1)).

5. c. No Brasil, o Fundo de Comércio é incluído na definição de ágio na aquisição de investimentos e o tratamento oferecido pela prática contábil é o de reconhecimento no grupo Investimentos do Ativo Permanente.

Questão para reflexão

1. A principal dificuldade na mensuração do fundo de comércio reside na subjetividade e na forma de cálculo. Existem diversas formas de calculá-lo e os valores resultantes da aplicação de cada método podem variar. Nesse momento, o profissional deve ter bom sendo e prover o usuário da informação que mais lhe seja útil no momento.

Capítulo 5

Questões para revisão

1. É uma técnica que objetiva expurgar de contas a receber e a pagar de longo prazo os encargos financeiros incluídos em seus valores, com a finalidade de que sejam apresentados em moeda na data de fechamento das demonstrações contábeis.
   Os valores constantes do Ativo e Passivo Circulantes serão ajustados quando forem relevantes.
2. Não. A premissa de avaliação pelo valor de custo não foi abandonada. O valor justo será aplicado a alguns ativos e passivos, porém não representa o único critério de avaliação nem necessariamente valor de mercado.
3. b
4. e
5. a

Questões para reflexão

1. Para realização do teste de *impairment*, são necessários conhecimentos que extrapolam a alçada da contabilidade. Assim sendo, pode ser necessário o auxílio de outras áreas do conhecimento, tais como engenharia (para cálculo da vida útil, por exemplo), da economia para definição de índices e outras área necessárias para a realização dos cálculos. Essa interdisciplinaridade é essencial e deve ser fomentada pelo profissional responsável pela contabilidade da empresa.

Capítulo 6

Questões para revisão

1. Não. Os juros são calculados sobre as contas do Patrimônio Líquido e condicionados à existência de lucros, computados antes da dedução dos juros, ou de lucros acumulados e reservas de lucros, em montante igual ou superior ao valor de duas vezes os juros a serem pagos ou creditados.

2.

Débito	Despesa Financeira – Valor juros a pagar aos sócios
Crédito	Passivo Circulante – Valor juros a pagar aos sócios
Débito	Passivo Circulante – Valor IRRF retido dos sócios
Crédito	Passivo Circulante – Valor IRRF a ser recolhido

3. a
4. b
5. c

Questões para reflexão

1. A metodologia para correção monetária das demonstrações contábeis é realizada corrigindo-se as contas do Ativo Permanente e do Patrimônio Líquido de uma empresa. Considerando uma inflação de 8% ao ano, durante um período de dez anos, a empresa estaria com sua situação patrimonial apresentada de forma irreal. A correção das contas do balanço pode ser efetuada de forma gerencial para dar ao gestor uma informação mais precisa sobre o real patrimônio da empresa.

Sobre os autores

Antonio Carlos Leite de Oliveira é mestre em Contabilidade e Finanças pela Universidade Federal do Paraná (UFPR) e especialista em Controladoria pela mesma instituição. Contador, atua como consultor nas áreas de planejamento tributário e contabilidade; na área acadêmica, leciona disciplinas de Contabilidade, Empreendedorismo e Metodologia da Pesquisa Científica em cursos de graduação e de pós-graduação. Atualmente é docente nos cursos de Administração e Ciências Contábeis na FAE – Centro Universitário Franciscano e presta serviços de consultoria empresarial. Publicou o livro *Contabilidade societária* pela Editora Iesde.

Érico Eleutério da Luz é mestre em Controladoria e Contabilidade pela Universidade Norte do Paraná (Unopar) e especialista em Finanças e Auditoria pela FAE/CDE. Contador e advogado, já atuou como contador e *controller* em grandes empresas; na área acadêmica, leciona disciplinas de Contabilidade e Direito em cursos de graduação e de pós-graduação. É coordenador do curso de Ciências Contábeis na FAE – Centro Universitário Franciscano e atua como consultor empresarial. Publicou os livros *Controladoria corporativa*, *Teoria da Contabilidade*, *Contabilidade tributária* e *Contabilidade comercial* pela Editora Ibpex, *Contabilidade* e *Contabilidade societária* pela Editora Iesde.

Impressão:
Julho/2017